REVISTA

FOURTH EDITION

Conversación sin barreras

José A. Blanco

VISTA®
HIGHER LEARNING

Boston, Massachusetts

Publisher: José A. Blanco

President: Janet Dracksdorf

Editorial Development: Deborah Coffey, Sofía Pellón

Project Management: Maria Rosa Alcaraz, Natalia González, Sharon Inglis

Technology Editorial: Lauren Krolick, Paola Ríos Schaaf

Design and Production Director: Marta Kimball

Senior Creative Designer, Print & Web/Interactive: Susan Prentiss

Production Manager: Oscar Díez

Design and Production Team: Liliana Bobadilla, María Eugenia Castaño, Michelle Groper, Mauricio Henao, Jhoany Jiménez, Andrés Vanegas, Nick Ventullo

Student Text ISBN-13: 978-1-61857-076-5
Instructor's Annotated Edition ISBN-13: 978-1-61857-077-2

Library of Congress Control Number: 2012947966

4 5 6 7 8 9 TC 16 15

Printed in Canada.

Getting the Conversation Going with REVISTA

Bienvenido a REVISTA, Fourth Edition, the most innovative and exciting college Spanish conversation program available. With **REVISTA**, you will find a broad range of topics corresponding to each lesson's engaging theme that, we hope, will encourage you to participate in lively conversations in class. **REVISTA** is designed to focus on interpersonal communication, and to support you as you become more comfortable with speaking Spanish.

REVISTA offers abundant discussion starters for you and your classmates. Your Spanish will improve as you put it to use expressing ideas and opinions that are important to you. The themes, readings, films, and exercises in **REVISTA**, along with its magazine-like presentation, were specifically chosen to generate controversy and spark your imagination. After all, people express themselves most genuinely when they feel strongly about something.

When you speak to your friends and family outside the Spanish classroom, you probably don't think about whether your sentences are grammatically correct. Instead, you speak fluidly in order to get your message across. Why should expressing yourself in Spanish be any different? We urge you to participate as much as possible, without worrying about whether your Spanish is "perfect." Keep in mind that we all have opinions, so don't let the fear of making grammar mistakes stand in your way of voicing your ideas. While you will be reviewing grammar in the **Estructuras** section of every lesson, grammar should not be your primary concern when you speak. Enhance your conversations by applying the same strategies to Spanish that you use in English. In other words, don't be afraid to ask follow-up or clarifying questions or ask someone to repeat what he or she has said.

To improve your Spanish, you must also be exposed to the other language skills. These include listening, writing, reading, and socio-cultural awareness. With **REVISTA,** you will practice these skills often as you improve your conversational Spanish. Every lesson opens with a **Cortometraje**, an enthralling short film by an influential or up-and-coming filmmaker from a Spanish-speaking country. **REVISTA** also provides a wealth of readings in different genres by renowned literary figures, and every lesson ends with a written **Composición** and a **Tertulia** debate that put a finishing touch on what you have learned and discussed throughout the lesson. **REVISTA** reinforces each film and reading with comprehension checks and communicative activities in a wide range of formats, all intended to encourage you to bring your personal experiences and unique voice to the conversation. Furthermore, you will be exposed to the cultural diversity of Spanish-speaking countries.

Communicating in a foreign language takes courage, and sometimes even the most outspoken students feel vulnerable. Try to overcome any fears of speaking Spanish, and remember that only through active participation will your communication improve. Most importantly, remember to relax and enjoy the experience of communicating in Spanish.

We hope that **REVISTA** will help you get the conversation going!

TIRA CÓMICA	COMPOSICIÓN	TERTULIA

CORTOMETRAJE

features award-winning and engaging short films by contemporary Hispanic filmmakers.

Preparación Pre-viewing exercises set the stage for the short film.

Vocabulario This feature provides the words and expressions necessary to help you talk about the **cortometraje**, along with exercises in which you will use them actively.

Escenas A storyboard of the short film's plot consisting of captioned film photos prepares you visually for the film and introduces some of the expressions you will encounter.

NEW! Cortos Two new short films have been added to the Fourth Edition; all short films are available for viewing on the **Supersite** (**vhlcentral.com**).

Análisis Post-viewing activities check comprehension and allow you to discover broader themes and connections.

Supersite

Cortometraje is supported with a wealth of resources online, including streaming video of all short films, textbook activities with auto-grading, additional online-only practice activities, audio recordings of all vocabulary items, and vocabulary flashcards with audio.

ESTRUCTURAS

succinctly reviews and practices grammar points tied to major language functions.

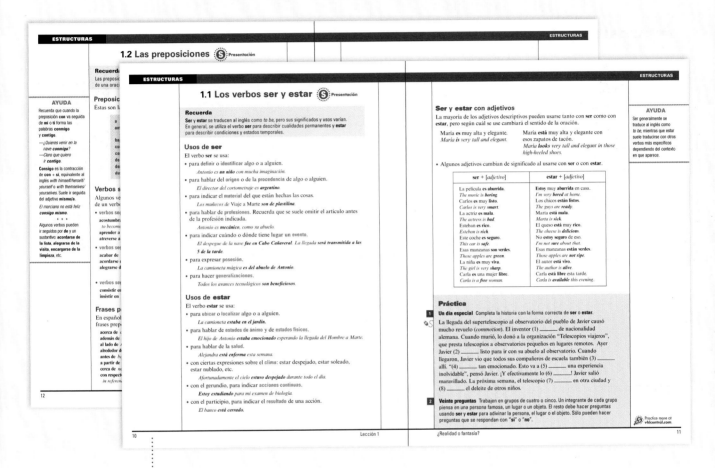

NEW! More grammar The Fourth Edition offers one more grammar point per lesson.

Recuerda A reminder gives a quick framework for the grammar point and its functions.

Visual support Video stills from the lesson's short film are incorporated into the grammar explanation so you can see the grammar point in meaningful and relevant contexts.

Práctica Directed exercises and open-ended communicative activities help you internalize the grammar point in a range of contexts related to the lesson theme and in a variety of configurations (individual, pair, and group).

ⓈuperSite

• Grammar explanations from the textbook
• Textbook activities with auto-grading
• Additional online-only practice activities

LECTURAS

provides a wealth of selections in varied genres and serves as a springboard for conversation.

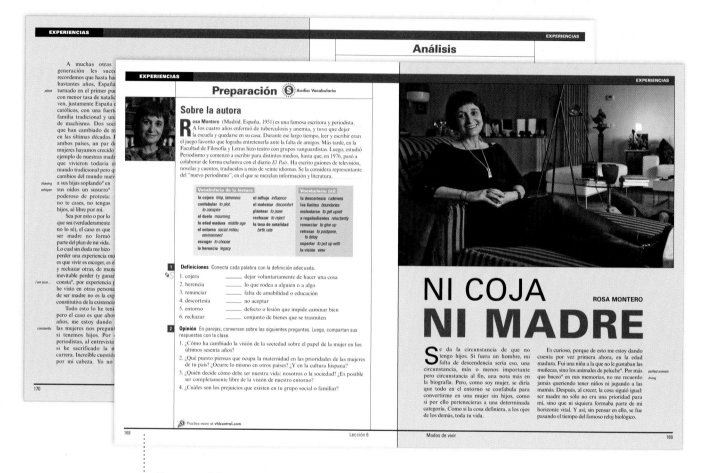

Preparación Learn vocabulary from the reading, as well as words that might prove useful in discussion.

Sobre el autor A brief biography presents key facts about the author, as well as a historical and cultural context for the reading.

Análisis Post-reading exercises check your understanding and motivate you to discuss the topic, express your opinions, and explore how it relates to your experiences.

NEW! Lecturas The Fourth Edition includes new readings by new authors with the aim of exposing you to different takes on the lesson themes.

Supersite

- All readings now available online, with audio-sync technology for one reading
- Textbook activities with auto-grading
- Additional online-only practice activities

TIRA CÓMICA

features comic strips that offer clever, thought-provoking insights into lesson themes.

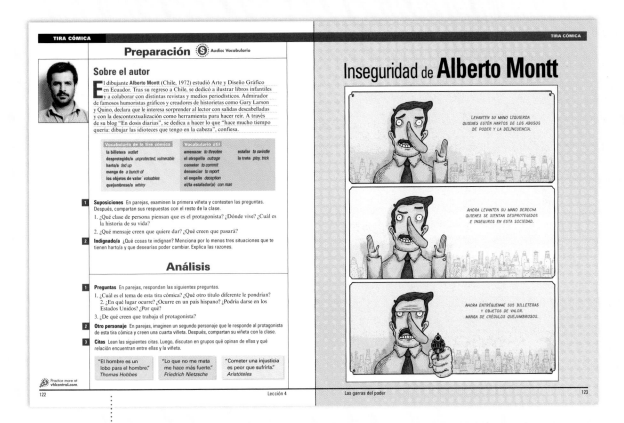

Preparación Lists spotlight key vocabulary from the comic strip, as well as words and expressions useful for discussing it. Preliminary exercises give you the opportunity to reflect on important aspects and the context of the comic strip.

Análisis In these activities, you will work in pairs and groups to react to the comic strip and to consider how its message might apply on a personal, as well as universal, level.

Supersite

- **Tira cómica** readings available online
- Online-only practice activities

COMPOSICIÓN and TERTULIA

activities pull the entire lesson together with a structured writing task and a lively discussion.

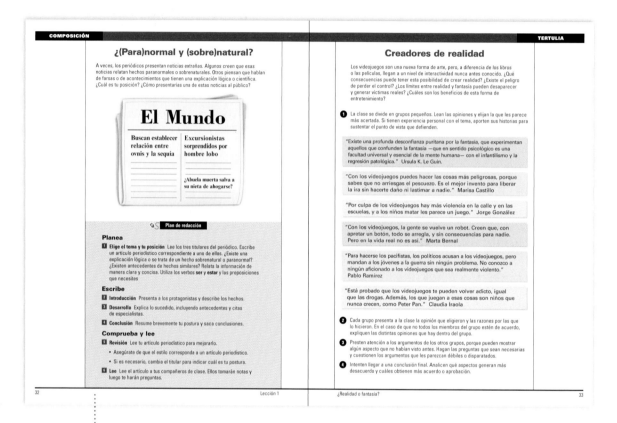

COMPOSICIÓN

¿(Para)normal y (sobre)natural?

A veces, los periódicos presentan noticias extrañas. Algunos creen que esas noticias relatan hechos paranormales o sobrenaturales. Otros piensan que hablan de farsas o de acontecimientos que tienen una explicación lógica o científica. ¿Cuál es tu posición? ¿Cómo presentarías una de estas noticias al público?

El Mundo

Buscan establecer relación entre ovnis y la sequía

Excursionistas sorprendidos por hombre lobo

¿Abuela muerta salva a su nieta de ahogarse?

Plan de redacción

Planea

1 Elige el tema y tu posición Lee los tres titulares del periódico. Escribe un artículo periodístico correspondiente a uno de ellos. ¿Existe una explicación lógica o se trata de un hecho sobrenatural o paranormal? ¿Existen antecedentes de hechos similares? Relata la información de manera clara y concisa. Utiliza los verbos **ser** y **estar** y las preposiciones que necesites

Escribe

2 Introducción Presenta a los protagonistas y describe los hechos.

3 Desarrollo Explica lo sucedido, incluyendo antecedentes y citas de especialistas.

4 Conclusión Resume brevemente tu postura y saca conclusiones.

Comprueba y lee

5 Revisión Lee tu artículo periodístico para mejorarlo.

- Asegúrate de que el estilo corresponda a un artículo periodístico.
- Si es necesario, cambia el titular para indicar cuál es tu postura.

6 Lee Lee el artículo a tus compañeros de clase. Ellos tomarán notas y luego te harán preguntas.

TERTULIA

Creadores de realidad

Los videojuegos son una nueva forma de arte, pero, a diferencia de los libros o las películas, llegan a un nivel de interactividad nunca antes conocido. ¿Qué consecuencias puede tener esta posibilidad de crear realidad? ¿Existe el peligro de perder el control? ¿Los límites entre realidad y fantasía pueden desaparecer y generar víctimas reales? ¿Cuáles son los beneficios de esta forma de entretenimiento?

1 La clase se divide en grupos pequeños. Lean las opiniones y elijan la que les parece más acertada. Si tienen experiencia personal con el tema, aporten sus historias para sustentar el punto de vista que defienden.

"Existe una profunda desconfianza puritana por la fantasía, que experimentan aquellos que confunden la fantasía —que en sentido psicológico es una facultad universal y esencial de la mente humana— con el infantilismo y la regresión patológica." Ursula K. Le Guin.

"Con los videojuegos puedes hacer las cosas más peligrosas, porque sabes que no arriesgas el pescuezo. Es el mejor invento para liberar la ira sin hacerte daño ni lastimar a nadie." Marisa Castillo

"Por culpa de los videojuegos hay más violencia en la calle y en las escuelas, y a los niños matar les parece un juego." Jorge González

"Con los videojuegos, la gente se vuelve un robot. Creen que, con apretar un botón, todo se arregla, y sin consecuencias para nadie. Pero en la vida real no es así." Marta Bernal

"Para hacerse los pacifistas, los políticos acusan a los videojuegos, pero mandan a los jóvenes a la guerra sin ningún problema. No conozco a ningún aficionado a los videojuegos que sea realmente violento." Pablo Ramírez

"Está probado que los videojuegos te pueden volver adicto, igual que las drogas. Además, los que juegan a esas cosas son niños que nunca crecen, como Peter Pan." Claudia Iraola

2 Cada grupo presenta a la clase la opinión que eligieron y las razones por las que lo hicieron. En el caso de que no todos los miembros del grupo estén de acuerdo, expliquen las distintas opiniones que hay dentro del grupo.

3 Presten atención a los argumentos de los otros grupos, porque pueden mostrar algún aspecto que no habían visto antes. Hagan las preguntas que sean necesarias y cuestionen los argumentos que les parezcan débiles o disparatados.

4 Intenten llegar a una conclusión final. Analicen qué aspectos generan más desacuerdo y cuáles obtienen más acuerdo o aprobación.

Plan de redacción A structured writing task allows you to synthesize the vocabulary and grammar of the lesson while using your critical thinking skills.

Tertulia This final activity assembles you and your classmates for debate and discussion.

Ⓢupersite

You can now write, submit, and have your instructor grade your **Composición** assignment online.

The **REVISTA** Film Collection

The **REVISTA** Film Collection contains short films by contemporary Hispanic filmmakers that are supported in the **Cortometraje** section of each lesson. These films offer entertaining and thought-provoking opportunities to build your listening comprehension skills and your cultural knowledge of the Spanish-speaking world.

Film Synopses

Lección 1: *Viaje a Marte* de Juan Pablo Zaramella (Argentina; 16 minutes)
Viaje a Marte is an animated stop-motion ("claymation") short film. It has won over forty awards in different festivals around the world. The short tells the story of Antonio, a young boy, who is fascinated with space travel. In view of the child's passion, his grandfather decides to take him on a special excursion.

Lección 2: *Diez minutos* de Alberto Ruiz Rojo (Spain; 16 minutes)
Winner of over 85 awards around the world, including the GOYA, *Diez minutos* tells the story of Enrique, desperate to get a phone number for a call made from his cell phone. Nuria is a phone company customer service agent who never breaks the rules. Will Enrique be able to persuade her to help him?

Lección 3: *Nada que perder* de Rafa Russo (Spain; 21 minutes)
A chance encounter in a taxi between the driver and an aspiring actress is full of hope and possibility. When they meet again months later, how much has changed?

Lección 4: *El ojo en la nuca* de Rodrigo Plá (Uruguay/Mexico; 25 minutes)
It has just been decided that the military personnel who tortured and killed Uruguayan citizens will be granted immunity. Pablo, however, knows of one archaic law that is still on the books that will allow him to avenge his father.

NEW! Lección 5: *La aventura de Rosa* de Ángela Armero (Spain; 10 minutes)
Rosa's tale takes place in the choose-your-own-adventure story format that requires the reader to become the protagonist. Questions of destiny, free-will, and narration are raised in this playful look at choosing your own ending.

NEW! Lección 6: *Ella o yo* de Bernarda Pagés (Argentina, 14 minutes)
When a man "inherits" a llama, he learns it's not an easy pet to care for or get rid of. Family difficulties ensue, as his wife forces him to decide between "her or me."

Fourth Edition Features

REVISTA's hallmark is compelling, authentic films and readings that stimulate meaningful communication. The Fourth Edition retains the trademark features that set it apart from other advanced Spanish conversation texts, while refreshing and updating key content. Here is a list of some features you will find with **REVISTA, Fourth Edition**.

- Two new short films—one from Spain and one from Argentina—refresh and improve the very successful **Cortometraje** section.

- Eight new readings enhance **REVISTA's** robust and diverse **Lecturas** section.

    Lesson 1 Opinión: "La poesía al alcance de los niños" de Gabriel García Márquez

    Lesson 2 Cuento: "Tres microcuentos" de Carmen Cecilia Suárez

    Lesson 3 Entrevista: Zoe Saldana
    Opinión: "Cara y cruz de las tecnologías de la información" de Iñigo Javaloyes

    Lesson 4 Poema: "Oda a un millonario muerto" de Pablo Neruda

    Lesson 5 Cuento: "Cine y malabarismo" de Ángeles Mastretta

    Lesson 6 Experiencias: "Ni coja ni madre" de Rosa Montero
    Artículo: "Padre, papá, papi" de Daniel Samper Pizano

- One new comic strip enhances this section.

    Lesson 4 "Inseguridad" de Alberto Montt

- Revised writing and debate strands (**Composición** and **Tertulia**) emphasize critical thinking and draw on students' interdisciplinary knowledge.

- Enhanced and expanded **Estructuras** now have one more grammar topic per lesson.

- A comprehensive package complements the text, providing both students and instructors with a wide range of support.

    - The Instructor's Annotated Edition provides over-printed answers to all discrete-item activities, as well as presentation and expansion suggestions for films, readings, and activities. The **Fourth Edition** calls out ACTFL standards at point-of-use.

    - The **REVISTA Film Collection DVD** offers all six short films with options for subtitles in both Spanish and English.

    - The all-new **REVISTA Fourth Edition** Supersite delivers updated content, powerful course management tools, and a simplified user experience for both students and instructors. In addition, it's now iPad®-friendly for on-the-go access.

Each section of your textbook comes with activities on the **REVISTA** Supersite, many of which are auto-graded with immediate feedback. Plus, the Supersite is iPad®-friendly, so it can be accessed on the go! Visit **vhlcentral.com** to explore the wealth of exciting resources.

CORTOMETRAJE
- Streaming video of the short film
- Pre- and post-viewing auto-graded textbook activities
- Additional pre- and post-viewing activities for extra practice

ESTRUCTURAS
- Grammar explanation from the textbook
- Auto-graded textbook activities

LECTURAS
- All readings from the textbook
- Audio-synced reading of one **Lectura** per lesson
- Pre- and post-reading textbook activities that are auto-graded
- Additional pre- and post-reading activities for extra practice

TIRA CÓMICA
- Comic strips from the textbook
- Additional extra practice activities

COMPOSICIÓN
- **Plan de redacción** composition activity written and submitted online

TERTULIA
- Online-only writing activity

VOCABULARIO
- Vocabulary list for entire lesson with audio
- Flashcards with audio

Textbook Icons

Familiarize yourself with these icons that appear throughout **REVISTA**.

 Content available on Supersite

 Activity available on Supersite

 Pair activity

Group activity

Using REVISTA to Promote Communication in Spanish

People talk! Indeed, human beings can find almost any reason at all to talk. We talk when we're happy and when we're upset. We talk to express agreement and disagreement, or to share our opinions and experiences. Regardless of the circumstances, one thing is always true: we talk about things we are interested in, be they aspects of everyday life or fascinating topics that we wish to share.

The classroom setting is no different. How often do you walk into a classroom filled with groups of students engaged in conversation, only to find those same students strangely silent when the time comes to participate in class? **REVISTA** is designed to help conversation flow in the Spanish classroom by providing high-interest topics for students to talk about. By focusing on communication, **REVISTA** aims to provide students with the motivation to discuss, in Spanish, their experiences, opinions, plans, and dreams.

REVISTA offers appealing content and a vibrant page layout, both designed to put students in a position where indifference and silence are unlikely. It is our goal that the films, readings, and discussions in **REVISTA**, along with its unique magazine-like presentation, pique students' interest, capture their imagination, and arouse a genuine desire to communicate.

Of course, **REVISTA** also offers plenty of opportunities to practice the linguistic skills needed for oral and written communication: listening, writing, reading, and socio-cultural competence. Every lesson of **REVISTA** opens with a riveting short film, the **Cortometraje**, each by a different contemporary Hispanic filmmaker. These **cortos** are excellent vehicles for students to listen to spoken Spanish of several varieties. **REVISTA** provides a wealth of reading selections of various genres, including **Ensayo**, **Obra de teatro**, **Cuento**, **Artículo**, **Entrevista**, and **Tira cómica**. They are intended to stimulate students' curiosity and stir their emotions with the ultimate goal of awakening a strong desire to express themselves in class. Furthermore, every lesson includes a **Composición** section in which students express themselves in writing on a topic closely tied to the lesson's theme. Finally, all of the linguistic skills are presented in contexts that expose students to the cultural diversity of Spanish-speaking countries, and steer students clear of stereotypes.

When students are not in Spanish class, does anyone stop them in the middle of a conversation to correct their grammar? No: spontaneous conversation flows unhindered. When using **REVISTA**, allowing students to speak fluidly, without grammar correction, may be an interesting and effective approach. To help students use correct grammar in their conversations, try taking notes of common mistakes while listening to students speak, and make time later on in the class to offer grammar pointers. This technique may encourage more conversation, as students will focus more on their message and less on the fear of making mistakes. Communicating in a foreign language can make even the most outspoken students feel vulnerable. Encouraging students to work to overcome any fears they may have of speaking Spanish fluidly, in the moment, with less than 100% grammatical accuracy may prove to be an effective tool in promoting confident, natural conversation.

REVISTA is designed to get students talking, and for you to act as a facilitator rather than lecturer. Your focus shifts to ensuring that the conversations maintain their momentum and intervene momentarily whenever that momentum wavers. The students can then be allowed to express opinions entirely their own, prompted by the engaging, student-relevant material, while you provide support and answer questions as they arise. You may also want to provide students with conversational techniques to help their Spanish sound more fluent. Speakers in their native language exploit techniques such as using rejoinders, and asking follow-up questions. Likewise, your conversation students can improve their fluency and comprehension in Spanish when they become aware that they can take advantage of a variety of such conversational strategies, just as they would in their native language.

Thanks to **REVISTA**'s engaging material, oral practice can take place primarily among the students. This interaction with their peers will help to maximize speaking opportunities. While you can always support students in keeping conversations flowing, it may also be effective to encourage students to assist each other and answer each other's questions whenever possible, in order to keep the talking comfortable, casual, and natural. To ensure that each student maximizes their conversational experience in the class, it may be helpful to encourage them to change groups, and group types, often. This prevents one or a handful of students from dominating any discussion. For example, to ensure a successful communicative progression, have students start off the class period working in pairs, then shift to larger groups, and finally have discussions involving the entire class. This allows them to assemble the bigger picture after practicing with its component parts. The **Tertulia** sections that finish every **REVISTA** lesson are designed to synthesize everything the class learned and discussed, making them ideal for group discussions.

We hope that you and your students will enjoy the experience of communicating in Spanish and that **REVISTA** will support and enhance that experience. As an instructor, you can trust that your efforts to stimulate ongoing, lively discussion will make for confident, satisfied language learners who will ultimately feel better prepared to communicate in Spanish. And **REVISTA** will pave the way.

The REVISTA Fourth Edition Supersite

The **REVISTA Fourth Edition** Supersite is your online source for integrating text and technology resources. The Supersite enhances language learning and facilitates simple course management. With powerful functionality, a focus on language learning, and a simplified user experience, the Supersite offers features based directly on feedback from thousands of users.

student friendly

Easy navigation to find out what's due, the ability to save and continue work later, and prominent links to all available Supersite resources

ease of set-up

Customized settings for courses and class sections, instructor-created categories, and the time-saving option of copying previous settings

all-in-one gradebook

Multi-level views, true cumulative grades that include grades outside of the Supersite, and grade-adjustment functionality

grading options

For instructor-graded activities, the option to review student-by-student, question-by-question, or by spot-checking, plus in-line editing and voice comments for targeted language feedback

accessible student data

Convenient views for sharing information one-on-one with your students during office hours, and class reports in the formats you and your department need

Instructor resources include:

• A gradebook to manage classes, view rosters, set assignments, and manage grades

• A communication center for announcements and notifications

• Streaming video with instructor-controlled subtitles and transcripts

• Videoscripts

• The complete Testing Program and Answer Keys in editable RTF format

• Lesson plan RTFs

• Pre-made syllabi

• Complete access to the Student Supersite

• Voiceboards for oral assignments, group discussions, homework, projects, and explanation of complex material

REVISTA, Fourth Edition, is the direct result of reviews and input from students and instructors using the Third Edition. Accordingly, we gratefully acknowledge those who shared their suggestions, recommendations, and ideas as we prepared this Fourth Edition. Their ideas played a critical role in helping us to fine-tune all sections of every lesson.

Reviewers

Timothy Abeln
Marietta College, OH

Dolores Alcaide Ramirez
University of Washington Tacoma, WA

Marcela Baez
Florida Atlantic University, FL

Michelle Bettencourt
University of North Carolina at Asheville, NC

Carolina Bown
Salisbury University, MD

Bonnie Butler
Rutgers University, NJ

Elizabeth Calvera
Virginia Tech, VA

Kerry Chermel
Northern Illinois University, IL

Renee Craig-Odders
University of Wisconsin Stevens Point, WI

Maria Echenique
University of Portland, OR

Robert K. Fritz
Ball State University, IN

Kevin Gaugler
Marist College, NY

María Dolores Goddard
Xavier University, OH

Elena González-Muntaner
University of Wisconsin, WI

Marina Guntsche
Ball State University, IN

Todd Hernandez
Marquette University, WI

Michael Kidd
Augsburg College, MN

Su Ar Lee
University of Florida, FL

Kimberly Louie
Arizona State University, AZ

Maria Eugenia de Luna
Alvernia University, PA

William Maisch
University of North Carolina at Chapel Hill, NC

Carlos Martinez Davis
New York University, NY

Diane Marting
University of Mississippi, MS

Dunia Catalina Mendez Vallejo
West Virginia University, WV

Jason Meyler
Marquette University, WI

Jorge Nisguritzer
Utah Valley University, UT

Sonia Olivera
Sweet Briar College, VA

Ada Ortuzar-Young
Drew University, NJ

Julia Palmer
Hampden-Sydney College, VA

Cristina Pardo
Iowa State University, IA

Viann Pederson
Concordia College, MN

Hernan Restrepo
Virgina Commonwealth University, VA

María A. Rey-López
Metropolitan State College of Denver, CO

Isaac Rosler
Dowling College, NY

Pedro Sandin
University of North Carolina at Asheville, NC

Daniel R. Serpas
Northern Arizona University, AZ

Irena Stefanova
Santa Clara University, CA

Juliana Suby
Northern Arizona University, AZ

Rita Tejada
Luther College, IA

Andrea Topash-Ríos
Notre Dame, IN

Liliana Torres-Goens
Butler University, IN

Hilde Votaw
University of Oklahoma, OK

REVISTA

FOURTH EDITION

Conversación sin barreras

José A. Blanco

VISTA®
HIGHER LEARNING

Boston, Massachusetts

1

¿Realidad o fantasía?

Si algo distingue al hombre del resto de los seres es la capacidad que tiene no sólo para observar y analizar la realidad, sino también para imaginar. La imaginación, además de servirnos de entretenimiento, es uno de los instrumentos que utilizamos para comprender, interpretar y modificar la realidad. Por eso es difícil, en ocasiones, diferenciar lo real de lo imaginario.

¿Qué historias de ángeles, fantasmas o extraterrestres conoces? ¿Las crees? ¿Por qué? ¿Crees que nuestro destino está predeterminado o podemos modificarlo? ¿Qué opinan u opinaban tus padres o abuelos sobre esto? ¿Es bueno promover la imaginación de los niños? ¿Por qué?

4

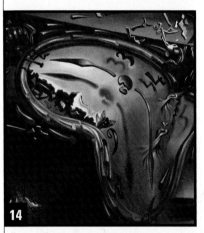

14

18

Preparación  Audio: Vocabulario

Vocabulario del corto

apasionante *exciting; thrilling*
astronauta *astronaut*
atacar *to attack*
camioneta *pickup truck*
capítulo *chapter*
cohete *rocket*
concebir *to conceive*
despegue *launch, lift-off*
entrenamiento *training*
escándalo *racket*
garra *claw*

grúa *tow truck*
hito *milestone*
Marte *Mars*
monstruo *monster*
nave *(space)ship*
perder(se) *to miss (out)*
platillo volador *flying saucer*
recuerdo *souvenir*
riguroso/a *thorough, rigorous*
velocidad *speed*

Vocabulario útil

acontecimiento *event*
aterrizaje *landing*
burlarse de *to make fun of*
casco *helmet*
choque *crash*
decepción *disappointment*
extraterrestre *alien*
jugar a ser *to play make-believe*
marciano *Martian*
soñar con *to dream of*
sueño *dream*

EXPRESIONES

Es un poco a trasmano. *It's a little out of the way.*

Los autos se siguen quedando. *Cars keep breaking down.*

¡Qué humor! *What a mood!*

Ya están por llegar. *They are about to land.*

1 **Viaje interplanetario** Completa el mensaje electrónico con palabras de la lista de vocabulario.

Para:	Laura
De:	Merche
Asunto:	Viaje interplanetario

Estimada amiga Laura:

Te escribo desde la nave espacial Sirena. Por fin decidí cumplir mi (1) _____ y realizar este viaje interplanetario. El (2) _____ del cohete fue muy (3) _____. ¡Qué emoción! Se encendieron los motores y en pocos segundos casi alcanzamos la (4) _____ de la luz. Salimos de la base espacial de Barcelona ayer al mediodía y en sólo seis horas experimentaremos el primer (5) _____, ni más ni menos que en ¡Júpiter! Estaremos en ese planeta gigante cuatro días y luego iremos de planeta en planeta en otro (6) _____ todavía más rápido que éste. Todos los miembros de la tripulación (*crew*) son amabilísimos y muy competentes. El proceso de selección es muy (7) _____ y el capitán pasó por cinco años durísimos de (8) _____. Ayer por la noche, vimos *Viaje a la Tierra*, una película sobre un niño (9) _____, específicamente marciano, que (10) _____ con viajar a la Tierra. A mí no me gustó mucho. Había unos (11) _____ feísimos con unas (12) _____ larguísimas que corrían furiosos y rugían (*roared*) y los terrícolas (*earthlings*) atacaban sin miedo (*fearlessly*). Es interesante pensar que hace diez años las (13) _____ espaciales sólo nos permitían llegar a la Luna. Sin duda este viaje es un auténtico (14) _____ en mi vida personal.
Saludos desde las estrellas,
Merche

2 **Juegos de niños** En parejas, conversen sobre estas preguntas.

1. ¿Cómo te divertías cuando eras niño/a? ¿A qué jugabas? ¿Con quién?

2. ¿Mirabas mucho la televisión? ¿Cuáles eran tus programas preferidos?

3. ¿Qué era lo que más te aburría? ¿Qué era lo que más te entusiasmaba?

4. ¿Qué hacías para combatir (*fight*) el aburrimiento?

5. ¿Te contaban tus padres o tus abuelos historias de cuando ellos eran niños?

6. ¿Cómo estaba decorada tu habitación? ¿Qué objetos guardas de tu infancia?

7. ¿Qué importancia tuvo la imaginación en tu infancia? ¿Qué importancia tiene ahora?

8. ¿Alguien te pidió o aconsejó que te comportaras como un adulto? ¿Quién: tus padres, tus maestros, tus amigos?

3 **Viaje a través de la fantasía** En grupos de tres, túrnense para relatar una anécdota de su infancia relacionada con el mundo de la fantasía. Pueden pensar en uno de los personajes de la lista u otro que conocen. ¿Se la contaron a alguien? ¿Les creyeron? ¿Cómo se sintieron? Añadan todos los detalles que consideren importantes.

- *Bogeyman* **el cuco**
- *Santa Claus* **Papá Noel**
- *Tooth Fairy* **el ratón Pérez**
- *Imaginary Friend* **un(a) amigo/a imaginario/a**

4 **Hito histórico** En grupos de tres, hablen sobre algún acontecimiento que tuvo lugar cuando ustedes eran pequeños/as y que cambió el curso (*course*) de sus vidas o de la historia. ¿Lo recuerdan con claridad?

- ¿Cuántos años tenían? ¿Dónde y con quién(es) estaban?
- ¿Qué tipo de acontecimiento fue? ¿Cuándo y dónde ocurrió?
- ¿Quiénes eran los protagonistas? ¿Cómo supieron la noticia?

5 **Anticipar** En parejas, observen los fotogramas e imaginen de qué va a tratar este cortometraje. Consideren los interrogantes, el vocabulario y el título del cortometraje para hacer sus previsiones.

- ¿Quién es el protagonista de esta historia?
- ¿Adónde quiere ir? ¿Adónde va? ¿Quién lo lleva? ¿Cómo?
- ¿Es una historia para niños, para mayores o para ambos?
- ¿Dirían que es un corto de ciencia ficción?
- Lean la nota cultural. ¿Qué les llama la atención? ¿Sobre qué les gustaría aprender más?

Nota
CULTURAL

El primer largometraje de dibujos animados fue realizado en 1917 por el ítalo-argentino Quirino Cristiani. Se tituló *El Apóstol*. En 1931, Cristiani fue también el realizador del primer largometraje de animación sonoro, *Peludópolis*.

Desde Cristiani hasta la actualidad, Argentina ha producido muchos animadores. Hoy en día, a los dibujos animados tradicionales, se les suman técnicas como *claymation* (o *stop-motion*) y animación 3D.

Practice more at
vhlcentral.com.

un film de **JUAN PABLO ZARAMELLA**

JPZtudio

VIAJE A MARTE

✳ Animation Festival 2005,
Brasil: Mejor cortometraje

✳ *Sydney Film Festival 2005,
Australia: Mejor cortometraje

✳ *ANIMA 2005, Bélgica:
*Mejor cortometraje animado,
categoría infantil.

guión de **MARIO RULLONI**
y **JUAN PABLO ZARAMELLA**

X¹ 780228

Dirección y Animación Juan Pablo Zaramella **Guión** Mario Rulloni/Juan Pablo Zaramella
Idea original Mario Rulloni **Producción** Silvina Cornillón/Alejandra Grimaldi
Diseños, maquetas y modelados Juan Pablo Zaramella y Silvina Cornillón
Edición, sonido y música Juan Pablo Zaramella **Sonido adicional** Gustavo Cornillón
Dirección de fotografía Juan Pablo Zaramella **Postproducción** Mario Rulloni
Música adicional
Guitarra guitarra mía Carlos Gardel/Alfredo Le Pera *Me duele mi corazón* Juan Pablo Zaramella/Germán Castro

FICHA **Personajes** Antonio niño, mamá de Antonio niño, abuelo, vendedora, Antonio adulto, esposa de Antonio adulto, hijo de Antonio adulto **Duración** 16 minutos **País** Argentina **Año** 2004

ESCENAS (S) Video: Cortometraje

Antonio niño Abuelo, quiero ir a Marte.
Abuelo ¿Eh?
Antonio niño Cuando sea grande, voy a ir yo en un cohete a Marte.
Abuelo ¿Un cohete? ¿Y para qué vamos a esperar? Yo te puedo llevar ahora.

Maestra Y así fue como el hombre llegó a la Luna, y algún día, [...] también llegará a Marte y otros planetas.
Antonio niño Señorita, señorita, yo ya estuve en Marte. Me llevó mi abuelo cuando era chico. ¡En serio! ¡En serio!

Hijo de Antonio Mamá, papá, ¡vengan que ya están por llegar! ¿Viste, pa[2]? Esta noche el Hombre llega a Marte.
Antonio adulto ¡Y, sí! Algún día tenían que llegar, ¿no?
Esposa de Antonio Ay, Antonio, ¡qué humor! Vos cuando eras chico, ¿no querías ser astronauta?

Antonio niño Abuelo, yo vi en la tele que iban en platillos voladores y en cohetes.
Abuelo Con grúa también se puede llegar. Ya vas a ver. Ésta es una camioneta especial. Cuando levante velocidad… ffffff… ¡a Marte!

EL HOMBRE EN MARTE

Locutor ¡Un nuevo hito en la historia de la Humanidad! Otro salto[1] gigante desde que el Hombre puso por primera vez un pie en la Luna. Porque hoy cuatro embajadores de nuestro planeta llegarán a Marte.

Locutora Los mensajes de nuestros oyentes[3]…
Oyente Sí… El Hombre está llegando a Marte, pero las calles están todas rotas.
Antonio adulto Hola, sí, sí, soy yo, el de la grúa… Sí… Recién pasé por el molino[4]… Hola, sí… y bueno… a la derecha… ¿Hola?… Sí… Disculpe… ¿Qué loma[5]?…

[1]leap [2]dad [3]listeners [4]mill [5]hill

Nota CULTURAL

Viaje a Marte evoca un espectacular paisaje natural de Argentina, conocido como el **Valle de la Luna**. En sus casi 63.000 hectáreas se encuentra uno de los yacimientos (*sites*) paleontológicos más importantes del mundo. Caprichosas (*Fanciful*) formaciones rocosas, producto de siglos y siglos de constante erosión, dan a este desolado (*deserted*) territorio un aire (*look*) de ciencia ficción. Una gama (*range*) infinita de colores, luces y sombras realza (*enhances*) la belleza natural de este mágico paisaje, declarado en 2000 Patrimonio Natural de la Humanidad por la UNESCO.

- ¿El paisaje del cortometraje les recuerda algún lugar de su región o país? ¿Cuál? ¿Por qué?
- ¿Hay algún paisaje en su región o país que proyecte un aire de ciencia ficción? Descríbanlo.

(S) EN PANTALLA

Indica quién dijo estas frases.

1. ¡Baja un poco ese televisor! (Madre de Antonio/Abuelo de Antonio)
2. Señora, ¿esto es Marte? (Abuelo de Antonio/Antonio)
3. ¡Escuchen un poquitito! (Antonio/Maestra)
4. Una travesía extraordinaria… (Esposa de Antonio/Locutor)
5. ¡Te vas a perder la llegada! (Hijo de Antonio/Esposa de Antonio)
6. ¡Bienvenido! (Señora del kiosco/Astronautas)

Análisis

1 **Comprensión** Contesta las preguntas.

1. ¿Qué está haciendo Antonio al principio del corto?

2. ¿Cuál es su sueño? ¿A quién se lo dice?

3. ¿Quién lo lleva a Marte? ¿Cómo?

4. ¿Qué hace Antonio de camino a (*on his way to*) Marte?

5. ¿Por qué se burlan de él sus compañeros de clase?

6. ¿Qué hace Antonio cuando regresa a casa de la escuela?

7. ¿En qué etapa de su vida está Antonio cuando anuncian que el Hombre está a punto de llegar a Marte? ¿Qué tiene que hacer el protagonista en ese momento?

8. ¿Dónde está Antonio cuando la llegada del Hombre a Marte es transmitida por televisión? ¿Dónde están su hijo y su esposa?

2 **Interpretación** Contesten las preguntas en parejas.

1. ¿Por qué Antonio quiere ir a Marte cuando es niño?

2. ¿Por qué Antonio esconde el casco debajo de la cama? ¿Cómo se siente?

3. Cuando Antonio se hace adulto, ¿se considera una persona exitosa? ¿Por qué?

4. ¿Pierde el entusiasmo de la infancia y la capacidad de soñar? Justifiquen su respuesta.

5. ¿Por qué Antonio nunca le contó a su esposa su viaje fantástico de la infancia?

6. ¿Qué creen que pasa por la mente del hijo cuando ve que su papá está en la tele?

7. ¿A qué "problema" se refiere el astronauta?

8. ¿Cómo interpretan el final de la historia?

3 **Contextos** En grupos de tres, digan quién dice cada cita, en qué momento y a quién se la dice. Después compartan con la clase sus opiniones sobre el significado de estas afirmaciones en la historia.

1. "Cuando sea grande, voy a ir yo en un cohete a Marte."

2. "Yo vi en la tele que iban en platillos voladores y en cohetes."

3. "Y con grúa también se puede llegar. Ésta es una camioneta especial."

4. "Sí, ¡bienvenido!"

5. "¡Qué humor! Vos cuando eras chico, ¿no querías ser astronauta?"

6. "Sí, el Hombre está llegando a Marte, pero las calles están todas rotas."

7. "*Houston, we have a problem.*"

4 **Preguntas centrales** En grupos de tres, contesten las preguntas. Cada uno/a debe dar su opinión. Después, compartan sus opiniones con la clase.

• ¿Creen que Antonio realmente fue a Marte?

• ¿Por qué creen que el director eligió este paisaje tan particular? ¿En qué otro paisaje se podría haber inspirado?

5 **Poderosa imaginación** En grupos de tres, expliquen si están de acuerdo con estas afirmaciones. Intenten relacionarlas con el argumento del cortometraje.

> "La imaginación nos llevará a menudo a mundos que no existieron nunca, pero sin ella no podemos llegar a ninguna parte." *Carl Sagan*

> "La imaginación sirve para viajar y cuesta menos." *George William Curtis*

> "El que tiene imaginación, con qué facilidad saca de la nada un mundo." *Gustavo Adolfo Bécquer*

> "La imaginación es más importante que el conocimiento." *Albert Einstein*

> "Todo lo que una persona puede imaginar, otras pueden hacerlo realidad." *Julio Verne*

6 **Sueños de infancia** Dividan la clase en tres grupos y sigan estos pasos.

1. Hagan una lista de las profesiones que soñaban estudiar cuando eran niños.
2. Discutan qué elementos y características tienen en común todas esas profesiones.
3. Intercambien su lista con la de otro grupo y discutan qué elementos y características tienen en común las profesiones. ¿Tienen las tres listas algunas profesiones en común?
4. Ahora juntos, dialoguen y amplíen sus opiniones sobre las listas que escribieron. ¿Cuántos de ustedes todavía persiguen su sueño de infancia? ¿Cuántos lo han abandonado? ¿Por qué?
5. ¿Creen que a todos los niños y niñas de distintas generaciones les gusta lo mismo? ¿Pierden la capacidad de imaginar cuando son mayores?

7 **Situaciones** En parejas, elijan una de las situaciones (A o B) e improvisen un diálogo. Utilicen al menos seis palabras de la lista. Cuando estén listos, represéntenlo delante de la clase.

acontecimiento	concebir	monstruo
astronauta	decepción	nave
aterrizaje	despegue	platillo volador
burlarse	entrenamiento	recuerdo
cohete	hito	velocidad

A

Un niño le cuenta a un amiguito de la escuela que cuando era más pequeño su abuelo lo llevó a Marte en una camioneta. Su amiguito se burla de él. El niño insiste en que es verdad; el otro insiste en que es mentira.

B

Dos amigos discuten acaloradamente (*heatedly*). Uno está convencido de que existe vida en otros planetas. El otro está convencido de que eso es imposible. Cada uno explica y expone sus teorías de manera persuasiva.

 Practice more at **vhlcentral.com**.

1.1 Los verbos **ser** y **estar**  Presentación

Recuerda

Ser y **estar** se traducen al inglés como *to be*, pero sus significados y usos varían. En general, se utiliza el verbo **ser** para describir cualidades permanentes y **estar** para describir condiciones y estados temporales.

Usos de **ser**

El verbo **ser** se usa:

- para **definir** o **identificar** algo o a alguien.

    *Antonio es **un niño** con mucha imaginación.*

- para hablar del **origen** o de la **procedencia** de algo o alguien.

    *El director del cortometraje es **argentino**.*

- para indicar el **material** del que están hechas las cosas.

    Los muñecos de Viaje a Marte ***son de plastilina**.*

- para hablar de **profesiones**. Recuerda que se suele omitir el artículo antes de la profesión indicada.

    *Antonio es **mecánico**, como su abuelo.*

- para indicar cuándo o dónde tiene lugar un **evento**.

    *El despegue de la nave **fue en Cabo Cañaveral**. La llegada **será transmitida a las 5 de la tarde**.*

- para expresar **posesión**.

    *La camioneta mágica **es del abuelo de Antonio**.*

- para hacer **generalizaciones**.

    *Todos los avances tecnológicos **son beneficiosos**.*

Usos de **estar**

El verbo **estar** se usa:

- para **ubicar** o **localizar** algo o a alguien.

    *La camioneta **estaba en el jardín**.*

- para hablar de **estados de ánimo** y de **estados físicos**.

    *El hijo de Antonio **estaba emocionado** esperando la llegada del Hombre a Marte.*

- para hablar de la **salud**.

    *Alejandra **está enferma** esta semana.*

- con ciertas expresiones sobre el **clima**: estar despejado, estar soleado, estar nublado, etc.

    *Afortunadamente el cielo **estuvo despejado** durante todo el día.*

- con el gerundio, para indicar **acciones continuas**.

    ***Estoy estudiando** para mi examen de biología.*

- con el participio, para indicar el **resultado** de una acción.

    *El banco **está cerrado**.*

Ser y estar con adjetivos

La mayoría de los adjetivos descriptivos pueden usarse tanto con **ser** como con **estar**, pero según cuál se use cambiará el sentido de la oración.

María **es** muy alta y elegante.
*María **is** very tall and elegant.*

María **está** muy alta y elegante con esos zapatos de tacón.
*María **looks** very tall and elegant in those high-heeled shoes.*

- Algunos adjetivos cambian de significado al usarse con **ser** o con **estar**.

ser + [*adjetivo*]	**estar** + [*adjetivo*]
La película **es aburrida**. *The movie is **boring**.*	**Estoy** muy **aburrida** en casa. *I'm very **bored** at home.*
Carlos **es** muy **listo**. *Carlos is very **smart**.*	Los chicos **están listos**. *The guys are **ready**.*
La actriz **es mala**. *The actress is **bad**.*	Marta **está mala**. *Marta is **sick**.*
Esteban **es rico**. *Esteban is **rich**.*	El queso **está** muy **rico**. *The cheese is **delicious**.*
Este coche **es seguro**. *This car is **safe**.*	No **estoy seguro** de eso. *I'm not **sure** about that.*
Esas manzanas **son verdes**. *Those apples are **green**.*	Esas manzanas **están verdes**. *Those apples are **not ripe**.*
La niña **es** muy **viva**. *The girl is very **sharp**.*	El autor **está vivo**. *The author is **alive**.*
Carla **es** una mujer **libre**. *Carla is a **free** woman.*	Carla **está libre** esta tarde. *Carla is **available** this evening.*

Práctica

1 **Un día especial** Completa la historia con la forma correcta de **ser** o **estar**.

La llegada del supertelescopio al observatorio del pueblo de Javier causó mucho revuelo (*commotion*). El inventor (1) _____ de nacionalidad alemana. Cuando murió, lo donó a la organización "Telescopios viajeros", que presta telescopios a observatorios pequeños en lugares remotos. Ayer Javier (2) _____ listo para ir con su abuelo al observatorio. Cuando llegaron, Javier vio que todos sus compañeros de escuela también (3) _____ allí. "(4) _____ tan emocionado. Esto va a (5) _____ una experiencia inolvidable", pensó Javier. ¡Y efectivamente lo (6) _____! Javier salió maravillado. La próxima semana, el telescopio (7) _____ en otra ciudad y (8) _____ el deleite de otros niños.

2 **Veinte preguntas** Trabajen en grupos de cuatro o cinco. Un integrante de cada grupo piensa en una persona famosa, un lugar o un objeto. El resto debe hacer preguntas usando **ser** y **estar** para adivinar la persona, el lugar o el objeto. Sólo pueden hacer preguntas que se respondan con "**sí**" o "**no**".

Practice more at **vhlcentral.com**.

1.2 Las preposiciones  Presentación

Recuerda

Las preposiciones se usan para establecer relaciones entre los elementos de una oración.

Preposiciones del español

Éstas son las preposiciones de mayor uso en español:

a *to, at, into*	**en** *in, on, at, into*	**según** *according to, depending on*
ante *in front of, before, facing*	**entre** *between, among*	
	excepto/salvo *except*	**sin** *without*
bajo *beneath, under*	**hacia** *toward(s), about, around*	**sobre** *about, on, over, on top of*
con *with*	**hasta** *as far as, until, up to*	
contra *against, despite*	**mediante** *by means of*	**tras** *behind, after*
de *of, about, from, as*	**para** *for, to, in order to, by*	**versus** *against, versus*
desde *from*	**por** *because of, by, by means of, for, through, down, up, along*	**vía** *via, through*
durante *during*		

Verbos seguidos de preposición

Algunos verbos en español requieren preposición. Si la preposición va seguida de un verbo, éste siempre es en infinitivo.

- **verbos seguidos de a** + [*infinitivo*]

acostumbrarse a *to become accustomed to*	**ayudar a** *to help*	**invitar a** *to invite*
aprender a *to learn to*	**comenzar a** *to begin to*	**ir a** *to go to*
atreverse a *to dare to*	**decidirse a** *to decide to*	**negarse a** *to refuse to*

- **verbos seguidos de de** + [*infinitivo*]

acabar de *to have just*	**arrepentirse de** *to regret*	**encargarse de** *to take charge of*
acordarse de *to remember*	**cansarse de** *to get tired of*	**olvidarse de** *to forget*
alegrarse de *to be glad of*	**dejar de** *to stop/cease*	**tratar de** *to try to*

- **verbos seguidos de en** + [*infinitivo*]

consistir en *to consist of*	**pensar en** *to think about/of*
insistir en *to insist on/upon*	**quedar en** *to agree on*

Frases preposicionales

En español, como en inglés, las preposiciones se pueden combinar para formar frases preposicionales.

acerca de *about*	**de acuerdo con** *in accordance with*	**en contra de** *against*
además de *as well as*		**en medio de** *in the middle of*
al lado de *next to*	**debajo de** *below*	
alrededor de *around*	**delante de** *in front of*	**frente a** *opposite; facing*
antes de *before* (tiempo)	**dentro de** *within; inside of*	**fuera de** *outside of*
a partir de *starting from*	**después de** *after* (tiempo)	**junto a** *next to; close to*
cerca de *near*	**detrás de** *behind*	**lejos de** *far from*
con respecto a *with respect to; in reference to*	**encima de** *on top of*	

Por y para

Las preposiciones **por** y **para** se suelen traducir al inglés como *for*, pero sus usos varían, por lo que no son intercambiables. En general, **por** expresa motivo o causa, mientras que **para** indica destino o propósito.

Usos de por

La preposición **por** se usa para expresar:

- **Movimiento**
    Pasearon por Madrid.
- **Duración**
    Estuvieron perdidos por una hora.
- **Causa o razón**
    Él estudiaba astrofísica por ella.
- **Medio**
    Habla por teléfono.
- **Intercambio o sustitución**
    Ella pagó por la cena.
- **Unidades de medida**
    La camioneta va a setenta millas por hora.
- **Agente en la voz pasiva**
    El extraterrestre fue fotografiado por Ana.

Usos de para

La preposición **para** se usa para expresar:

- **Destino**
    Sale a las tres para el aeropuerto.
- **Destinatario**
    El regalo es para Carlos.
- **Opiniones o contrastes**
    Para él, ella tiene demasiados sueños.
- **Empleador**
    Pedro trabaja para una gran empresa.
- **Meta**
    Estudia español para conseguir el empleo.
- **Propósito**
    Se pone el vestido para la cena.
- **Fecha específica**
    Este trabajo tiene que terminarse para el viernes.

Práctica

1 Sucesos paranormales En parejas, completen el mensaje electrónico con las preposiciones **a**, **de**, **en**, **para** y **por**. Después, narren detalladamente la historia que Ramón contó en la radio.

Estimado señor Ángel García:

Le escribo (1) _____ pedirle que considere incluir mi historia (2) _____ su prestigioso programa de radio *Sucesos paranormales*. Iba (3) _____ llamarlo (4) _____ teléfono (5) _____ contársela, pero prefiero hacerlo (6) _____ correo electrónico. Resulta que mi hermano y yo estábamos (7) _____ casa (8) _____ una amiga ayer (9) _____ las 10 de la noche cuando vimos pasar un platillo volador no muy lejos (10) _____ la casa. Iba (11) _____ lo menos a 70 millas (12) _____ hora. El platillo fue fotografiado (13) _____ mi amiga y me gustaría llevar la foto al programa y explicar la historia con más detalles. ¿Qué le parece?

Un saludo,

Ramón Ramírez

P.D.: (14) _____ cierto, acabo (15) _____ publicar mi última novela (16) _____ ciencia ficción y se la voy a mandar. Espero que le guste.

2 Definiciones En parejas, túrnense para elegir una preposición de la página 12. Pide a tu compañero/a que te diga una oración usando la preposición.

cohete	cámara de fotos
nave espacial	
llaves	teléfono
computadora	diccionario
	grúa

Preparación Audio: Vocabulario

Sobre el autor

Eduardo Hughes Galeano (Montevideo, Uruguay, 1940) comenzó trabajando en diferentes periódicos como *El Sol, Marcha* y *Época*. En 1973 tuvo que irse a vivir a Argentina por razones políticas. Fundó la revista *Crisis* durante su exilio en ese país. Posteriormente, vivió en España hasta 1985, año en que regresó a Uruguay. Sus libros están marcados por la realidad político-social latinoamericana, que se refleja en su gusto por la narración histórica, la crónica y los artículos periodísticos. El relato "Celebración de la fantasía" pertenece a *El libro de los abrazos*, publicado en 1994.

Vocabulario de la lectura	Vocabulario útil
atrasar *to run late/be slow*	**conmovido/a** *(emotionally) moved*
bichos *creatures, bugs*	**el encuentro** *meeting*
correrse la voz *to spread news*	**enterarse** *to find out*
de buenas a primeras *suddenly*	**la magia** *magic*
exigir *to demand*	**la pobreza** *poverty*
el fantasma *ghost*	
la muñeca *wrist*	
rodear *to surround*	
el suelo *ground*	

1 **Vocabulario** Completa las oraciones.

1. Cuando dos amigos se ven por casualidad y toman un café, es un _____ .

2. Nuestros pies tocan el _____ casi todo el tiempo.

3. Los cinco policías lograron _____ a los ladrones.

4. La _____ une la mano con el brazo.

5. De _____ a primeras, me llamó un primo con quien no hablaba hacía diez años.

6. Muchos niños les tienen miedo a los _____ .

2 **De niño** En parejas, contesten las preguntas.

1. Cuando eran niños/as, ¿tenían más imaginación que ahora?

2. ¿Qué cosas creían que eran ciertas y luego descubrieron que no lo eran?

3. ¿Creen que es bueno tener mucha imaginación? ¿Por qué?

3 **El autor** En parejas, conversen sobre el autor.

1. ¿De qué manera la vida en el exilio puede haber tenido influencia en los temas elegidos por el autor?

2. En una entrevista, Eduardo Galeano dijo que escribe desde el punto de vista "de los que no salieron en la foto". ¿A quiénes creen que se refiere?

Practice more at **vhlcentral.com**.

Celebración de la fantasía

Eduardo Galeano

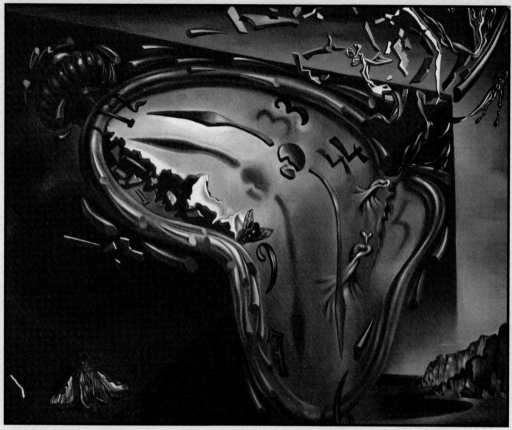

Fue a la entrada del pueblo de Ollantaytambo, cerca del Cuzco. Yo me había despedido de un grupo de turistas y estaba solo, mirando de lejos las ruinas de piedra, cuando un niño del lugar, enclenque°, haraposo°, se acercó a pedirme que le regalara una lapicera°. No podía darle la lapicera que tenía, porque la estaba usando en no sé qué aburridas anotaciones, pero le ofrecí dibujarle un cerdito° en la mano.

Súbitamente, se corrió la voz. De buenas a primeras me encontré rodeado de un enjambre° de niños que exigían, a grito pelado°, que yo les dibujara bichos en sus manitas cuarteadas de mugre° y frío, pieles de cuero quemado,° había quien quería un cóndor y quien una serpiente, otros preferían loritos o lechuzas° y no faltaban los que pedían un fantasma o un dragón.

Y entonces, en medio de aquel alboroto°, un desamparadito° que no alzaba° más de un metro del suelo, me mostró un reloj dibujado con tinta negra en su muñeca:

—*Me lo mandó un tío mío, que vive en Lima* —*dijo.*

—*¿Y anda bien?* —*le pregunté.*

—*Atrasa un poco* —*reconoció.* ∎

weak

ragged

pen

little pig

swarm

at the top of their lungs

chapped by dirt/ burnt leather skins

little parrots or owls

disturbance / defenseless kid who didn't reach

Análisis

1 **Comprensión** Contesta las preguntas.

1. ¿Dónde estaba el narrador?

2. ¿Qué quería el primer niño?

3. ¿Por qué el narrador no podía dársela?

4. ¿Por qué los niños rodearon al narrador?

5. ¿Qué querían los niños?

6. ¿Qué tenía el niño en la muñeca?

7. Según el niño, ¿quién le regaló el reloj?

8. ¿Andaba bien el reloj?

2 **Ampliación** En parejas, contesten las preguntas y compartan sus opiniones con la clase.

1. ¿Cómo son los niños de la historia?

2. ¿Qué importancia tiene la descripción de los niños en la historia?

3. Relacionen el título de este relato con el breve diálogo con el que termina. Justifiquen su respuesta.

4. En una entrevista, Eduardo Galeano afirmó que "es a través de las pequeñas cosas que puede acercarse uno a las grandes". Expliquen el significado de esta afirmación y su relación con el relato.

3 **Personajes** En parejas, contesten las siguientes preguntas.

1. ¿Cuáles son los personajes favoritos de la imaginación infantil (*children's*)? Hagan una breve lista.

2. ¿Qué tipo de personajes son importantes en la imaginación de los adultos? Preparen una lista.

3. ¿Qué diferencias hay entre las dos listas? ¿Por qué?

4. ¿Qué aportan (*bring*) estos personajes de ficción a nuestras vidas? Expliquen el porqué de sus respuestas.

4 **Los juguetes** En parejas, lean estas opiniones sobre los juguetes. ¿Están de acuerdo? ¿Les parecen exageradas? ¿Por qué? Defiendan sus opiniones con ejemplos de su infancia o de la infancia de sus padres y abuelos.

> Los juguetes muy realistas coartan (*inhibit*) la imaginación de los niños.

> La tecnología permite el desarrollo de juguetes más educativos e interactivos.

> Los videojuegos son directamente responsables del aumento de la obesidad entre niños pequeños en los países más desarrollados.

> Los niños no necesitan juguetes. Cualquier objeto sirve para jugar.

> Deberían prohibirse las armas de juguete porque promueven la violencia.

5 **Imaginar** Trabajen en grupos de tres para imaginar cómo sería la vida si en lugar de ir de niños a viejos, fuéramos de viejos a niños. Consideren estas sugerencias.

- Cómo serían nuestros primeros años de vida
- En qué cambiarían los años universitarios
- A qué edad se elegiría pareja
- A qué edad se tendrían hijos
- Cómo sería la relación entre padres e hijos

6 **Ensalada de cuentos**

A. En parejas, comparen las palabras clave de un cuento muy conocido y las de una leyenda mapuche. ¿Qué tienen en común las dos listas? ¿Qué otros cuentos tienen temas o palabras clave similares?

Palabras clave de Blancanieves	Palabras clave de la leyenda mapuche de La Calchona
bruja, princesa, reina, bosque, veneno (*poison*), enanitos (*dwarfs*), príncipe	bruja, ungüento (*ointment*), hechizo (*spell*), oveja, zorro, noche, Chile

B. Inventen un cuento nuevo basado en una mezcla de palabras clave de los cuentos de la parte **A.** Usen los verbos **ser** y **estar**. Después, compartan su cuento con la clase.

C. Busquen en Internet distintas versiones de la leyenda de La Calchona y escriban un resumen de la versión más interesante.

7 **Situaciones** En parejas, elijan una de las situaciones e improvisen un diálogo. Utilicen al menos seis palabras o expresiones de la lista. Cuando estén listos, represéntenlo delante de la clase.

acontecimiento	de buenas a primeras	fantasma
atacar	decepción	imaginario/a
burlarse	encuentro	inocencia
conmovido/a	enterarse	magia
correrse la voz	exigir	rodear

A

Dos amigos están acampando un fin de semana. Uno de ellos es una persona extremadamente práctica. El otro, desde que se golpeó la cabeza hace un tiempo, por momentos está convencido de que es un superhéroe. Tienen que planificar las actividades del primer día de campamento.

B

Dos amigos están discutiendo sobre política. Uno de ellos piensa que el presidente tiene que ser imaginativo. El otro dice que tiene que ser práctico. Los dos tienen que defender sus opiniones.

 Practice more at **vhlcentral.com**.

Preparación  Audio: Vocabulario

Sobre el autor

Luis R. Santos (Santiago de los Caballeros, República Dominicana, 1954). Realizó sus estudios en el Instituto Superior de Agricultura, donde estudió agronomía, y luego en la Universidad Nordestana. En su carrera como escritor, ha trabajado como columnista para los diarios dominicanos *Hoy, El Siglo* y *El Nacional*. Ha sido premiado por sus cuentos en la Alianza Cibaeña y en Casa de Teatro. Varios de estos cuentos han sido incluidos en antologías nacionales e internacionales. Entre sus obras se destacan *Noche de mala luna*, serie de cuentos publicada en 1993, *En el umbral del infierno*, novela de 1996 y *Tienes que matar al perro*, cuentos publicados en 1998.

Vocabulario de la lectura

la amargura *bitterness*
animar *to cheer up*
arrebatar *to snatch*
el aspecto *appearance*
la cicatriz *scar*
descuidado/a *careless*
dilatar *to prolong*
disiparse *to clear*
hendido/a *cleft, split*

insólito/a *unusual*
la lentitud *slowness*
moribundo/a *dying*
el presagio *omen*
el relámpago *lightning*
temer *to fear*
la tormenta *storm*
la venganza *revenge*

Vocabulario útil

anunciar *to foreshadow*
la aparición (de un fantasma) *apparition (of a ghost)*
asustarse *to be frightened*
escéptico/a *skeptical*
inmortal *immortal*
el miedo *fear*
la sangre *blood*

1 Definiciones Conecta las palabras con la definición adecuada.

____ 1. presagio
____ 2. temer
____ 3. arrebatar
____ 4. cicatriz
____ 5. insólito
____ 6. anunciar

a. se dice de un acontecimiento poco frecuente e inexplicable
b. marca que permanece en la piel después de tener una herida
c. tener miedo
d. quitar algo a alguien de un modo violento
e. señal que anuncia algo que va a suceder
f. indicar de manera directa o indirecta que algo va a suceder

2 Diálogo En parejas, improvisen un breve diálogo entre un taxista extraño y un pasajero. Usen palabras de la lista. Después, represéntenlo delante de la clase.

| amargura | asustarse | inmortal | miedo | temer |
| aspecto | cicatriz | insólito/a | presagio | tormenta |

3 Historias del más allá En parejas, háganse las preguntas y luego compartan sus respuestas con la clase.

1. ¿Han leído, visto u oído alguna vez una historia de fantasmas? Relaten el argumento.
2. ¿Creen en los fenómenos paranormales? Justifiquen sus respuestas.
3. ¿Les gustan las historias fantásticas? ¿Por qué?
4. Si no les gustan las historias fantásticas, ¿qué tipo de historias prefieren?

 Practice more at vhlcentral.com.

El otro círculo

Luis R. Santos

Dilatar la vida de los hombres es dilatar su agonía y multiplicar el número de sus muertes.

Jorge Luis Borges

Hay fechas que bajo ninguna circunstancia pueden ser borradas° de la memoria. Era un 24 de diciembre de 1976 y los hechos que acaecieron° durante aquella noche, dramáticos, insólitos e inexplicables, contribuyeron de forma notable a su imborrabilidad.

Mientras la ciudad se preparaba para iniciar los festejos tradicionales de Navidad yo estaba allí derrumbado°, cavilando° sobre lo más importante que había acontecido y que acontecería por muchos años: la muerte repentina° de mi esposa. Se murió así, sin que pudiera hacer algo; yo, que había salvado tantas vidas, me sentí en extremo frustrado al no poder contribuir en lo más mínimo con la sobrevivencia de mi joven mujer. Eso había sucedido apenas una semana atrás. Pero tres meses antes la vida me había hecho uno de esos tantos regalitos con los que muchas veces obsequia a la gente: la muerte de mi madre en un accidente.

Para esos días sentía que todo lo que tenía lo había perdido, que no tenía muchos motivos para seguir en este mundo. Ni siquiera mi brillante profesión de médico, que, sin jactancias°, era una carrera en rápido crecimiento, con un nombre hecho y respetado, me parecía importante. Sólo me interesaba encontrar una respuesta al ensañamiento° de la vida (o de la muerte) en mi contra. Porque si yo vivía constantemente arrebatándole vidas a la muerte, ¿por qué

erased
happened
collapsed/ pondering
sudden
boasting
mercilessness

no pude arrebatarle, por lo menos, la de mi esposa? ¿Sería una conspiración? ¿Una absurda venganza?

Lo más injusto de todo fue el instante en que sucedió la tragedia, exactamente después de haber pasado el período de prueba, ese lapso de adaptación doloroso, esa incómoda transición que se vive al pasar de soltero a hombre casado. Yo, que era un hombre empedernido° con mi soltería°, que decía que no cambiaba mi libertad por ninguna mujer, aunque baste decir que° mi libertad consistía en llegar todos los días a las tres de la madrugada a casa, y acostarme con tres mujeres distintas por semana. Pero ya me había olvidado de mi "libertad" y me había acostumbrado muy bien a la cálida° rutina del matrimonio, a esa placidez monótona del hogar y, precisamente, después de todo eso, ella comete el abuso de morirse.

*hardened/
bachelorhood*

suffice it to say

cozy

Sumido° en esas pesarosas° meditaciones me sobresaltó° el estruendo° de una descarga° eléctrica en lo alto de la atmósfera, señal que anunciaba, con certeza, una inminente tormenta. Acto seguido°, a las 11:00 P.M. sonó el teléfono.

*Immersed/
sorrowful/
startled/
din, crash/
discharge*

Right after

—Doctor Espinosa, venga seguido, se me muere mi padre —me comunicó una voz femenina y temblorosa.

—Es difícil salir esta noche —respondí.

—Es una emergencia, por amor de Dios, venga rápido, doctor.

—No tengo auto disponible, excúseme, llame a otro médico o a una ambulancia...

—Llame un taxi, doctor Espinosa, se lo ruego°, por favor.

*I'm begging
you*

Yo estaba consciente de que lo del transporte no era más que un pretexto. Los recuerdos me pesaban demasiado aquella noche y no quería salir de mi refugio. No obstante, los ruegos de mi interlocutora y su tono suplicante terminaron por convencerme. Le pregunté la forma en que había averiguado° mi número telefónico y me dijo que había sido su padre moribundo

had found out

No obstante, los ruegos de mi interlocutora y su tono suplicante terminaron por convencerme

quien se lo había susurrado°. No encontré nada extraño en aquel dato°, pues, mi nombre estaba en la guía médica. Anoté la dirección y me disgusté°, contrariado°, al comprobar que para trasladarme° hasta aquel sector sería preciso atravesar la ciudad de extremo a extremo, y mucho más desagradable se hacía dicha travesía en una noche tan lluviosa como aquella.

whispered

information

*I got upset/
annoyed,
put out/
to go, to get*

Llamé el taxi y mientras aguardaba su arribo encendí un cigarrillo más. Fumar era de lo poco que me atraía en aquellos días; veía, a través del humo, disiparse un poco mi amargura. La lluvia dejó de ser lluvia y se convirtió en tormenta. Las descargas eléctricas terminaron por interrumpir el servicio eléctrico. La claridad de las luces de los relámpagos inundaba por instantes el recinto° oscurecido; era una luz inusual, como cargada de presagios.

room

Escuché el toque en la puerta, me incorporé° y tomé el maletín° que contenía el instrumental médico necesario para estos casos.

I sat up/case

—Buenas noches, doctor Espinosa— me saludó el taxista.

—Buenas noches, señor. ¿Cómo sabe que soy el doctor Espinosa?

—La operadora me informó: vaya a esta dirección y recoja al doctor Espinosa.

—Bueno —dije— es a esta dirección hacia donde nos dirigimos.

—Y lo difícil que es trasladarse a esa zona; las calles deben estar inundadas° con toda el agua caída —concluyó el taxista.

flooded

Avanzábamos con lentitud, pues seguía precipitándose una lluvia pesada y rabiosa°. A poco se detuvo el auto.

furious

—Perdóneme un segundo, doctor, se desconectó el limpiavidrios° —me informó el taxista.

*windshield
wipers*

—*Okey*, pero dese prisa, que es una emergencia.

—¡Ah!, una emergencia —dijo mi acompañante—, la gente siempre tiene una emergencia cuando cree que va a morir.

I bet

Apuesto° que fue el enfermo quien dijo: "Díganle que es una emergencia, para que venga rápido". Y quizás lo que tiene es un simple dolorcito de estómago. Lo que sucede es que los hombres le tememos demasiado a la muerte.

—Es posible que así sea; y usted, ¿no le teme?

—¡Que le voy a temer! Total, temiéndole o no temiéndole… fíjese, fíjese bien en esta cicatriz que tengo en la frente, mire mi boca, mi labio inferior, específicamente, está hecho una mierda. Eso fue un fatal accidente que tuve; me abrieron la cabeza para operarme; me vi

I was hanging on by a thread

en un hilito° y nunca sentí temor; es más, hasta pienso que hubiera sido mejor morir, mire qué aspecto tengo. Mucha gente me

rejects/ make a face

rechaza°, y hace una mueca° fea cuando me ve.

—Pero el aspecto exterior no es lo importante —le dije, para animarlo.

—Sí, doctor, pero ese rechazo continuo a un ser humano, por el simple hecho de tener

face

el rostro° desfigurado, le va creando a uno

shell

una coraza°, un resentimiento contra todos, un estado de amargura permanente que da al traste con lo poquito bueno que pueda uno tener, y ese es mi caso, doctor; la gente, con su desdén y desprecio, me ha transformado. Así que la muerte, a veces, es la mejor solución.

—Pero usted puede recomponerse ese

surgery

aspecto, con una cirugía° de esas que se hacen

los artistas; es más, yo prometo ayudarlo.

—Ya es demasiado tarde, doctor.

Después de escuchar aquellas sentencias, seguimos nuestra lenta marcha; había

died down/ drizzle

mermado° la tormenta y sólo una llovizna°

lazily

menuda se precipitaba haraganamente°.

I resumed

Encendí un cigarrillo y reanudé° el diálogo.

—¿Por qué dice usted que es demasiado tarde? —le pregunté.

—No desespere, doctor, más tarde lo sabrá —me respondió.

Ahí mismo escuché cuando el taxista exclamó:

—¡Qué joder! Creo que se pinchó una

a tire went flat

goma°, bajaré a verificar.

En ese instante, un relámpago alumbró

face

la faz° del taxista y pude ver el aspecto un tanto monstruoso de ésta, con su marcada cicatriz en la frente y el labio inferior hendido; sentí una profunda conmiseración

wretched

por aquel desgraciado° ser.

—Parece que todo está en contra del enfermo —comentó el taxista—. Ahora perderemos de veinte a veinticinco minutos más.

—Ojalá lo encontremos vivo —apunté—, según la persona que me habló por teléfono era grave el asunto.

Se tomó dieciocho minutos, exactamente, para sustituir el neumático

damaged tire

averiado°.

—La verdad es que usted es un gran tipo, doctor.

—¿Por qué?

—Imagínese, salir de su casa a las 11 de la noche, un 24 de diciembre, bajo lluvia y dejando a su esposa sola en casa.

—Es el deber, aunque a veces a uno le dan ganas de mandar el deber a la porra°. *throw duty out the window*

—Así es, doctor; yo, últimamente, al deber lo he agarrado por las greñas° y lo he arrojado a la basura, y hasta a Dios lo he mandado al carajo. *hair*

Cuando escuché estas expresiones, sentí que algo me unía a aquel desconocido. Tuve una especie de acercamiento, solidaridad o empatía con alguien que me había punzado° allá, en lo más hondo con sus palabras. Porque últimamente yo también había estado en un cuestionamiento permanente de Dios a raíz de las muertes de mi madre y mi esposa. ¿Me merezco esto, Dios?, le he preguntado. ¡No te conformas con una, sino que me quitas a las dos!, le he increpado°. ¿O tú no eres más que un engaño? ¿Un fraude, un truco, una invención? ¡Dime! ¡Háblame! ¡Respóndeme! *punched* *I railed*

—Falta poco para que lleguemos —interrumpió él mis oscuros pensamientos.

—Por suerte —le dije—. Quiero que me recojas luego de concluida la consulta.

—Será un gusto, doctor.

Unos instantes después, el motor del auto detuvo la marcha.

—¡Otra y van tres! —protestó el taxista.

—¿Qué pasa ahora?

—Se terminó la gasolina.

—No faltaba más.

—No se preocupe, ya casi llegamos, la lluvia ha cesado, usted puede llegar a pie, la Duarte es en la próxima esquina.

—De acuerdo, pero trate de conseguir combustible para el regreso y no sea tan descuidado.

—Está bien, doctor, pero recuerde que llegan momentos en que ya nada resuelve nada.

Esas últimas palabras me intrigaron, no lo niego.

Caminé de prisa, ahora bajo un viento fresco y húmedo. Llegué a la esquina, busqué en un bolsillo el papel donde estaba anotada la dirección y vi escrito: "Calle Duarte #106". Fui identificando los números hasta que llegué a la casa con la numeración buscada. La puerta estaba abierta, había mucho movimiento en la sala, alguien lloraba en un rincón°. *corner*

Me recibió una joven con el rostro compungido°, que me dijo: "Doctor, llega usted tarde, hace apenas cinco minutos que el enfermo falleció°." *sorrowful* *passed away*

De inmediato, entré al cuarto donde estaba el muerto y, efectivamente, yacía° sobre la cama un hombre con una horrible cicatriz en la frente y el labio inferior hendido. ■ *lay*

Análisis

1 **Comprensión** Contesta las preguntas.

1. ¿Qué evento importante marcó la vida del doctor antes de la noche del 24 de diciembre de 1976?

2. ¿Qué le sucedió al doctor tres meses antes de la muerte de su esposa?

3. ¿Por qué estaba frustrado el doctor después de la muerte de su esposa?

4. ¿Por qué le pareció injusto el momento en que ocurrió la tragedia?

5. ¿Cómo era la vida del doctor cuando era soltero?

6. ¿Quién llamó al doctor por teléfono? ¿Qué le pidió esa persona?

7. ¿Cómo había conseguido la mujer el número de teléfono del doctor?

8. ¿Qué tiempo hacía esa noche?

9. Cuando el doctor viajaba en el taxi, ¿qué complicaciones tuvo para llegar?

10. ¿Cómo era el aspecto del taxista a causa del accidente que tuvo?

11. ¿Qué pensaba el taxista sobre la muerte?

12. ¿Con qué se encontró el doctor Espinosa al llegar a la casa del moribundo?

2 **Ampliación** En parejas, contesten las preguntas.

1. ¿Por qué el taxista tiene tantos inconvenientes para llevar al doctor a su destino?

2. ¿Por qué el moribundo quería que fuera el doctor Espinosa y no otro el que lo fuera a visitar?

3. ¿Creen que el taxista va a recoger al doctor a la casa del paciente para llevarlo de regreso a su casa?

4. ¿Por qué creen que el cuento se llama "El otro círculo"?

5. ¿Qué indicios (*signs*) se dan a lo largo de la historia que nos permiten saber que algo extraño va a ocurrir?

6. El doctor está deprimido por la muerte de su madre en un accidente; el taxista, por su parte, está deprimido por haber sobrevivido a un cruel accidente. ¿Creen que el punto de vista del doctor cambia después de su encuentro con el taxista?

7. ¿Creen que la historia tiene una moraleja (*moral*)? ¿Cuál es?

3 **Analizar** En grupos de cuatro, digan qué personaje dice cada cita, en qué circunstancias y expliquen la importancia que tienen en el desenlace (*ending*) de la historia. Después, entre todos, digan qué tienen en común el doctor y el taxista.

1. Si yo vivía constantemente arrebatándole vidas a la muerte, ¿por qué no pude arrebatarle, por lo menos, la de mi esposa?

2. Lo que sucede es que los hombres le tememos demasiado a la muerte.

3. No desespere, más tarde lo sabrá.

4. De acuerdo, pero trate de conseguir combustible para el regreso y no sea tan descuidado.

5. Está bien, pero recuerde que llegan momentos en que ya nada resuelve nada.

4 **Interpretar** En grupos de cuatro, expliquen por qué el relato comienza con la cita de Jorge Luis Borges. ¿Qué relevancia tiene esta idea en el contexto del cuento? ¿Alguno de los personajes de la historia estaría de acuerdo con Borges? ¿Quién(es)? Den ejemplos del texto.

5 **Adivinar** En grupos pequeños, elijan una película o novela fantástica. Cada miembro del grupo tiene que contar algo de lo que pasa en la historia y el resto de la clase tiene que adivinar de qué película o novela se trata.

6 **Clichés** Las "historias de miedo" suelen compartir en general una estructura y unos elementos típicos que se pueden considerar clichés.

A. En parejas, conversen sobre estas preguntas.

- ¿Qué convenciones o clichés observaron en "El otro círculo", (por ejemplo, el hecho de que es de noche)? Hagan una lista.
- ¿Qué otras convenciones o clichés han observado en novelas, cuentos y películas de este género?

B. Compartan y discutan los clichés que identificaron en la parte **A** con los otros grupos. ¿Qué técnicas consideran más efectivas?

7 **Situaciones** En parejas, elijan una de las situaciones e improvisen un diálogo basado en ella. Usen al menos seis palabras de la lista. Cuando lo terminen, represéntenlo delante de la clase.

aparición	cicatriz	sangre
arrebatar	inmortal	sueño
aspecto	insólito/a	temer
asustarse	miedo	venganza

A
Un fantasma se le aparece a una persona escéptica y la tiene que convencer de que es real. La persona no le cree y discuten.

B
Es el día de bodas de una pareja de enamorados. El novio tiene que confesarle a su amada que es un vampiro. Él quiere que ella se convierta en vampira, pero ella se resiste.

Preparación  Audio: Vocabulario

Sobre el autor

Gabriel García Márquez (1927-2014) nació en Aracataca, Colombia. Se dedicó desde muy joven al periodismo y a la literatura. Participó como periodista en varias revistas y diarios hasta que en 1955 publicó su novela *La hojarasca*. Desde entonces se convirtió en uno de los autores más importantes del panorama literario mundial. Su obra *Cien años de soledad* ayudó a popularizar el género llamado "realismo mágico", en el que la realidad se mezcla con la fantasía. En 1982, García Márquez recibió el Premio Nobel de Literatura. Otras de sus obras son *El amor en los tiempos del cólera, Crónica de una muerte anunciada, Doce cuentos peregrinos* y *Vivir para contarla*.

Vocabulario de la lectura		Vocabulario útil
creer *to believe*	**la manía** *obsession*	**acertado/a** *right, correct*
el disparate *nonsense*	**la nota** *grade*	**el criterio** *discernment*
imprevisto/a *unexpected*	**la pretensión** *aim, aspiration*	**la mentira** *lie*
inducir *to lead to*	**el prodigio** *wonder*	**perjudicar** *to harm*
ingenuo/a *naive*	**rebuscado/a** *roundabout*	**tergiversar** *to distort, to twist*
la locura *madness*		

1 **Vocabulario** Encuentra entre las palabras del vocabulario un sinónimo para cada palabra de la columna A y un antónimo para cada palabra de la columna B.

A
1. capricho _____
2. maravilla _____
3. calificación _____
4. convencer _____
5. falsear, manipular _____

B
1. sencillo _____
2. sensatez _____
3. esperado _____
4. ayudar _____
5. astuto _____

2 **Completar** Completa las oraciones con la palabra adecuada.
1. El ruido la _____ y se puso a llorar.
2. Cuando no saben, los alumnos contestan _____.
3. No sirve tener una buena _____ si no entiendes nada.
4. La pregunta _____ nos tomó por sorpresa.
5. Lo descubrieron porque su _____ era demasiado _____.

3 **Opinión** En parejas, conversen sobre las siguientes preguntas.
1. ¿Creen que en la escuela hay espacio para la imaginación o sólo para la razón? ¿Cuál fue la experiencia de ustedes en la escuela?
2. ¿Les parece que aprender quiere decir acertar las respuestas o es otra cosa?
3. ¿Qué tipo de educación les parece más valiosa para tener éxito en la sociedad actual: la que enseña a pensar por sí mismo al alumno o la que privilegia obtener buenas notas? ¿Por qué?

La poesía, al alcance de los niños

Gabriel García Márquez

warned

U n maestro de literatura le advirtió° el año pasado a la hija menor de un gran amigo mío que su examen final versaría

would be about

sobre° *Cien años de soledad*. La chica se asustó, con toda la razón, no sólo porque no había leído el libro, sino porque estaba pendiente°

paid attention to, was interested in

de otras materias más graves. Por fortuna, su padre tiene una formación literaria muy seria y un instinto poético como pocos, y la sometió a una preparación tan intensa que, sin duda, llegó al examen mejor armada que su maestro. Sin embargo, éste le hizo una pregunta imprevista:

upside down

¿qué significa la letra al revés° en el título de *Cien años de soledad*? Se refería a la edición de Buenos Aires, cuya portada fue hecha por el pintor Vicente Rojo con una letra invertida, porque así se lo indicó su absoluta y soberana inspiración. La chica, por supuesto, no supo qué contestar. Vicente Rojo me dijo cuando se lo conté que tampoco él lo hubiera sabido. Ese mismo año, mi hijo Gonzalo tuvo que contestar un cuestionario de literatura elaborado en Londres para un examen de admisión. Una de las preguntas pretendía establecer cuál era el símbolo del gallo en *El coronel no tiene quien le escriba*. Gonzalo, que conoce muy bien el estilo de su casa, no pudo resistir la tentación de

to tease

tomarle el pelo° a aquel sabio remoto, y contestó:

"Es el gallo de los huevos de oro". Más tarde supimos que quien obtuvo la mejor nota fue el alumno que contestó, como se lo había enseñado el maestro, que el gallo del coronel era el símbolo de la fuerza popular reprimida. Cuando lo supe me alegré una vez más de mi buena estrella política, pues el final que yo había pensado para ese libro, y que cambié a última hora, era que el coronel le torciera el pescuezo° al gallo e hiciera con él una sopa de protesta.

wring his neck

Desde hace años colecciono estas perlas con que los malos maestros de literatura pervierten a los niños. Conozco uno de muy buena fe para quien la abuela desalmada°, gorda y voraz, que

heartless

explota a la cándida Eréndira para cobrarse una deuda es el símbolo del capitalismo insaciable. Un maestro católico enseñaba que la subida al cielo de Remedios la Bella era una transposición poética de la ascensión en cuerpo y alma de la virgen María. Otro dictó una clase completa sobre Herbert, un personaje de algún cuento mío que le resuelve problemas a todo el mundo y reparte° dinero a manos llenas°. "Es una

distributes/ by the handful

hermosa metáfora de Dios", dijo el maestro. Dos críticos de Barcelona me sorprendieron con el descubrimiento de que *El otoño del patriarca* tenía la misma estructura del tercer concierto de piano de Bela Bartok. Esto me causó una gran alegría por la admiración que le tengo a Bela Bartok, y en especial a ese concierto, pero todavía no he podido entender las analogías de aquellos dos críticos. Un profesor de literatura de la Escuela de Letras de La Habana destinaba muchas horas al análisis de *Cien años de soledad* y llegaba a la conclusión —halagadora° y deprime al mismo tiempo— de que no ofrecía ninguna solución. Lo cual terminó de convencerme de que la manía interpretativa termina por ser a la larga° una nueva forma de ficción que a veces encalla° en el disparate.

flattering

eventually

runs aground

Debo ser un lector muy ingenuo, porque nunca he pensado que los novelistas quieran decir más de lo que dicen. Cuando Franz Kafka dice que Gregorio Samsa despertó una mañana convertido en° un gigantesco insecto, no me parece que eso sea el símbolo de nada, y lo único que me ha intrigado siempre es qué clase de animal pudo haber sido. Creo que hubo en realidad un tiempo en que las alfombras° volaban y había genios prisioneros dentro de las botellas. Creo que la burra de Ballam habló —como lo dice la Biblia— y lo único lamentable° es que no se hubiera grabado° su voz, y creo que Josué derribó las murallas de Jericó con el poder de sus trompetas, y lo único lamentable es que nadie hubiera transcrito su música de demolición. Creo, en fin, que el licenciado Vidriera[1] —de Cervantes— era en realidad de vidrio°, como él lo creía en su locura, y

changed into

carpets

the only unfortunate part/ recorded

glass

creo de veras en la jubilosa verdad de que Gargantúa[2] se orinaba a torrentes sobre las catedrales de París. Más aún: creo que otros prodigios similares siguen ocurriendo, y que si no los vemos es en gran parte porque nos lo impide el racionalismo oscurantista que nos inculcaron los malos profesores de literatura.

Tengo un gran respeto, y sobre todo un gran cariño, por el oficio de maestro, y por eso me duele que ellos también sean víctimas de un sistema de enseñanza que los induce a decir tonterías. Uno de mis seres inolvidables es la maestra que me enseñó a leer a los cinco años. Era una muchacha bella y sabia que no pretendía saber más de lo que podía, y era además tan joven que con el tiempo ha terminado por ser menor que yo. Fue ella quien nos leía en clase los primeros poemas que me pudrieron el seso° para siempre. Recuerdo con la misma gratitud al profesor de literatura del bachillerato, un hombre modesto y prudente que nos llevaba por el laberinto de los buenos libros sin interpretaciones rebuscadas. Este método nos permitía a sus alumnos una participación más personal y libre en el prodigio de la poesía. En síntesis, un curso de literatura no debería ser mucho más que una buena guía de lecturas. Cualquier otra pretensión no sirve para nada más que para asustar a los niños. Creo yo, aquí en la trastienda°. ∎

brain

back room

EL PAÍS - Opinión 27-01-1981

[1] *El licenciado Vidriera* Novela corta escrita en 1613 por Miguel de Cervantes, sobre un abogado que imagina que tiene el cuerpo hecho de vidrio.

[2] *Gargantúa* Protagonista de las novelas *Gargantúa* y *Pantagruel*, escritas en el siglo XVI por el francés François Rabelais. Gargantúa es un gigante (*giant*).

Análisis

1 **Comprensión** En parejas, indiquen si las oraciones son **ciertas** o **falsas**. Luego corrijan las **falsas**.

1. Para Vicente Rojo, la letra al revés en la portada simboliza algo especial.
2. El final de *El coronel no tiene quien le escriba* podría haber sido que el coronel mataba al gallo para hacer una sopa.
3. Gonzalo obtuvo la mejor nota en el examen.
4. García Márquez no quiere enterarse de las malas interpretaciones que se hacen de sus obras.
5. A García Márquez no le gusta Bela Bartok.
6. Él cree que el licenciado Vidriera de Cervantes era en realidad de vidrio.
7. El autor dice que los prodigios pasaban en otra época, pero ya no ocurren más porque lo impide el racionalismo.
8. El oficio de maestro despierta el respeto de García Márquez.
9. Los primeros poemas se los leyó su maestra en la escuela y eso lo cambió para siempre.
10. Para el autor, los alumnos deben tener una participación más personal y libre cuando leen poesía.

2 **Interpretación** En parejas, respondan estas preguntas.

1. ¿Qué critica el artículo de García Márquez?
2. Haz una lista de los personajes que aparecen en este artículo. ¿Quiénes son los buenos ejemplos y quiénes serían los malos? ¿Por qué?
3. ¿De qué manera la "manía interpretativa" de algunos puede terminar en "una nueva forma de ficción"?
4. ¿Qué quiere decir con: "Debo ser un lector muy ingenuo…"? ¿Te parece que García Márquez se cree realmente ingenuo o la frase significa otra cosa?
5. El autor afirma: "me duele que ellos [los maestros] **también** sean víctimas de un sistema de enseñanza que los induce a decir tonterías". ¿Quiénes son las otras víctimas. ¿Por qué son víctimas?
6. El autor concluye el artículo con un humilde: "Creo yo, aquí en la trastienda". ¿Qué quiere decir con "trastienda"?

3 **Discursos educativos** En grupos de tres, lean las oraciones y decidan si corresponden a la "maestra joven" o al "sabio remoto". Ubíquenlas en las columnas correspondientes.

	MAESTRA	SABIO
"No le hagan decir al autor cosas que no dijo, porque lo tergiversan."	☐	☐
"¿Qué piensan sobre el relato?"	☐	☐
"La lógica nos dice que esto no puede ocurrir en la realidad."	☐	☐
"Escuchen y disfruten esta poesía desde el corazón."	☐	☐
"Todo lo que cuenta el relato quiere decir otra cosa completamente distinta."	☐	☐
"Si la respuesta es ingenua, no es acertada."	☐	☐
"Lean el relato con atención, sin buscar interpretaciones rebuscadas."	☐	☐
"Lo que dice el autor no es más que un símbolo de algo más."	☐	☐

4 **Debate** Dividan la clase en dos grupos. **Grupo A** debe defender la opción de quienes buscan interpretaciones simbólicas de todo, y **Grupo B** debe tomar la postura de García Márquez. Encuentren argumentos convincentes para su posición y puntos débiles en la posición contraria, y debatan qué criterio sobre la literatura les parece más acertado. ¿Pueden encontrar un término medio que concilie las dos posiciones?

Grupo A: La literatura oculta sentidos que hay que desenterrar.

Grupo B: El escritor no quiere decir más que lo que escribe.

5 **Noticias secretas**

A. En grupos de tres, conversen sobre esta pregunta: ¿les parece que algunas de las famosas teorías conspirativas pueden ser ciertas o más bien son "interpretaciones rebuscadas" de la realidad?

B. Lean las afirmaciones y agreguen cinco teorías más a la lista. Luego, voten cuál les parece que es un disparate y en cuál estarían dispuestos a creer. Compartan sus opiniones con el resto de la clase.

> Los *aliens* construyeron las pirámides de Egipto

> El hombre nunca llegó a la Luna

> Elvis está vivo

> El gobierno de Estados Unidos sabía de antemano del ataque a Pearl Harbor

> El calentamiento global es una mentira

6 **Situaciones** En parejas desarrollen estas situaciones e improvisen un diálogo. Usen las palabras que aparecen a continuación. Al terminar de prepararlo, represéntenlo frente a la clase.

advertencia	imprevistamente	mentiroso
a la larga	inducir	perjudicar
asustar	ingenuo	pretender
creer	locura	tomar el pelo
disparate	manía	

A

Una persona ha sido detenida en una tienda por escapar con un aerosol que no pagó.
Ahora intenta convencer al guardia de seguridad de que lo tomó para protegerse de un cazador que salió de los carteles de publicidad de la sección de deportes para atraparlo y llevárselo con él.

B

Una persona aparece en la puerta de su vecino para decirle que en realidad es un espía y que necesita que le permita esconder un paquete en su casa. Le dice que se trata de importantes documentos secretos y que los agentes de un país extranjero lo están buscando. Su vecino no le cree.

 Practice more at **vhlcentral.com**.

Preparación Audio: Vocabulario

Sobre el autor

Las obras del argentino **Joaquín Salvador Lavado**, conocido como Quino, se comenzaron a publicar en 1954 en Buenos Aires. Después de diez años de publicar dibujos de humor gráfico, Quino creó a Mafalda, su personaje más querido. A través de Mafalda, una niña que vivía en la Argentina de los años 60 y 70, Quino reflexionaba sobre la situación política y social del mundo. En 1973, Quino dejó de publicar Mafalda y empezó a dibujar otras historias con un humor que, según las palabras del propio dibujante, quizás fuera "menos vivaz pero tal vez algo más profundo".

Vocabulario de la tira cómica	Vocabulario útil	
	aplastar *to squash*	**matar** *to kill*
	aterrizar *to land*	**la nada** *nothingness*
podrido/a *fed up*	**la cueva** *cave*	**el pasadizo** *passage*
el ratón, la ratona *mouse*	**deshabitado/a** *uninhabited*	**el recogedor** *dustpan*
	la escoba *broom*	**la viñeta** *vignette*
	la linterna *flashlight*	

1 **Adivinar** En parejas, miren la primera viñeta de la tira cómica e imaginen qué va a pasar. Después, compartan sus predicciones con la clase.

2 **Otros mundos** ¿Creen que sin imaginación hubiera sido posible realizar viajes espaciales? ¿Por qué?

Análisis

1 **Narrar** En parejas, cuéntense qué ocurre en la tira cómica.

2 **Un poco de fantasía** En parejas, contesten las preguntas sobre la tira cómica.

1. ¿Qué año es?

2. ¿De dónde es el astronauta?

3. ¿Qué misión tiene?

4. ¿A qué planeta ha llegado?

5. ¿Cómo es la vida en ese planeta?

6. ¿Cómo son sus habitantes?

3 **Inventar** En grupos pequeños, imaginen otro final para la historia, a partir de la viñeta seis.

4 **Otro viaje** En parejas, cuéntense un viaje con el que hayan soñado. Después, compartan el viaje de su compañero/a con la clase.

 Practice more at **vhlcentral.com**.

Viaje espacial de **Quino**

¿Realidad o fantasía?

¿(Para)normal y (sobre)natural?

A veces, los periódicos presentan noticias extrañas. Algunos creen que esas noticias relatan hechos paranormales o sobrenaturales. Otros piensan que hablan de farsas o de acontecimientos que tienen una explicación lógica o científica. ¿Cuál es tu posición? ¿Cómo presentarías una de estas noticias al público?

El Mundo

Buscan establecer relación entre ovnis y la sequía

Excursionistas sorprendidos por hombre lobo

¿Abuela muerta salva a su nieta de ahogarse?

Plan de redacción

Planea

1 Elige el tema y tu posición Lee los tres titulares del periódico. Escribe un artículo periodístico correspondiente a uno de ellos. ¿Existe una explicación lógica o se trata de un hecho sobrenatural o paranormal? ¿Existen antecedentes de hechos similares? Relata la información de manera clara y concisa. Utiliza los verbos **ser** y **estar** y las preposiciones que necesites

Escribe

2 Introducción Presenta a los protagonistas y describe los hechos.

3 Desarrollo Explica lo sucedido, incluyendo antecedentes y citas de especialistas.

4 Conclusión Resume brevemente tu postura y saca conclusiones.

Comprueba y lee

5 Revisión Lee tu artículo periodístico para mejorarlo.

- Asegúrate de que el estilo corresponda a un artículo periodístico.

- Si es necesario, cambia el titular para indicar cuál es tu postura.

6 Lee Lee el artículo a tus compañeros de clase. Ellos tomarán notas y luego te harán preguntas.

Creadores de realidad

Los videojuegos son una nueva forma de arte, pero, a diferencia de los libros o las películas, llegan a un nivel de interactividad nunca antes conocido. ¿Qué consecuencias puede tener esta posibilidad de crear realidad? ¿Existe el peligro de perder el control? ¿Los límites entre realidad y fantasía pueden desaparecer y generar víctimas reales? ¿Cuáles son los beneficios de esta forma de entretenimiento?

1 La clase se divide en grupos pequeños. Lean las opiniones y elijan la que les parece más acertada. Si tienen experiencia personal con el tema, aporten sus historias para sustentar el punto de vista que defienden.

"Existe una profunda desconfianza puritana por la fantasía, que experimentan aquellos que confunden la fantasía —que en sentido psicológico es una facultad universal y esencial de la mente humana— con el infantilismo y la regresión patológica." Ursula K. Le Guin.

"Con los videojuegos puedes hacer las cosas más peligrosas, porque sabes que no arriesgas el pescuezo. Es el mejor invento para liberar la ira sin hacerte daño ni lastimar a nadie." Marisa Castillo

"Por culpa de los videojuegos hay más violencia en la calle y en las escuelas, y a los niños matar les parece un juego." Jorge González

"Con los videojuegos, la gente se vuelve un robot. Creen que, con apretar un botón, todo se arregla, y sin consecuencias para nadie. Pero en la vida real no es así." Marta Bernal

"Para hacerse los pacifistas, los políticos acusan a los videojuegos, pero mandan a los jóvenes a la guerra sin ningún problema. No conozco a ningún aficionado a los videojuegos que sea realmente violento." Pablo Ramírez

"Está probado que los videojuegos te pueden volver adicto, igual que las drogas. Además, los que juegan a esas cosas son niños que nunca crecen, como Peter Pan." Claudia Iraola

2 Cada grupo presenta a la clase la opinión que eligieron y las razones por las que lo hicieron. En el caso de que no todos los miembros del grupo estén de acuerdo, expliquen las distintas opiniones que hay dentro del grupo.

3 Presten atención a los argumentos de los otros grupos, porque pueden mostrar algún aspecto que no habían visto antes. Hagan las preguntas que sean necesarias y cuestionen los argumentos que les parezcan débiles o disparatados.

4 Intenten llegar a una conclusión final. Analicen qué aspectos generan más desacuerdo y cuáles obtienen más acuerdo o aprobación.

Una cuestión de personalidad

La personalidad se suele definir como el conjunto de características que distinguen a un individuo de otro. Estos rasgos y conductas determinan la manera que tiene una persona de relacionarse con los demás y de enfrentarse al mundo.
¿Cómo eres? ¿Está tu comportamiento guiado por tu personalidad? ¿De qué forma? Da algunos ejemplos.
¿Cuál es la personalidad ideal?

36

46

60

Le diría que aprovechara cada momento

Preparación  Audio: Vocabulario

Vocabulario del corto

el anuncio (de televisión) *(TV) commercial*
atropellar *to run over*
el cajón *drawer*
el capricho *whim*
la consulta *question*
el DNI (Documento Nacional de Identidad) *ID*
facilitar *to provide*

la factura *bill*
hueco/a *hollow*
el ordenador (Esp.) *computer*
superar *to exceed*
suplicar *to plead*
el (teléfono) móvil (Esp.) *cell (phone)*
el/la usuario/a *customer*
vaciar *to empty*

Vocabulario útil

comportarse *to behave*
conmover *to move (emotionally)*
los datos personales *personal information*
desesperar(se) *to become exasperated*
desistir *to give up*
la esperanza *hope*
la (in)comprensión *(lack of) understanding*
intransigente *unyielding*
luchar por *to fight for*

EXPRESIONES

Ahora te la paso. *Here she is./ I'll put her on. (on the phone)*
Dar de baja. *To cancel (a service).*
Figúrate qué ambientazo. *Imagine the mood.*
Indicarle que… *I must inform you that…*
¿Me pones con un supervisor? *Can I speak with a supervisor?*
No constar. *To be unavailable; To not appear.*
Saltarse una norma. *To break a rule.*

1

Verbo incorrecto Indica qué verbo no se relaciona con la palabra principal. Después, escribe una oración con dos verbos de cada grupo.

1. factura:
   a. pagar   b. vaciar   c. recibir

2. consulta:
   a. desistir   b. responder   c. hacer

3. servicio:
   a. ofrecer   b. comprender   c. dar de baja

4. norma:
   a. respetar   b. saltarse   c. suplicar

5. información:
   a. facilitar   b. atropellar   c. solicitar

6. cajón:
   a. llenar   b. conmover   c. vaciar

7. esperanza:
   a. luchar por   b. desistir   c. suplicar

2 **Rebelde con causa** Trabajen en grupos de tres. Cada uno/a debe compartir una experiencia en la cual no pudo convencer a otra persona de que le hiciera un favor.

- ¿Con quién hablaron?
- ¿Qué favor le pidieron?
- ¿Cómo reaccionaron? ¿Se desesperaron?
- ¿Desistieron o insistieron?
- ¿Qué elementos persuasivos emplearon para conseguir lo que querían?
- ¿Cómo se sintieron cuando la conversación terminó?

3 **La paradoja de la comunicación** Trabajen en grupos de tres y digan si están de acuerdo con estas afirmaciones. Expliquen sus respuestas.

1. Hablando se entiende la gente.
2. A veces, el silencio mejora la comunicación.
3. Es más fácil comunicarse con un ordenador que con una persona.
4. La personalidad de los individuos tiene un papel importante en la comunicación.
5. Las nuevas tecnologías afectan de manera negativa las relaciones personales.

4 **Atención al cliente** En grupos, conversen sobre sus experiencias con el servicio de atención al cliente de alguna empresa.

- ¿Han llamado ustedes alguna vez al servicio de atención al cliente? ¿Cómo fue la experiencia?
- ¿Cómo suele ser la personalidad de los operadores? ¿De qué forma su comportamiento está restringido debido a las normas de las compañías?
- ¿Cómo prefieren ustedes comunicarse con el servicio de atención al cliente? ¿Por teléfono? ¿Por *chat*? ¿Cara a cara?
- ¿Alguna vez les ha frustrado hablar con el servicio de atención al cliente? ¿Por qué?
- ¿Piensan que las normas para los trabajadores de estos servicios son extremas? ¿En qué circunstancias es justificable saltarse las normas?

5 **Anticipar** En parejas, observen los fotogramas y contesten las siguientes preguntas.

Nuria: Operadora

Enrique: Usuario

- ¿Qué relación hay entre los dos personajes principales de esta historia?
- ¿Quién llama a quién? ¿Cuál es el propósito de la llamada?
- ¿De qué género creen que es este corto?
- ¿Por qué piensan que se llama *Diez minutos*?
- ¿Creen que tiene un final feliz? ¿Tiene moraleja (*moral*)?

Practice more at
vhlcentral.com.

ESCENAS ⓢ Video: Cortometraje

Nuria Airfone, buenas noches, mi nombre es Nuria. ¿En qué puedo ayudarle?
Enrique Vamos a ver, es muy sencillo. A las 19:35 de esta tarde se ha hecho una llamada desde este teléfono. Quería saber a qué número se ha realizado[1].

Nuria Don Enrique, indicarle que puede usted comprobar[2] en su teléfono las diez últimas llamadas realizadas.
Enrique Ya, eso ya lo sé, pero el problema es que no hay manera de que salga el número[3] porque ya he hecho más de diez llamadas.

Enrique Lo que le estoy pidiendo no es ningún capricho, es una información muy importante para mí. ¿Me entiende? Mire, mi novia me ha dejado, se ha ido esta tarde… Usted habrá estado enamorada alguna vez, ¿no?
Nuria No nos está autorizado dar ningún tipo de información personal.

Enrique Si usted me facilita ese teléfono, yo podré llamarla y hablar con ella. ¿Entiende lo importante que es para mí esa llamada?
Nuria Don Enrique, indicarle no obstante[4] que esa información no nos consta… Si usted desea hacerme otra consulta, yo le contestaré con mucho agrado[5].

Enrique ¿No puede comprender usted lo que es la desesperación?, ¿lo que es la impotencia humana? ¿Dónde vamos a ir a parar si no nos echamos una mano[6] cuando lo necesitamos? Nuria, imagínese que fuese al revés[7].

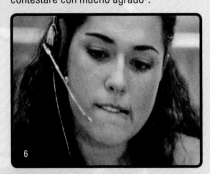

Enrique No, bueno, si tienes un cócker[8] definitivamente eres una buena persona. Ha costado saberlo[9], pero al final se sabe que eres una buena persona. Nuria, tú sabes el teléfono, ¿verdad? La llamada de las 19:35, la tienes ahí delante, ¿verdad?

[1] *(the call) was made* [2] *check* [3] *the number will not appear* [4] *nevertheless* [5] *gladly* [6] *help each other out*
[7] *the other way around* [8] *cocker spaniel* [9] *It wasn't easy to find out*

Nota CULTURAL

El uso del teléfono celular en España está tan extendido que cada vez son más los jóvenes que prefieren tener sólo móvil. Además de la comodidad, existen ventajas económicas. Por ejemplo, se pueden mandar mensajes de texto, que son mucho más baratos que las llamadas. Una curiosidad de la numeración de teléfonos en España es que enseguida se puede saber si un número pertenece a un teléfono fijo o a un teléfono móvil: los fijos empiezan siempre por nueve y los móviles siempre por seis. Esta información es muy importante, ya que una llamada de un teléfono fijo a un celular es más cara que una llamada a otro teléfono fijo.

- ¿Para qué usan ustedes su celular? ¿Suelen mandar mensajes de texto o prefieren llamar?
- ¿Usan Internet en su celular? ¿Para qué?
- ¿Cuáles creen que son las diferencias entre los hispanos y los norteamericanos a la hora de utilizar su celular?

ⓢ EN PANTALLA

Ordenar Ordena estas acciones según las vas viendo.

5 _8_ a. Enrique localiza a su novia.
1 _X_ b. Enrique está desesperado.
3 _X_ c. Enrique se enfada.
_4_ d. Nuria se conmueve.
2 _1_ e. Nuria se niega a ayudarle.
6 _5_ f. Nuria está contenta.

Análisis

1 **Comprensión** Contesta las preguntas.

1. ¿Quién es Nuria? ¿Quién es Enrique?
2. ¿Qué información solicita Enrique?
3. ¿Por qué Enrique no puede comprobar esa información él mismo?
4. ¿Por qué esa información es tan importante para él?
5. ¿Por qué necesita esa información inmediatamente?
6. ¿De quién es el número de teléfono que solicita Enrique? ¿Por qué no llama directamente a su novia?
7. ¿Cuáles son las dos razones con las que le explica la operadora que no le puede facilitar esa información?
8. ¿Qué reflexión hace Enrique sobre las normas?
9. ¿Por qué al final la operadora calla cuando quiere decir que "sí"?

2 **Interpretación** Contesten las preguntas en parejas y expliquen sus respuestas.

1. ¿Por qué se frustra Enrique?
2. ¿Qué efecto tiene en la operadora la historia de la perrita?
3. ¿Cómo interpreta Enrique el silencio de la operadora?

3 **Personajes secundarios** En el corto se hace referencia a personajes que nunca aparecen en pantalla. Trabajen en parejas para:

1. identificar quiénes son.
2. explicar cuál es su relación con Enrique.
3. determinar qué importancia tiene cada uno de ellos en el desarrollo de la historia.

4 **Perfil de personalidad** En grupos de tres, analicen la personalidad de los protagonistas basándose en lo que aprendieron de ellos en el cortometraje. Consideren estas preguntas.

¿Qué tipo de persona es Enrique? ¿Por qué quiere recuperar (*get back*) a su novia? ¿Es una buena persona? ¿Dudaste en algún momento de sus intenciones?

¿Qué tipo de persona es Nuria? ¿Es feliz en su trabajo? ¿Disfruta del "poder" que le otorgan (*confer*) las normas de su empresa?

5 **Un encuentro** En parejas, imaginen que un año después de hablar por teléfono, el destino hace que Enrique y Nuria se conozcan personalmente. Improvisen una escena. Consideren estos interrogantes y añadan otros detalles.

• ¿Dónde se encuentran? ¿Cómo se reconocen? ¿Están solos o acompañados?
• ¿Dónde trabaja ella? ¿Dónde vive él? ¿De qué hablan? ¿Qué hacen?

6 Momento clave Lean la cita y contesten las preguntas en grupos de tres. Ilustren sus respuestas con ejemplos del corto.

> Pero vamos a ver, ¿estoy hablando con un ordenador o estoy hablando con una persona?

1. ¿Cuál es la importancia de esta pregunta en la historia?
2. ¿Cómo demuestra Enrique que ella es una persona? Da tres ejemplos.
3. ¿Por qué él pone tanto énfasis en esta distinción?

7 Métodos de convicción En parejas, describan los pasos que utiliza Enrique para conseguir que Nuria le facilite el número. Después, debatan sobre cómo los métodos que utiliza Enrique influyen en Nuria. ¿Hasta qué punto un ser humano puede seguir las reglas? ¿Cómo habrían reaccionado ustedes en la situación de Enrique? ¿Y en la de Nuria?

8 Crítica cinematográfica En parejas, contesten las preguntas. Luego, usen sus respuestas como guía para presentar su opinión sobre el cortometraje al resto de la clase.

1. ¿Qué es lo qué más les llamó la atención de este corto?
2. ¿Qué sentimientos provoca la historia en el público a medida que avanza el tiempo? ¿De qué manera logra esto el director?
3. ¿Qué sugiere el desenlace (*ending*) de la historia?
4. Lean la nota de la derecha. ¿Por qué creen que ha ganado tantos premios este cortometraje? ¿Qué elementos cinematográficos hacen que un corto tenga éxito?

Diez minutos fue el cortometraje español más premiado en 2005. Ha acumulado más de 150 premios en festivales nacionales e internacionales, entre ellos el **Goya** (premio cinematográfico más prestigioso de España) al Mejor Cortometraje de Ficción.

9 Situaciones En parejas, elijan una de las situaciones e improvisen un diálogo. Utilicen al menos seis palabras o expresiones de la lista. Cuando estén listos, represéntenlo delante de la clase.

capricho	facilitar	ordenador
comportarse	factura	saltarse una norma
consulta	indicarle que	superar
dar de baja	no nos consta	suplicar

A
Un(a) compañero/a de trabajo quiere faltar al trabajo el jueves y el viernes para irse de viaje, pero no quiere tomarse vacaciones. Quiere que esos dos días tú le digas a tu jefe/a que él/ella acaba de llamar para decir que un pariente está muy enfermo. Tú no quieres ser cómplice.

B
Eres un(a) usuario/a desesperado/a que llama al servicio de atención al cliente de una compañía de teléfonos móviles para solicitar una información vital. El/La operador(a) que te atiende te entiende y quiere ayudarte, pero las normas de la empresa se lo impiden. Tú intentas convencerlo/la con argumentos convincentes.

Practice more at **vhlcentral.com**.

2.1 Narración en el pasado I  Presentación

Recuerda

En español, tanto el pretérito como el imperfecto se utilizan para hablar del pasado, pero cada uno tiene usos diferentes. En general, se usa el pretérito para narrar acciones pasadas puntuales y completas, y el imperfecto para describir acciones pasadas habituales y en progreso.

Usos del pretérito

El pretérito se usa:

* para expresar **el principio y el final de una acción o un estado**.

    *Enrique **empezó** a desesperarse.*

* para expresar **acciones completas**.

    *Marta **hizo** una llamada desde el móvil de Enrique.*

* para narrar una **serie de acciones**.

    *La novia de Enrique **vació** los cajones, **cogió** sus cosas, **cerró** las maletas y **se fue**.*

* para indicar un **cambio de estado**.

    *La novia de Enrique **se alegró** mucho cuando le salió el trabajo en Nueva York.*

Usos del imperfecto

El imperfecto se usa:

* para describir **una acción o un estado sin principio ni final**.

    *Todos **adorábamos** a nuestro perrito.*

* para expresar **acciones habituales**.

    *Cuando **éramos** niños, nuestros padres siempre nos **llevaban** a la escuela.*

* para describir **estados mentales, físicos y emocionales**.

    ***Estaba** cansado. **Necesitaba** ese número y no **sabía** qué más decir para conseguirlo.*

* para decir **la hora**.

    ***Eran** las siete y treinta y cinco de la tarde.*

* para referirse al **futuro** desde el punto de vista del pasado.

    *La novia de Enrique dijo que **se marchaba** a Nueva York.*

La combinación del pretérito y el imperfecto

* Cuando se narran hechos del pasado, es común combinar ambos tiempos. El imperfecto se suele utilizar para describir el trasfondo (*background*), mientras que el pretérito se usa para narrar los eventos que ocurrieron en ese trasfondo.

    *Cuando **era** niño, **tenía** una perrita. **Se llamaba** Mina. La **adorábamos** todos. Una Nochebuena se **perdió**. **Bajó** con mi padre a hacer las compras y **desapareció**. **Estuvimos** todo el día desesperados buscándola. No **aparecía**. Y nada, **nos pusimos** a cenar.*

* Dado que el pretérito y el imperfecto se usan para narrar diferentes aspectos del pasado, hay expresiones temporales que tienden a usarse con el pretérito y otras con el imperfecto.

Verbos con significado diferente en el pretérito y el imperfecto

Algunos verbos tienen un significado diferente según se usen en el pretérito o el imperfecto. Su significado puede tener también un matiz diferente dependiendo de si se usan en afirmativo o negativo.

	Pretérito	Imperfecto
tener	to get; to receive Enrique **tuvo** una visita inesperada de su novia.	to have Enrique **tenía** los números de las últimas llamadas.
saber	to find out; to discover Al final, Enrique **supo** el número de teléfono.	to know Nuria **sabía** el número desde el principio.
querer	to try Enrique **quiso** averiguar el número.	to want Enrique **quería** hablar con su novia.
no querer	to refuse Enrique **no quiso** rendirse.	not to want Nuria **no quería** arriesgarse a perder su trabajo.
conocer	to meet Enrique **conoció** a su novia en una fiesta.	to know about; to be familiar with Enrique **conocía** muchos trucos de convicción.
poder	to manage to do; to succeed in doing Enrique **pudo** hablar con su novia.	to be able to; to have the ability La novia de Enrique **podía** entender muy bien inglés.
no poder	to be unable to (and not do) Nuria **no pudo** contener sus sentimientos por más tiempo.	to be unable to (in a general sense) La perrita de Enrique **no podía** volver a casa porque se había perdido.

AYUDA

Expresiones temporales usadas con el pretérito
anoche
ayer
de repente
entonces
finalmente
inmediatamente
primero
una vez
el verano/mes/año pasado

Expresiones temporales usadas con el imperfecto
a medida que
a veces
(casi) nunca
(casi) siempre
con frecuencia
en aquel entonces
mientras
muchas veces
todos los días/meses años

Práctica

1 **Un final feliz** Completa la historia con el pretérito o el imperfecto de los verbos entre paréntesis.

Nuria (1) _____ (trabajar) por la noche en el servicio de atención al cliente de Airfone. Ella (2) _____ (ser) una empleada muy responsable y siempre (3) _____ (respetar) todas las normas de la empresa. Una noche, un cliente llamado Enrique (4) _____ (comunicarse) con Nuria y le (5) _____ (hacer) un pedido inusual. Él le (6) _____ (explicar) a Nuria que (7) _____ (necesitar) el número de teléfono de su novia, que lo había abandonado. (8) _____ (ser) un asunto de vida o muerte. Al principio, Nuria (9) _____ (negarse) a dárselo. Enrique (10) _____ (estar) frustrado, pero no (11) _____ (desistir). Para explicarle cómo (12) _____ (sentirse), él le (13) _____ (contar) una historia que la (14) _____ (conmover). Nuria, emocionada, (15) _____ (ayudar) a Enrique. Enrique enseguida (16) _____ (llamar) a su novia y ella (17) _____ (decidir) volver con él.

2 **Justificaciones** Enrique y Marta rompieron la relación y cada uno justifica su punto de vista. En grupos de cuatro, una pareja escribe el punto de vista de Enrique y la otra, el de Marta. Luego lean las dos versiones en voz alta y la clase decidirá quién da los mejores argumentos: Enrique o Marta. Usen el pretérito y el imperfecto de los verbos **tener**, **saber**, **querer**, **conocer** y **poder**.

Practice more at vhlcentral.com.

2.2 Narración en el pasado II  Presentación

ATENCIÓN

En Latinoamérica, se usa también el pretérito con el mismo sentido que el pretérito perfecto.

*Hoy **he ido** al banco.*
*Hoy **fui** al banco.*

Recuerda

Además del pretérito y el imperfecto, hay otros tiempos que se utilizan para hablar del pasado, tales como el pretérito perfecto y el pretérito pluscuamperfecto.

El pretérito perfecto

- El pretérito perfecto se usa para describir acciones del pasado desde el punto de vista del presente. Es decir, describe acciones que se han completado recientemente o que todavía repercuten en el presente.

*A las 19.35 de esta tarde **se ha hecho** una llamada desde este teléfono. Quería saber a qué número **se ha realizado**.*

- El pretérito perfecto se suele utilizar con expresiones temporales como **esta semana, hoy, todavía, ya, últimamente, alguna vez/dos veces, nunca** y **siempre**. A diferencia del inglés, estas expresiones no pueden ir entre el verbo **haber** y el participio.

   *Enrique **ya se ha comunicado** con su novia.*

   *Le ha salido un trabajo estupendo en Nueva York, lo que **siempre ha querido**, su sueño.*

- Algunos verbos tienen participios irregulares.

abrir	abierto	morir	muerto
cubrir	cubierto	poner	puesto
decir	dicho	resolver	resuelto
descubrir	descubierto	romper	roto
escribir	escrito	ver	visto
hacer	hecho	volver	vuelto

- Para expresar que una acción ha ocurrido muy recientemente, en vez del pretérito perfecto se suele utilizar la expresión **acabar de** + [*infinitivo*].

   *La novia de Enrique **acaba de irse** de casa.*

El pretérito pluscuamperfecto

- El pretérito pluscuamperfecto se usa para describir una acción que ocurrió con anterioridad a otro evento pasado.

   *Cuando Enrique miró en su móvil, el número de teléfono ya **había desaparecido**.*

- Cuando se usa con el pretérito, el pretérito pluscuamperfecto define el orden de la secuencia de eventos. Es decir, clarifica que un evento (pretérito pluscuamperfecto) ocurrió antes que otro (pretérito).

   *Todo **había empezado** cuando la novia de Enrique **consiguió** el trabajo el martes pasado.*

- El pretérito pluscuamperfecto también se puede usar aisladamente. En estos casos, sin embargo, la secuencia de eventos se intuye gracias al contexto.

  *Resulta que ella **había mandado** su currículum hacía un par de meses a una empresa neoyorquina que se dedica a la exportación.*

  *Se me **había olvidado** el cero.*

- El pretérito pluscuamperfecto se suele utilizar con expresiones temporales como **antes**, **aún**, **todavía** y **ya**. Al igual que con el pretérito perfecto, estas expresiones no pueden ir entre el verbo **haber** y el participio.

  *A Nuria **todavía** no la **habían ascendido** en la compañía Airfone.*

  *Nunca **había sentido** un silencio igual.*

AYUDA

Para describir acciones en progreso que ocurrieron con anterioridad a otro evento, se usa el pretérito pluscuamperfecto progresivo. Este tiempo se forma con el pretérito perfecto de **haber** y un gerundio.

*La novia de Enrique **había estado esperando** esta oferta durante dos meses.*

Práctica

1

Nota de despedida Imagina que la novia de Enrique le deja una nota de despedida. Complétala con el pretérito perfecto o el pluscuamperfecto de los verbos entre paréntesis.

Querido Enrique:

Sé que últimamente tú (1) _____ (estar) muy ocupado con los estudios y no (2) _____ (interesarse) en lo que estaba pasando en mi vida. Quiero que sepas que a mí todavía no me (3) _____ (ofrecer) el puesto cuando decidí romper nuestra relación. El motivo por el que no quiero seguir con lo nuestro es que en los últimos meses nosotros (4) _____ (discutir) mucho. Además, me dolió mucho que no vinieras a la fiesta de cumpleaños de mi padre. Aquella mañana, yo les (5) _____ (hablar) mucho a mis padres de ti. Nunca me (6) _____ (sentir) tan decepcionada como cuando empezó la fiesta y no te vi, pero, bueno, eso es algo que ya (7) _____ (pasar). Por otro lado, esta última semana (8) _____ (sentirse) bastante sola. Ya sé que el martes y el miércoles estabas de exámenes, pero no me (9) _____ (decir) que el jueves estuviste esquiando. Me (10) _____ (tener) que enterar por terceras personas. En fin, (11) _____ (ser) muy difícil tomar esta decisión y nunca antes me (12) _____ (ver) en una situación similar, pero mi decisión es definitiva. Espero que podamos seguir estando en contacto y que seamos buenos amigos. Te escribiré desde Nueva York.

Te deseo lo mejor.

Un saludo,

Tu ex

2

Enrique y Nuria En parejas, imaginen que la novia de Enrique se va para siempre y Enrique llama a Nuria para invitarla a comer. Escriban la conversación telefónica que ellos mantuvieron. Utilicen el pretérito perfecto y el pluscuamperfecto. Después, representen su conversación ante la clase.

Modelo —Hola, Nuria. ¿Cómo estás? He estado pensando en ti.

—¿Qué tal, Enrique? ¿Pudiste localizar a tu novia? Nunca había hecho algo así por ningún cliente, para que lo sepas…

Preparación Audio: Vocabulario

Vocabulario de la lectura

la ambición *ambition*
asequible *attainable*
la autoestima *self-esteem*
el bienestar *well-being*
la clave *key*
la depresión *depression*
el descubrimiento *discovery*
desgraciado/a *unhappy, unfortunate*

la ecuación *equation*
entristecerse *to become sad*
la estupidez *stupidity*
la expectativa *expectation*
el/la investigador(a) *researcher*
la meta *goal*
el olvido *oblivion*
la seguridad *safety*
sumar *to add*

Vocabulario útil

la amabilidad *kindness*
duradero/a *lasting*
el entusiasmo *enthusiasm*
evadirse *to escape*
la generosidad *generosity*
la humildad *humility*
la infelicidad *unhappiness*
la integridad *integrity*
la lealtad *loyalty*

---

1 **Vocabulario** Completa el correo electrónico con las palabras adecuadas.

Para:	Carmen <carmen@micorreo.com>
De:	Jorge <jorge@micorreo.com>
Asunto:	el Departamento de Psicología

Querido Jorge:

¡Estoy tan contenta! Mis (1) _____ no eran exageradas como muchos pensaban. Voy a trabajar con la mejor (2) _____ del Departamento de Psicología.

Mi (3) _____ es trabajar con ella para encontrar una cura definitiva para la (4) _____.

Estoy segura de que juntas haremos (5) _____ importantes que favorecerán el (6) _____ de las personas. Espero hablar contigo pronto para darte más detalles.

Besos,
Carmen

---

2 **El decálogo de la felicidad** En parejas, escriban, por orden de importancia, las diez cosas que los hacen más felices. Después, compartan su lista con la clase y expliquen por qué la ordenaron de ese modo. ¿Existe consenso sobre las claves de la felicidad o las opiniones son muy distintas?

3 **La felicidad** En parejas, contesten las preguntas.

1. ¿Son ustedes felices? ¿Por qué?
2. ¿Quién es la persona más feliz que conocen? ¿Cómo es?
3. En su opinión, ¿en qué consiste la felicidad?
4. ¿Es la felicidad hereditaria o creen que se aprende a ser feliz?
5. ¿Es la felicidad una ciencia exacta? ¿Creen que hay fórmulas para ser feliz?
6. ¿Piensan que la sociedad determina el concepto de felicidad? ¿De qué manera?
7. ¿Creen que existen sociedades más felices que otras?

 Practice more at **vhlcentral.com**.

Las cuatro fórmulas científicas de
la felicidad

**Felicidad = Características personales
+ 5 (Necesidades básicas)
+ 3 (Necesidades adicionales)**

Decía la canción: "Tres cosas hay en la vida: salud, dinero y amor", pero hoy sabemos, gracias a las últimas investigaciones, que estos tres términos no son más que uno de los componentes de la felicidad. ¿Cuáles son los otros componentes? Las características personales como el optimismo, la flexibilidad, la extroversión; las necesidades básicas, que incluyen la salud, el dinero, el amor y la seguridad personal; y, para terminar, las necesidades adicionales: la autoestima, las expectativas, las relaciones profundas y las ambiciones.

Si crees en las estadísticas, claro. Y si te fías° de la lectura que hacen de ellas los investigadores británicos Carol Rothwell y Pete Cohen, una psicóloga y un "asesor° de estilos de vida°", que afirman que han encontrado la ecuación de la felicidad. Para obtenerla, encuestaron° a mil voluntarios, y de sus respuestas concluyeron que el nivel de felicidad de una persona tiene los siguientes ingredientes y en las siguientes proporciones (casi culinarias): La felicidad es igual al conjunto° de características de la persona sumadas a° las necesidades básicas (multiplicadas por cinco) sumadas a las necesidades adicionales (multiplicadas por tres).

trust

consultant
lifestyle

surveyed

whole
plus

El tipo y el equipo de fútbol

It's as simple as that. Así de fácil°. Para los autores, su "descubrimiento" tiene el mérito de "ser la primera ecuación que permite a *figures* las personas poner cifras° a su estado emocional". No todos están de acuerdo. El autor del libro *La felicidad*, José Manuel Rodríguez Delgado, se muestra *categorical, cutting* así de tajante°: "Es una estupidez: ninguna ecuación matemática podrá definir

[**¿Existe alguna "receta"? Sean optimistas, nos dicen.**]

la felicidad". Quizá el mérito de esa *that of providing* investigación sea el de aportar° algunos *data* datos° estadísticos. Gracias a ellos, sabemos que hombres y mujeres obtienen de forma diferente su felicidad —por ejemplo, ellos, del triunfo deportivo, de *to lose weight* su equipo, claro; y ellas, de... ¡adelgazar°! *note* Otros estudios apuntan° que lo indicado para ser feliz es ser mujer y mayor de *saddens* 30, que la inflación nos entristece° y la democracia nos alegra.

"Qué voy a hacerle, soy feliz", *ashamed* confesaba avergonzado° Pablo Neruda[1]. La felicidad ha tenido a menudo mala prensa, como si el desgraciado fuera más lúcido, más digno de estudio. La psicología ha sido durante mucho tiempo una ciencia de la enfermedad que ha ignorado un aspecto del ser humano más frecuente de lo que se pensaba. Como apuntan los psicólogos María Dolores Avia y Carmelo Vázquez en su obra *Optimismo inteligente*, "la *an unpaid debt* investigación tiene una deuda pendiente° con emociones importantísimas". *is being paid off* Una deuda que se está saldando° gracias a la llamada "psicología positiva", que analiza las emociones gratificantes, que define la salud no como ausencia de enfermedad, sino como estado de bienestar.

Los placeres terrenales

Pero ¿qué es la felicidad desde el punto de vista psicológico? Los expertos han dudado entre dos ideas. Una, la *conceived* felicidad concebida° como orientación *values* hacia objetivos que uno valora°, no su satisfacción plena, porque la falta de las cosas deseadas es elemento indispensable de la felicidad, y otra, la más sencilla: felicidad como hedonismo. Y la han relacionado con tres sistemas de conducta: el biológico (las necesidades *worldly, earthly* más terrenales°), el social y el psicológico *self-fulfilment* (autorrealización°). ¿Qué significa? Pues *delicacy, treat* bien, que ante un manjar°, y con buena compañía, sentimos felicidad porque se satisfacen tanto placeres sensoriales (comer, reír) como otros más elevados (buenas relaciones sociales). Unos sin otros no dan felicidad.

Menos felices, más enfermos

¿Existe alguna "receta"? Sean optimistas, nos dicen. Tenemos que convencernos de que con serlo obtendremos beneficios para nuestra salud. Un estudio afirma que los pesimistas de un grupo de estudiantes pasaron 8,6 días enfermos al mes como *on average* media°; los optimistas, sólo 3,7. En su mayor parte fueron infecciones, males *related to* vinculados con° el sistema inmunitario.

Pero los psicólogos apuntan más claves. Metas asequibles, no obsesionarse con uno mismo, abrirse al mundo... Y nos recuerdan que el olvido es una característica de la memoria, no un defecto. El olvido selectivo afecta positiva —normalmente— o negativamente —en casos de depresión. Las personas felices no viven menos tragedias, sino que su memoria no se "regodea°" con ellas. En las *wallows in* mundanas palabras de Rita Hayworth[2]: "Los dos atributos que marcaron mi felicidad son: una buena salud y una mala memoria". ∎

[1]**Pablo Neruda** (1904–1973) célebre poeta chileno [2]**Rita Hayworth** (1918–1987) famosa actriz norteamericana

Análisis

1 **Comprensión** Contesta las preguntas.

1. Según Carol Rothwell y Pete Cohen, ¿cuáles son algunos componentes de la felicidad?
2. ¿Qué opina José Manuel Rodríguez Delgado de la ecuación de la felicidad?
3. Según el artículo, ¿qué hace felices a las mujeres y qué hace felices a los hombres?
4. Según algunos estudios, ¿qué es lo más indicado para ser feliz?
5. ¿Qué analiza la psicología positiva?
6. Desde el punto de vista psicológico, ¿cuáles son las dos ideas de la felicidad?
7. ¿Por qué somos felices cenando en un restaurante con buena compañía?
8. ¿Qué beneficio nos da el ser optimistas?

2 **Cultura y sociedad** En grupos de tres, lean la siguiente cita extraída del artículo y contesten las preguntas.

> "Sabemos que hombres y mujeres obtienen de forma diferente su felicidad —por ejemplo, ellos, del triunfo deportivo, de su equipo, claro; y ellas, de... ¡adelgazar!"

- ¿Están de acuerdo con esta afirmación? ¿Por qué?
- ¿Se sienten identificados con esta teoría?
- ¿Creen que esta idea es universal? ¿Se puede aplicar a cualquier cultura? ¿A cuáles sí? ¿A cuáles no?
- ¿Se ajusta a su cultura y sociedad? Den ejemplos.

3 **La búsqueda de la felicidad** En grupos pequeños, hablen de los medios que utilizamos hoy día para encontrar la felicidad y contesten las preguntas de la tabla. Cuando hayan terminado, compartan sus opiniones con la clase. ¿Están todos de acuerdo?

> **¿Dónde buscamos la felicidad?**
> **¿Funcionan esos métodos? ¿Por qué?**
> **¿Creen que es necesario evadirse de la realidad para ser feliz?**

4 **¡Qué feliz fui!** Comparte con un(a) compañero/a un momento en el que fuiste muy feliz. Incluye esta información.

- ¿Cuándo fue?
- ¿Dónde estabas?
- ¿Estabas solo/a?
- ¿Qué te hizo feliz?
- ¿Serías feliz ahora en las mismas circunstancias?
- ¿Cuánto tiempo duró ese momento?
- ¿Qué aprendiste de esa experiencia?

5 **Claves** Partiendo de tus respuestas en la actividad 4, resume cuáles son para ti las claves para ser feliz. Después, compártelas con la clase. ¿Qué elementos para ser feliz son comunes en las respuestas de los compañeros de clase?

6 **La felicidad de los otros** En grupos pequeños, seleccionen un personaje famoso, de la vida real o de ficción, y denle cinco consejos para ser más feliz.

7 **Opiniones** Trabajen en grupos pequeños para dar su opinión sobre estas afirmaciones. Anoten sus opiniones y después compártanlas con la clase. ¡Intenten llegar a un acuerdo!

> Hay que ser mayor de 30 años para saber lo que es la felicidad.

> Los hombres son más felices que las mujeres.

> Cada persona debe descubrir su propio camino hacia la felicidad.

8 **Situaciones** En parejas, elijan una de las situaciones e improvisen un diálogo. Utilicen al menos seis palabras o expresiones de la lista. Cuando estén listos, represéntenlo delante de la clase.

① compre un perro
② Recree los recuerdos
③ Envita su familia
    o visitar

autoestima	entusiasmo	generosidad
bienestar	estupidez	infelicidad
depresión	evadirse	integridad
duradero/a	expectativa	meta

A
Dos amigos/as están hablando de cómo van a ser sus vidas en el futuro. Uno/a de ellos/as es muy pesimista y piensa que la felicidad no existe. La otra persona es muy optimista y cree que la felicidad puede construirse activamente.

B
Un(a) psicólogo/a y su paciente tienen diferentes opiniones sobre la felicidad. El/La psicólogo/a está seguro/a de que el/la paciente puede ser feliz si quiere. El/La paciente piensa que eso no es posible.

Practice more at **vhlcentral.com**.

Preparación  Audio: Vocabulario

Sobre la autora

Carmen Cecilia Suárez nació en Cartagena, Colombia, en 1946. Siempre le fascinó leer, incluso cuando se lo prohibían en su adolescencia para que no perdiera el tiempo. Se doctoró en la Universidad de Florida y trabajó como profesora y asesora en diseño de programas educativos, pero también se dedicó a escribir. La publicación en 1988 de su primer libro de cuentos, *Un vestido rojo para bailar boleros*, le valió el reconocimiento de la crítica. Le siguieron otros libros de cuentos y poesía, y la inclusión en antologías literarias. En su obra cuestiona los roles que tradicionalmente se consideran masculinos y femeninos, y explora la identidad de la mujer y su sensualidad. Fundó y dirige la editorial Serpiente Emplumada.

Vocabulario de la lectura		Vocabulario útil
abandonar *to leave*	**deslumbrante** *dazzling*	**conquistar** *to win the heart of*
amenazante *threatening*	**el embrujo** *spell*	**cortejar** *to court, to woo*
anillo de compromiso *engagement ring*	**escoger** *to choose*	**demostrar** *to show*
apabullante *overwhelming*	**inasible** *elusive*	**los medios** *means*
casarse *to get married*	**locamente** *madly*	**ocultar** *to conceal, to hide*

1 Elegir Indica qué palabra no pertenece al grupo.

1. a. relación   b. demostrar   c. cita   d. novio
2. a. compromiso   b. diamante   c. anillo   d. medios
3. a. deslumbrante   b. abandonar   c. fuego   d. encender
4. a. enamorarse   b. conquistar   c. demostrar   d. cortejar
5. a. casarse   b. compromiso   c. novios   d. locamente
6. a. abandonar   b. dejar   c. amenazante d. perder

2 Opinión En parejas, contesten las siguientes preguntas.

1. ¿Crees que es necesario que exista compatibilidad para el romance? Da ejemplos.
2. ¿Qué medios usarías para conquistar a una persona?
3. ¿Qué no puede faltar en una declaración de amor?

3 Las tradiciones de cortejo En grupos pequeños, conversen sobre las tradiciones de cortejo que conocen. Discutan estas preguntas y, después, compartan sus opiniones con la clase.

• ¿Qué les parecen las distintas tradiciones de las declaraciones (*proposals*) románticas? ¿Son necesarias?

 Practice more at **vhlcentral.com**.

Inevitable

$\mathcal{É}$l era signo del fuego, destellante°, chispeante°, fascinante, centelleante°, rutilante°, llameante, fulgurante°, eclipsante, jugueteante, tintineante, deslumbrante, volátil e inasible.

Ella era signo de agua, ondulante, inundante°, sigzagueante, provocante, esquivante°, titubeante°, amenazante, apabullante, ahogante, suave y fresca.

La relación fue un cortocircuito. ☙

destellante *twinkling* chispeante *sparkling* centelleante *blazing*
rutilante *shining* fulgurante *gleaming* inundante *flooding*
esquivante *dodging* titubeante *hesitant*

Los tiempos cambian

$\mathcal{C}$uando tenía quince años y estaba locamente enamorada, consiguió un hechizo° garantizado —un ligue°, como dicen— para que su hombre no la abandonara nunca. Sí, era el hombre de su vida, no había ningún hombre como él.

Hoy, 30 años después, está buscando en vano, con desesperación, alguien que deshaga° el embrujo. ☙

hechizo *charm, spell* ligue *bond* deshaga *undo, break off*

Decepción

De "La otra mitad de la vida"

A Pepe González Concha In Memoriam

*F*ueron muchas las tardes en las que él recorrió los pasillos° de la Catedral, buscando el momento del día y el sitio exacto, en que la luz fuera más bella. Durante horas escuchó las mejores melodías para escoger una que transmitiera la intensidad de su sentimiento. Luego seleccionó entre miles la flor y el estuche° que llevarían su ofrenda: el anillo de compromiso°.

Ese día, ella no vio la rosa fresca de Castilla con su amarilla palidez, ni el rayo de luz que los bañaba al penetrar por los vitrales; ni sintió la suave textura del estuche púrpura, ni escuchó a Bach en el antiguo órgano del coro. Sólo dijo: ¡Qué diamante tan maravilloso!

Él nunca se casó con ella. ℭ

pasillos *corridors* estuche *case* compromiso *engagement*

Carmen Cecilia Suárez

Análisis

1 **Comprensión** Indica si los siguientes enunciados son ciertos o falsos. Corrige los falsos.

1. En "Inevitable", la personalidad de él es como el agua.
2. La relación descrita en el primer cuento fue fácil y tranquila.
3. En "Los tiempos cambian", la mujer se enamoró cuando era muy joven.
4. En el presente, la protagonista busca una nueva forma de atar a su amor.
5. El protagonista de "Decepción" es un hombre que toma decisiones de un día para el otro.
6. Dentro del estuche no hay un anillo, sino una rosa.
7. La mujer rechaza la propuesta de casamiento.
8. La pareja nunca se casó.

2 **Interpretación** En parejas, contesten las siguientes preguntas.

1. ¿Cuál de los siguientes dichos te parece que se aplica al primer cuento: "Los parecidos andan unidos." o "Polos opuestos se atraen."? ¿Y al tercero?
2. ¿De qué manera imaginas que se produjo el cortocircuito de la relación?
3. ¿Qué personalidad crees que tiene la gente que busca hechizos para enamorar a alguien?
4. La situación de la mujer del segundo cuento ha cambiado con el paso del tiempo, ¿encuentras algo que, sin embargo, no cambió?
5. ¿Por qué el hombre del cuento "Decepción" pasó tanto tiempo preparando su declaración de amor? ¿Qué buscaba con sus preparativos?
6. Para ti, ¿qué tenía más valor de todo lo que le presentó a su novia? ¿Y para ella?
7. ¿Qué impresión le causó a él la reacción de la mujer?
8. ¿Cuáles son para ti las razones por las que nunca se casaron?

3 **Explicaciones** En grupos, escriban diálogos sobre lo que los personajes dicen que ocurrió con sus relaciones. Utilicen los datos que proporcionan los cuentos. Después, compartan sus diálogos con el resto de la clase.

> **Modelo** *Inevitable*
> Él: Ella me ahogaba. No podía salir a la calle sin que me interrogara…
> Ella: Todo tenía que ser emocionante para él. Si no, se aburría. Un día me cansé y…

4 **Situaciones** En parejas, elijan una de estas situaciones e improvisen un diálogo. Usen las palabras que aparecen a continuación. Después, represéntenlo frente a la clase.

abandonar	demostrar	fingir
casarse	deslumbrante	locamente
cortejar	escoger	medios

A
Una joven quiere salir con el chico de sus sueños, pero él no le presta atención. Conversa con su abuela, quien le cuenta sus experiencias y le da consejos sobre cómo debe ser y actuar para conquistarlo.

B
Un muchacho tiene que hablar con el padre de su novia para que le permita salir con ella. El padre no está nada convencido y lo interroga sobre cómo es y qué hace. Quiere estar seguro de que se trata de alguien fiable.

Preparación  Audio: Vocabulario

Sobre el autor

Marco Denevi (1922-1998) fue un brillante cuentista y novelista argentino. A pesar de su carácter retraído (*withdrawn*), la fama lo persiguió (*followed him*). El reconocimiento internacional lo sorprendió en 1960 con el cuento "Ceremonia secreta", que fue llevado al cine de Hollywood. Ocasionalmente se dedicó al teatro y, hacia el final de su vida, al periodismo político. Con un estilo directo y agudo (*sharp*), su obra trasluce (*reveals*) una gran capacidad para la ironía, el pensamiento original y la sorpresa.

Vocabulario de la lectura		Vocabulario útil
adivinar *to guess*	**el disparo** *shot*	**engañar** *to cheat*
alimentar *to feed*	**dulcemente** *sweetly*	**extrañar** *to miss*
aparentar *to feign*	**fingir** *to pretend*	**la pareja** *couple; partner*
el arma de fuego *firearm*	**permanecer** *to remain*	**la rutina diaria** *daily routine*
complacer *to please*	**tener celos** *to be jealous*	**sobrevivir** *survive*

1 **Vocabulario** Completa el anuncio con palabras del vocabulario.

¡Dígale adiós al aburrimiento!

¿Usted y su (1) _____ se quejan de la (2) _____? ¿(3) _____ los días de aventura, pasión y felicidad? ¿Están cansados de (4) _____ que todo está bien? Llegó la hora de (5) _____ su relación con emociones fuertes. La compañía de cruceros Fin del mundo tiene la solución ideal. Los llevamos en barco a Tierra del Fuego. Allí les entregamos un manual de supervivencia (survival) y agua para (6) _____ diez días. Deberán (7) _____ allí hasta que vayamos a buscarlos. Muchas empresas ofrecen cruceros y viajes de aventura, pero no se deje (8) _____. Fin del mundo es la única compañía que ofrece todo en un solo viaje.

2 **Por la boca muere el pez** En parejas, contesten las preguntas. Después, compartan sus respuestas con la clase.

1. En una relación de pareja, o de amistad, ¿es aconsejable (*advisable*) decirlo todo?

2. ¿Qué pasa en una relación si no hay misterio? ¿Y si hay demasiado misterio? ¿La rutina es siempre mala para una relación? ¿Cuándo puede ser buena?

3. ¿Sueles hacer preguntas indiscretas? ¿Qué diferencia hay entre ser indiscreto y ser curioso?

4. ¿Cuándo fue la última vez que metiste la pata (*put your foot in your mouth*) y hablaste de más? ¿Cómo reaccionaste cuando te diste cuenta?

3 **¡Qué complicación!** En grupos de tres, contesten las preguntas.

1. ¿Qué es la felicidad?

2. ¿Cómo alguien podría hacerla complicada?

3. La obra de teatro que van a leer se titula *No hay que complicar la felicidad*. ¿Por qué creen que hace el autor esta afirmación?

No hay que complicar

LA FELICIDAD

Marco Denevi

Él Te amo.

Ella Te amo.

(Vuelven a besarse.°) — They kiss again.

Él Te amo.

Ella Te amo.

(Vuelven a besarse.)

Él Te amo.

Ella Te amo.

(Él se pone violentamente de pie.)

Él ¡Basta!° ¡Siempre lo mismo! — Enough!
¿Por qué cuando te digo que te amo, no
contestas, por ejemplo, que amas a otro?

Ella ¿A qué otro?

Él A nadie. Pero lo dices para que yo
tenga celos. Los celos alimentan el
amor. Nuestra felicidad es demasiado
simple. Hay que complicarlo un poco.
¿Comprendes?

Ella No quería confesártelo porque
pensé que sufrirías.

Él ¿Qué es lo que adiviné?

(Ella se levanta, se aleja° unos pasos.) — distances herself

Ella Que amo a otro.

(Él la sigue.)

Él Lo dices para complacerme.
Porque yo te lo pedí.

Ella No. Amo a otro.

Él ¿A qué otro?

Ella A otro.

(Un silencio.)

> **Nuestra felicidad es demasiado simple. Hay que complicarlo un poco.**

> **Lo dices para complacerme. Porque yo te lo pedí.**

Él Entonces, ¿es verdad?

Ella *(Vuelve a sentarse. Dulcemente.)*
Sí. Es verdad.

(Él se pasea. Aparenta un gran furor°.) — rage

Él Siento celos. No finjo. Siento celos.
Estoy muerto de celos. Quisiera matar
a ese otro.

Ella *(Dulcemente.)* Está allí.

Él ¿Dónde?

Ella Allí, entre los árboles.

Él Iré en su busca.

Ella Cuidado. Tiene un revólver.

Él Soy valiente.

*(Él sale. Al quedarse sola, ella ríe.
Se escucha el disparo de un arma
de fuego. Ella deja de reír.)*

Ella Juan.

(Silencio. Ella se pone de pie.)

Ella Juan.

(Silencio. Ella corre hacia los árboles.)

Ella Juan.

*(Silencio. Ella desaparece
entre los árboles.)*

*(Silencio. La escena permanece
vacía. Se oye, lejos, el grito
desgarrador° de Ella.)* — bloodcurdling

Ella ¡Juan!

*(Después de unos instantes,
desciende silenciosamente el telón°.)* — curtain

Ella Juan.

Análisis

1 **Comprensión** Contesta las preguntas.

1. ¿Cómo comienza esta obra de teatro?

2. ¿Qué le molesta a Él de la felicidad que tiene con Ella?

3. ¿Por qué quiere Él tener celos?

4. ¿Qué quiere Él que Ella comprenda?

5. ¿Qué es lo que quisiera Él que Ella dijera?

6. ¿Qué le confiesa Ella a Él?

7. ¿Por qué no se lo confesó antes?

8. ¿Qué hace ella cuando escucha el disparo?

2 **Interpretación** En parejas, contesten las preguntas y justifiquen sus respuestas.

1. ¿Qué tipo de relación tienen Él y Ella? ¿Cómo interpreta Él esa relación? ¿Y Ella?

2. ¿Cómo es el carácter de Él? ¿Y el de Ella?

3. ¿Existe en realidad el "otro" o es una invención de Ella para seguir el juego de Él?

4. ¿Por qué dice Ella que el "otro" tiene un revólver?

5. ¿Por qué ríe Ella?

6. ¿Qué sucede entre los árboles?

7. ¿Quién creen que es Juan? ¿Él o el "otro"?

8. ¿Creen que esta obra de teatro demuestra que "no hay que complicar la felicidad"?

3 **Imaginación** Entre todos, propongan respuestas para las preguntas.

1. ¿Qué diferencia hay entre la relación que Ella tiene con Él y la supuesta (*alleged*) relación que Ella tiene con el "otro"? ¿Con cuál de los dos es Ella más feliz? ¿Por qué?

2. ¿Cómo es el comportamiento de Ella con Él? ¿Cómo se comporta Ella con el "otro"?

3. ¿Está el "otro" tan celoso de Él como Él dice estarlo del "otro"?

4. Lo que Él le sugiere a Ella que haga para romper la simplicidad de su relación, ¿por qué no lo hace Él?

4 **Citas para pensar** Entre todos lean las citas y digan si están o no de acuerdo. Respalden (*Support*) sus respuestas con experiencias personales o anécdotas que conozcan.

> "Los celos alimentan el amor." *Él*

> "El que no tiene celos no está enamorado." *San Agustín*

> "Una de las ventajas de no ser feliz es que se puede desear la felicidad." *Miguel de Unamuno*

5 **Técnicas literarias** En grupos de tres, analicen las técnicas literarias que utiliza el autor. Pueden usar las siguientes preguntas como guía. Después, compartan su análisis con el resto de la clase.

- ¿Cómo es el lenguaje que utiliza Denevi? ¿De que forma lo utiliza para mantener el suspenso y el misterio?
- ¿Qué emociones crea el texto en el/la lector(a) a medida que va leyendo?
- ¿Por qué creen que el autor eligió el formato de obra de teatro? ¿Habría tenido el mismo efecto la historia escrita en un género diferente?
- ¿Por qué deja el final abierto? ¿Cuáles son las diferentes interpretaciones?

6 **¿Eres celoso/a?** Hazle este cuestionario a un(a) compañero/a. Anota sus respuestas. Cuando le digas el resultado, dale consejos para ser más feliz con su pareja.

El cuestionario de los celos

1. ¿Te gustaría que tu pareja te confesara todos sus pensamientos?
2. ¿Estás obsesionado/a con adivinar todos sus movimientos?
3. Cuando están juntos en una fiesta, ¿te molesta que hable con otro/a?
4. ¿Tienes celos cuando otro/a trata muy bien a tu pareja?
5. Cuando tu pareja se viste muy bien, ¿crees que es para complacer a otro/a y no a ti?
6. ¿Sufres cuando él/ella sale de vacaciones sin ti?
7. Si un fin de semana no tuvieras noticias de tu pareja, ¿sobrevivirías o morirías de celos?
8. Si descubrieras que tu pareja te engaña con otro/a, ¿intentarías comprenderla?
9. ¿Piensas que tu pareja finge estar enamorada de ti?
10. Si tu pareja te dijera un día que tiene un(a) amante, ¿creerías que es un juego?

Sí (3 puntos)

A veces/Quizás (2 puntos)

No (1 punto)

De 10 a 17 puntos: No eres muy celoso/a.

De 18 a 24 puntos: Eres un poco celoso/a.

De 25 a 30 puntos: Eres demasiado celoso/a.

7 **Situaciones** En parejas, elijan una situación e improvisen un diálogo basado en ella. Usen al menos seis palabras de la lista. Cuando estén listos/as, represéntenlo para la clase.

adivinar	confesar	extrañar
amante	desaparecer	fingir
aparentar	dulcemente	sobrevivir
complacer	emoción	sufrir
complicar	engañar	tener celos

A

Tú te quejas de que tu novio/a se muere de celos. Siempre te llama por teléfono para saber dónde estás, te pregunta por qué te vistes bien para salir con tus amigos/as, quiere saber todo lo que haces cuando no estás con él/ella, etc. Tú te sientes agobiado/a (smothered) y quieres que deje de sospechar de ti. Discuten.

B

Tú estás molesto/a porque tu novio/a nunca está celoso/a. No le importa que vayas solo/a a una fiesta y te diviertas sin él/ella. No le importa que no lo/la llames durante días y no siente curiosidad de saber lo que haces en tu tiempo libre. Tú crees que si él/ella no tiene celos es porque ya no te quiere como antes. Hablan y cada uno explica lo que piensa.

Preparación Audio: Vocabulario

Sobre el autor

Ricardo Reyes nació en México, D.F. en 1977. Se graduó en diseño gráfico en la Escuela Nacional de Artes Plásticas en 1998 y, desde entonces, ha trabajado en los campos del diseño y la ilustración desarrollando trabajos para el periódico *El Universal* y para las compañías Nivea, Agfa, Make a Team y Dineronet.com, entre otras. Actualmente, Reyes trabaja en su estudio realizando varios proyectos, como cómics, imágenes corporativas y colaboraciones para revistas, los cuales integran el diseño gráfico y la ilustración.

Vocabulario de la lectura	
el/la bombero/a *firefighter*	
darse cuenta *to become aware of something, to realize*	
desilusionar *to disappoint*	
odiar *to hate*	
saborear *to savor*	
tanto *so much*	

Vocabulario útil	
apreciar *to appreciate*	
arrepentirse *to regret*	
despreciar *to despise*	
la época *time (period)*	
(in)maduro *(im)mature*	
tolerar *to tolerate*	
valorar *to value*	

1 **Cuando era niño** Contesta las preguntas y completa la tabla.

1. ¿Cómo eras cuando eras niño/a?

2. ¿En qué aspectos eres igual y en cuáles has cambiado?

3. Haz una lista de las cosas que eran más fáciles cuando eras niño/a y otra de las que eran más difíciles.

Más fácil	Más difícil

Análisis

1 **Su vida** En parejas, lean la tira cómica y digan cómo era la vida del protagonista cuando era niño y cómo es su vida de adulto.

2 **Imaginar** Imagina que puedes hablar contigo cuando eras niño/a. ¿Qué te dirías?

3 **El futuro** En parejas, preparen una lista de preguntas que se harían si pudieran hablar con ustedes mismos con veinte años más. Después, intenten responderlas. Compartan sus preguntas y respuestas con la clase.

4 **Decisiones** ¿Crees que tus respuestas en las actividades 2 y 3 podrían llegar a influir en las decisiones que tomas hoy día? ¿De qué forma? ¿Hasta qué punto tienes control de tu vida?

 Practice more at **vhlcentral.com**.

Yo le diría de **Ricardo Reyes**

¿Crees en los astros?

Millones de personas guían sus acciones de acuerdo a lo que les indica el horóscopo. Otros sólo lo leen para divertirse. ¿Crees que los astros definen de alguna manera tu personalidad?

Aries ♈ 21 marzo – 19 abril agresivo/a, extrovertido/a, dinámico/a, directo/a	Leo ♌ 23 julio – 22 agosto ambicioso/a, egoísta, decidido/a, valiente	Sagitario ♐ 22 noviembre – 21 diciembre intelectual, agresivo/a, impaciente, optimista
Tauro ♉ 20 abril – 20 mayo obstinado/a, trabajador(a), persistente, conservador(a)	Virgo ♍ 23 agosto – 22 septiembre modesto/a, ordenado/a, práctico/a, reservado/a	Capricornio ♑ 22 diciembre – 19 enero realista, disciplinado/a, responsable, serio/a
Géminis ♊ 21 mayo – 21 junio imaginativo/a, expresivo/a, impetuoso/a, estudioso/a	Libra ♎ 23 septiembre – 22 octubre objetivo/a, justo/a, diplomático/a, materialista	Acuario ♒ 20 enero – 18 febrero independiente, sociable, temperamental, innovador(a)
Cáncer ♋ 22 junio – 22 julio cariñoso/a, sentimental, generoso/a, paciente	Escorpio ♏ 23 octubre – 21 noviembre autoritario/a, decidido/a, competitivo/a, trabajador(a)	Piscis ♓ 19 febrero – 20 marzo misterioso/a, idealista, tímido/a, artístico/a

Plan de redacción

Planea

1 **Elige tu postura** ¿Crees en el horóscopo? ¿Las características de tu signo coinciden con tu personalidad? ¿Crees que es casualidad? ¿Crees que, en realidad, todos los signos comparten características comunes a todos los seres humanos? Elige tu postura y piensa en argumentos que puedes usar para expresar tu opinión.

Escribe

2 **Introducción** Plantea tu postura sobre el horóscopo y tu opinión sobre los rasgos de la personalidad que se dan para tu signo.

3 **Argumentos y ejemplos** Da argumentos y ejemplos para defender tu opinión.

4 **Conclusión** Resume brevemente tu opinión.

Comprueba y lee

5 **Revisión** Repasa tu composición.

- Utiliza frases y conjunciones para presentar ejemplos y argumentos: Por ejemplo / Además / Por otra parte / Asimismo…

- Verifica que los ejemplos y argumentos sean pertinentes: ¿explican tu opinión o incluyen información adicional que no está relacionada?

- Verifica que tu conclusión retome lo planteado en la introducción y sea un resumen lógico de tus ejemplos o argumentos.

¿Innato o adquirido?

¿Qué rasgos de una persona son innatos y cuáles son adquiridos? ¿Qué factores determinan el carácter de una persona? ¿Podemos catalogarlos fácilmente como genéticos o ambientales?

1 La clase se divide en grupos pequeños. Cada grupo debe leer las opiniones y elegir una con la que estén de acuerdo y una con la que estén en desacuerdo.

> Nuestra personalidad está determinada por nuestra herencia genética. No podemos cambiar lo que ya es innato en nuestra naturaleza.

> Aunque una persona tenga la predisposición genética para comportarse de determinada manera, esto no significa que lo vaya a hacer.

> Muchas características no son hereditarias. La educación pesa más que los genes.

> Los rasgos de la personalidad están determinados exclusivamente por factores ambientales.

> El hecho de que hasta ahora los científicos no hayan descubierto los genes específicos que determinan la personalidad no significa que estos genes no existan.

2 Luego, los grupos comparten las citas elegidas y explican por qué las eligieron mientras la clase toma nota. En el caso de que no todos los miembros del grupo estén de acuerdo, expliquen las distintas opiniones que hay dentro del grupo.

3 Cuando todos los grupos terminen sus presentaciones, toda la clase debatirá el tema haciendo preguntas y defendiendo sus opiniones.

La influencia de los medios

a cultura de masas llega a nuestras vidas a través de la prensa escrita, el cine, la radio, la televisión e Internet. Estos medios nos divierten, nos informan, nos forman y nos transmiten sus valores. Esto les concede un enorme poder: ¿utilizan los medios de comunicación este poder adecuadamente? ¿Quién tiene el control de nuestras opiniones? ¿Lo tenemos nosotros o los medios de comunicación? ¿Quién elige los iconos de nuestra sociedad? ¿Qué somos: telespectadores o consumidores potenciales?

66

76

95

Preparación ⓈAudio: Vocabulario

Vocabulario del corto

el cásting *audition*
la cola de conejo *rabbit's foot*
ensayar *to rehearse*
el/la facha *fascist (slang)*
tratar a (alguien) *to treat (someone)*

Vocabulario útil

animar *to encourage*
aspirante a *aspiring to*
avergonzado/a *ashamed; embarrassed*
avergonzarse *to be ashamed*
de camino a *on the way to*
desilusionado/a *disappointed*
el embotellamiento *traffic jam*

fiarse de (alguien) *to trust (someone)*
fortuito/a *fortuitous*
la gorra *cap*
incómodo/a *uncomfortable; awkward*
rechazar *to reject*
surgir *to arise*

EXPRESIONES

A por todas. *Knock 'em dead.*
Dar calabazas (a un pretendiente). *To reject (a suitor).*
Decir algo de carrerilla. *To reel off spoken lines.*
En el fondo. *Deep down.*
Estar coladito/a por (alguien). *To have a crush on (someone).*
Menudas vueltas da el destino. *It's strange how things turn out.*
Tener para rato. *To be stuck.*

1 **Vocabulario** Completa este diálogo con palabras y expresiones del vocabulario. Haz los cambios que creas convenientes.

ANA ¡Uy, qué (1) _____! Odio el tráfico. Aquí tenemos para (2) _____.

GABI Tranquila, vamos con tiempo.

ANA Oye, ¿sabes que Juan está (3) _____ la agencia de viajes? Quiere regalarte un viaje romántico. Dale una oportunidad, mujer.

GABI Lo que le voy a dar son calabazas.

ANA ¿Por qué lo (4) _____ tan mal? Él te quiere y es bueno contigo.

GABI Eso crees tú. En realidad, miente mucho, por lo cual no puedo (5) _____ de él. No lo quiero (6) _____.

ANA ¿De veras? No me lo habías contado. Entonces es él quien debe sentirse (7) _____.

GABI Al principio yo pensaba que podíamos ser novios, pero descubrí su verdadero carácter y ahora estoy totalmente (8) _____.

2 **Supersticiones** En parejas, hablen sobre si son ustedes supersticiosos/as o no. ¿Sirven para algo las supersticiones? Conversen sobre los temas de la lista y otros.

- Los amuletos de buena suerte que llevan con ustedes
- Las acciones que realizan "por si acaso"
- Las frases que repiten para sentirse seguros/as

3 **Comunicación** En parejas, contesten las preguntas.

1. ¿Les gusta hablar con desconocidos/as?

2. ¿Se fían de las personas que no conocen?

3. ¿Creen en el amor a primera vista?

4. ¿Creen que todo pasa por alguna razón o creen que los sucesos de la vida son totalmente arbitrarios?

5. ¿Alguna vez han tenido algún encuentro inolvidable con una persona? ¿Con quién? ¿Qué pasó? ¿Volvieron a ver a esa persona?

4 **Supersticiones** En parejas, lean sobre las supersticiones de estos países y contesten las preguntas.

• En Italia, el día de la mala suerte es el viernes 17, mientras que en los países hispanos es el martes 13.

• En España, ponerse una prenda de vestir al revés simboliza buena suerte, pero no es así en Costa Rica, donde trae mala suerte.

• En México, los lunes por la mañana no se puede barrer la casa, ya que se cree que trae mala suerte. Tampoco se puede regalar pañuelos a alguien, ya que éstos pueden traer lágrimas.

• En Cuba, existe la creencia de que si una persona duerme con los pies mirando hacia la calle, ésta morirá.

• En Costa Rica y otros países hispanos, se debe echar un cubo de agua a la calle el 31 de diciembre para que salga la mala suerte.

1. ¿Existen algunas de estas supersticiones en su país? ¿Cuál(es)?

2. ¿Qué otras supersticiones existen en su país?

3. ¿Creen que los hispanos son más supersticiosos que los norteamericanos? ¿Por qué?

4. ¿Creen que las supersticiones varían según las diferentes culturas? Den ejemplos.

5 **Anticipar** En parejas, observen los fotogramas e imaginen qué va a ocurrir en el cortometraje. Consideren estas preguntas, el vocabulario y el título del cortometraje para hacer sus previsiones.

1. ¿Quién es la pasajera del coche?

2. ¿Por qué va sentada detrás y no delante?

3. ¿Qué relación hay entre ella y el conductor?

4. ¿Dónde van cuando es de día? ¿De qué hablan?

5. ¿Dónde van cuando es de noche? ¿De qué hablan?

6. ¿Por qué se titula *Nada que perder?*

Practice more at
vhlcentral.com.

FICHA **Personajes** Nina, Pedro (taxista)   **Duración** 20 minutos   **País** España   **Año** 2002

ESCENAS Ⓢ Video: Cortometraje

Taxista ¡Ah! ¿Eres actriz?
Nina Bueno, sí, no sé. La verdad es que nunca se me había ocurrido, pero el otro día alguien que controla esto me dijo que yo daría muy bien en cámara y… no sé, pues me he lanzado, y ahora no hay quien me baje del burro[1].

Taxista Oye, pues por mí, si quieres ensayar en alto, ¡no te cortes![2] A mí me encanta el cine. Así te vas soltando un poco[3] antes de llegar. Tú imagínate que soy el director que te hace la prueba. Además, aquí tenemos para rato.

Nina Bueno, ¿te sitúo? ¡Vale! Estamos al final de la Guerra Civil Española. Yo soy la hija de un intelectual republicano que ha sido capturado por los nacionales. Y en esta escena yo voy a pedirle ayuda a un joven militar fascista para que le perdonen la vida a mi padre.

(Van ensayando una escena.)
Taxista Por si no te has enterado[4], esto es una guerra, y en una guerra todo es lícito.
Nina ¿Como en el amor?
Taxista No hay tiempo para hablar de amor.

Muchos cástings y kilómetros después…
Nina ¿Tú qué miras tanto?
Taxista No, no, no… No puedes decirme eso tan fríamente, tan imperturbable. Si en el fondo, en el fondo, sigues enamorada de mí.

(El taxista la invita a Lisboa.)
Taxista Si no te gusta Lisboa, vamos a otro sitio. Donde tú quieras, yo te llevo. ¿No hay ningún sitio en especial al que siempre has querido ir?
Nina Los sitios especiales no están hechos para mí.

[1] *I'm hooked!* [2] *Go ahead!* [3] *That way you'll loosen up* [4] *In case you haven't realized*

Nota CULTURAL

La Guerra Civil Española (1936-1939) se inició con la sublevación de un sector del ejército que terminó dividido en dos bandos: republicanos y nacionales. Los republicanos eran liberales de distintas ideologías fieles a la II República y opuestos al fascismo. Los nacionales seguían al General Francisco Franco, militar de ideología fascista que, tras ganar la guerra, instauró una dictadura en España que duró hasta su muerte en 1975. Muchos intelectuales opuestos al franquismo tuvieron que exiliarse; muchos otros fueron fusilados.

- ¿Qué bandos había en la guerra civil estadounidense? ¿Cuál fue el resultado de esa guerra?

- ¿Qué características debe tener un regimen para que sea dictatorial? ¿Piensan que en realidad hay más dictaduras actualmente de las declaradas oficialmente? Den ejemplos.

Ⓢ EN PANTALLA

Completa el párrafo con las palabras correctas.

Una joven (1) _____ a actriz llamada Nina está (2) _____ a un cásting. Se sube a un taxi que muy pronto se encuentra parado en un (3) _____. El taxista se pone una (4) _____ porque quiere ayudar a Nina a ensayar. Antes de bajarse del coche, el taxista le regala a Nina una (5) _____ para la buena suerte. Un día, Nina vuelve a encontrarse con el mismo taxista, quien está estudiando portugués porque le fascina la ciudad de (6) _____.

Análisis

1 **Comprensión** Contesta las preguntas.

1. ¿En qué ciudad transcurre la historia de este cortometraje?

2. ¿Adónde va Nina?

3. ¿Qué trabajos ha hecho Nina como actriz?

4. ¿Cree Nina que le van a dar el papel en la película? ¿Por qué?

5. ¿Qué tipo de personaje es el que más le gusta a ella?

6. ¿Qué hacen Nina y el taxista de camino al cásting?

7. ¿Qué papel interpreta Nina? ¿Qué papel interpreta el taxista?

8. ¿Qué le da el taxista a Nina para que tenga buena suerte?

9. ¿Qué le propone el taxista a Nina la segunda vez que se encuentran?

10. ¿Cómo reacciona ella?

2 **Deducción** En parejas, miren la foto y digan qué importancia tiene este instante en el desarrollo de la historia. ¿Qué creen que sucede entre los dos protagonistas? ¿Qué está pensando Nina? ¿Qué dice su mirada? Den detalles del corto que apoyen sus opiniones.

3 **¿Decisión o indecisión?** Terminado el viaje, Nina y el taxista se despiden, pero ¿de verdad quieren despedirse? En parejas, escriban un posible diálogo entre ellos si se hubiera dado uno de los siguientes casos.

- Si el taxista le hubiera dicho al nuevo cliente que no estaba libre.
- Si Nina hubiera olvidado su teléfono celular en el taxi.
- Si Nina hubiera conseguido el papel en la película y se hubiera reencontrado meses más tarde con Pedro en su taxi.

4 **¿Realidad o ficción?** En el corto, el taxista dice dos veces: "No hay tiempo para hablar de amor ahora". En parejas, sitúen los dos contextos en los que se dice esta frase. Después, discutan cómo se relaciona la historia de Nina y Pedro con la historia de los personajes que interpretan.

5 **El efecto mariposa** En parejas, conversen sobre cómo este concepto se puede aplicar a nuestras relaciones sociales. Luego, compartan sus respuestas con la clase.

- ¿Cómo influyen nuestras interacciones con otras personas en sus vidas y en las nuestras?
- ¿Es posible que hayan llegado a cambiar la vida de una persona debido a una pequeña interacción?
- ¿Alguna vez el más mínimo acontecimiento cambió sus vidas por completo?

6 **Cómo eran y cómo son** Hagan la siguiente actividad en grupos de tres.

A. Primero, completen la tabla incluyendo la siguiente información.

- ¿Cómo eran los protagonistas de esta historia cuando se encontraron por primera vez y cómo son cuando el destino los vuelve a unir?
- ¿Cuáles eran sus ilusiones y sueños? ¿Cómo han cambiado?
- ¿Cuál era y cuál es su actitud ante la vida?

Cómo eran	Cómo son

B. Con toda la clase, imaginen las vidas de los protagonistas y digan por qué creen que Nina rechazó la proposición del taxista al final. ¿Qué habrían hecho ustedes en su lugar? ¿Por qué?

7 **Nada que perder** En grupos pequeños, contesten las preguntas sobre el título del cortometraje. Después, compartan sus opiniones con la clase.

- ¿Cuál es el significado del título en relación con el argumento y el desenlace (*ending*) de la historia?
- ¿Por qué creen que el director eligió este título?
- ¿Qué ganan y qué pierden los protagonistas de esta historia?

8 **Conflictos** Nina debe representar el papel de la hija de un intelectual republicano capturado por los nacionales. En grupos de tres, piensen en ejemplos de personas de su país que han sido castigadas por pensar más de la cuenta y rebelarse contra la autoridad.

9 **Situaciones** En parejas, elijan una de las situaciones e improvisen un diálogo. Utilicen al menos seis palabras o expresiones de la lista. Cuando estén listos, represéntenlo delante de la clase.

a por todas	cásting	ensayar
aspirante a	cola de conejo	fiarse de
atasco	dar calabazas	incómodo/a
avergonzado/a	de camino a	tener para rato
avergonzarse	en el fondo	tratar

A
Uno/a de ustedes va en autobús a un cásting. Hay mucho tráfico y decide ensayar la escena. A su lado hay un(a) chico/a muy simpático/a y empiezan a hablar.

B
Un(a) chico/a del/de la que estuviste muy enamorado/a te dio calabazas y, ahora, después de varios años, te dice que quiere salir contigo.

Practice more at **vhlcentral.com**.

3.1 Pronombres de objeto directo e indirecto

 **Ⓢ Presentación**

Pronombres de objeto directo

El objeto directo de una oración es el sintagma nominal, pronombre o cláusula subordinada sustantiva que recibe directamente la acción del verbo.

> *Nina ensaya **el guion**.* (Sintagma nominal)
>
> *Pedro **la** llamó.* (Pronombre)
>
> *Nina preguntó **cuánto costaba el taxi**.* (Cláusula subordinada sustantiva)

Pronombres de complemento directo		
me	lo/la	os
te	nos	los/las

> *El otro día **me** (a mí) llamaron para un cásting. **Lo** (el cásting) tengo hoy a las seis de la tarde.*

Pronombres de objeto indirecto

El objeto indirecto de una oración es el sintagma nominal, pronombre o cláusula subordinada sustantiva que completa el significado del verbo, e indica el destinatario o beneficiario de la acción.

> *Nina paga **a Pedro**.* (Sintagma nominal)
>
> *Pedro **le** da una cola de conejo.* (Pronombre)
>
> *Pedro dedica todo su esfuerzo **a que su portugués mejore**.* (Cláusula subordinada sustantiva)

Pronombres de complemento indirecto		
me	le	os
te	nos	les

> *Tú imagínate que soy el director que **te** hace la prueba.*

Posición de los pronombres de objeto

Los pronombres de objeto preceden al verbo cuando éste está conjugado.

> *Pedro **le** da a Nina consejos de actuación.*   *Nina **lo** agradece.*

En las construcciones verbales de infinitivo, los pronombres de objeto pueden ir unidos al infinitivo o antes del verbo conjugado.

> *A Nina van a dar**le** el papel.*   *A Nina **le** van a dar el papel.*

Cuando el verbo está en forma progresiva, los pronombres de objeto directo e indirecto pueden ir unidos al gerundio o ir antes del verbo conjugado.

Nina está leyéndole el guion.   *Nina le está leyendo el guion.*

Cuando los pronombres de objeto directo e indirecto se usan en una misma oración, el pronombre de objeto indirecto siempre precede al pronombre de objeto directo.

*Yo no sé ni para qué voy, porque no **me lo** van a dar.*

Los pronombres **le** y **les** cambian a **se** cuando se usan con **lo, las, los** o **las**.

*Nina **le** da **el dinero** a Pedro.* → *Nina **se lo** da.*

Los pronombres preposicionales

Los pronombres preposicionales tienen la función de objeto de preposición, y son iguales que los personales, excepto los pronombres **yo** y **tú**, que cambian a **mí** y **ti**.

*Nina, sólo pienso **en ti**.*   *El regalo es **para nosotros**.*

Para clarificar o enfatizar un objeto, ya sea directo o indirecto, los pronombres preposicionales se pueden añadir después del verbo. La repetición de objetos es estándar y de uso muy común en español.

*El taxista **le** dio una cola de conejo **a ella**.*   *Nosotros **les** dijimos la verdad **a nuestros jefes**.*

Se usan **yo** y **tú**, en vez de **mí** y **ti**, después de las preposiciones **entre, excepto, según, incluso, menos, salvo** y **como**.

***Entre tú** y **yo**, ese actor es guapísimo.*   ***Según tú**, no soy buena actriz.*

AYUDA

Después de preposición (excepto **con**), el pronombre reflexivo **se** cambia a **sí**.

Pedro se dijo **para sí** que *nunca más se enamoraría.*

Después de la preposición **con**; **mí, ti** y **sí** cambian a **conmigo, contigo** y **consigo**.

—*¿Quieres que vayamos **contigo** al cásting?*

—*Por supuesto que quiero que vengan **conmigo**, pero dile a Pedro que traiga la computadora portátil **consigo**.*

Práctica

1 **Completar** Completa el mensaje electrónico con pronombres de objeto directo e indirecto, pronombres preposicionales y las expresiones **conmigo, contigo** y **consigo**.

Hola, Pedro:
Soy Nina, la chica del cásting. Tengo que (1) confesar_____ que últimamente he estado pensando mucho en (2) _____, en cómo habría sido mi vida (3) _____ si yo (4) _____ hubiera hecho caso. No puedo parar de pensar en la última vez que (5) _____ miraste. Espero que estés siendo muy feliz, tú (6) _____ (7) _____ mereces. En cuanto a (8) _____, últimamente estoy mejor. Trabajo en una cafetería con mi mejor amiga. A las dos (9) _____ han contratado para todo el verano. La verdad es que estoy bien aquí. El jefe es muy buena persona y (10) _____ ha dado dos semanas de vacaciones a mí. Yo ni siquiera (11) _____ (12) _____ pedí, pero él insistió. Así que yo (13) _____ dije que estaba muy agradecida por su generosidad y (14) _____ acepté. En fin, creo que voy a visitar Lisboa. Por eso (15) _____ escribo, porque me gustaría (16) ver_____ y tomar un café (17) _____. Sé que vives allí, porque un amigo tuyo que trabaja (18) _____ (19) _____ (20) _____ dijo y también (21) _____ dio esta dirección de correo electrónico. Ah, por cierto, él siempre lleva (22) _____ el amuleto que le diste.
Espero poder (23) ver_____
Un gran abrazo,
Nina

2 **Diálogo** En parejas, escriban un diálogo en el que un(a) taxista le declara su amor a un(a) cliente/clienta. Utilicen los elementos que aparecen a la derecha. Después, representen el diálogo ante la clase. La clase votará por la mejor actuación.

5 pronombres de objeto directo
5 pronombres de objeto indirecto
5 pronombres preposicionales
conmigo, contigo, consigo

Practice more at vhlcentral.com.

3.2 Adjetivos (S) Presentación

> **Recuerda**
> Los adjetivos son palabras que acompañan a los sustantivos para calificarlos o determinarlos.

Posición de los adjetivos

En español, los adjetivos pueden colocarse antes o después del sustantivo. El adjetivo que se coloca después del sustantivo es especificativo; es decir, distingue a ese sustantivo de otros en un mismo grupo.

*un intelectual **republicano***   *la Guerra Civil **Española***

El adjetivo que se coloca antes del sustantivo es explicativo; es decir, expresa una cualidad inherente del sustantivo. El adjetivo también puede anteponerse al sustantivo para enfatizar una característica particular del sustantivo o por razones estilísticas.

*la **gran** mansión*   *la **famosa** actriz*

En algunos casos, la posición del adjetivo indica el juicio y la actitud del hablante.

*Pedro y Nina recorrieron las **hermosas** calles de Madrid.*
(Para el hablante, las calles de Madrid son hermosas en general.)
*Pedro y Nina recorrieron las calles **hermosas** de Madrid.*
(Para el hablante, no todas las calles de Madrid son hermosas.)

Algunos adjetivos cambian de significado dependiendo de si se colocan antes o después del sustantivo.

Posterior	Anterior
una respuesta **cierta**	una **cierta** actitud
a right answer	*a certain attitude*
una ciudad **grande**	un **gran** país
a big city	*a great country*
la clase **media**	**media** hora
the middle class	*half an hour*
el artículo **mismo**	el **mismo** problema
the article itself	*the same problem*
una chaqueta **nueva**	un **nuevo** amigo
a (brand) new jacket	*a new/different friend*
el taxista **pobre**	el **pobre** taxista
the taxi driver who is poor	*the unfortunate taxi driver*
el agua **pura**	la **pura** verdad
the pure (uncontaminated) water	*the whole (entire) truth*
un amor **único**	mi **único** amor
a unique love	*my only love*
una amiga **vieja**	una **vieja** amiga
an old friend (years of age)	*an old friend (friend for a long time)*

ATENCIÓN

El adjetivo **grande** se apocopa a (*shortens to*) **gran** cuando precede a sustantivos singulares masculinos y femeninos: **un gran actor**, **una gran actriz**. Los adjetivos **bueno**, **malo**, **primero** y **tercero** pierden la terminación **-o** cuando preceden a sustantivos singulares masculinos: **un buen día**, **el primer día**.

Cuando un sustantivo va acompañado por más de un adjetivo, el adjetivo más restrictivo —el que distingue al sustantivo de otros en un mismo grupo—, va inmediatamente después del sustantivo.

*Y en esta escena, yo voy a pedir la ayuda a un **joven militar fascista**…*

Los números ordinales preceden al sustantivo. Del mismo modo, otros adjetivos que indican orden también suelen ir antes del sustantivo.

*Éste es el **primer** anuncio en el que Nina actuó.   Tenemos el examen el **próximo** lunes.*

Los adjetivos de cantidad, posesión o volumen también preceden al sustantivo.

*Hoy Nina tiene **dos** cástings.   Pedro ha tenido **mucho** trabajo.*

Comparativos y superlativos

Algunos adjetivos comparativos y superlativos de uso común son irregulares.

bueno/a — mejor — el/la mejor   **grande** y **viejo/a — mayor — el/la mayor**
malo/a — peor — el/la peor   **pequeño/a** y **joven — menor — el/la menor**

Cuando **grande** y **pequeño/a** se refieren a tamaño, y no a edad o cualidad, se usan las formas regulares del comparativo y superlativo.

*El taxi es **más grande** de lo que pensaba, pero es **más pequeño** que mi carro.*

Cuando **bueno/a** y **malo/a** se refieren a la cualidad moral de una persona, se usan las formas regulares del comparativo y superlativo.

*Nina era la chica **más buena** del mundo, pero ya no lo es desde que va con los **más malos** de la ciudad.*

Práctica

1 **Oraciones** Selecciona la opción correcta para cada oración.

1. Voy a visitar a Marta, una (amiga vieja / vieja amiga) que conocí en la escuela. Hoy ella cumple veintidós años.
2. Esta casa es (más grande / mayor) que la de Marcos.
3. El actor tiene sólo diez años; es (más joven / jovencísimo).
4. Te he dicho mil veces que no estuve en el cine con María, ésa es la (pura verdad / verdad pura).
5. Carlos es un (contemporáneo escritor famoso / famoso escritor contemporáneo).
6. Tiene que doblar a la derecha en la (próxima calle / calle próxima).
7. Costa Rica se considera un (gran país / país grande) por su cultura y naturaleza.
8. Andrea es la chica (más mala / peor) de la clase; siempre insulta a sus compañeros.

2 **Descripción** En parejas, escriban una descripción detallada de un(a) famoso/a o una persona de la clase. La clase deberá adivinar de qué persona se trata. Utilicen el mayor número de adjetivos posible.

El adjetivo tiene tres grados: positivo, comparativo y superlativo.

Grado positivo: *Nina es una actriz **estupenda**.*

Grado comparativo: *Pedro es **más/menos inteligente que** Luis. / Pedro es **tan inteligente como** Luis.*

Grado superlativo: *Nina es **la más/menos elegante**.*

• • •

El superlativo absoluto se traduce al inglés como *very* o *extremely*. Éste se forma extrayendo la terminación del adjetivo y añadiendo **-ísimo/a/os/as**.

*Estoy viendo una película **interesantísima**. La actriz es **feísima**.*

• • •

La terminación **-ísima** también se usa en adverbios acabados en **-mente: clarísimamente**.

Cuando los adjetivos y adverbios acaban en **co/ca**, **go/ga** o **z**, éstas cambian a **qu**, **gu** y **c** en el superlativo absoluto.

rico/a → riquísimo/a
largo/a → larguísimo/a
feliz → felicísimo/a

Los adjetivos que acaban en **n** o **r** forman el superlativo absoluto añadiendo **-císimo/a**.

joven → jovencísimo/a
trabajador → trabajadorcísimo/a

Preparación (S) Audio: Vocabulario

1 **Sinónimos** Une las palabras de la columna izquierda con sus correspondientes sinónimos en la columna de la derecha.

_____ 1. acobardarse   a. recuperarse

_____ 2. desafiar   b. celebridad

_____ 3. formarse   c. lograr

_____ 4. taquillero/a   d. reparto

_____ 5. sobreponerse   e. apariencia

_____ 6. elegir   f. escoger

_____ 7. fama   g. retar

_____ 8. conseguir   h. asustarse

_____ 9. aspecto   i. exitoso/a

_____ 10. elenco   j. educarse

2 **Famosos** En parejas, respondan las siguientes preguntas.

1. ¿Leen revistas del corazón tipo *People* y *US Weekly*? ¿Por qué?

2. ¿Qué clase de personalidad dirían que se necesita para triunfar en Hollywood? ¿Es distinta o igual a la que se necesita para triunfar en otros ambientes o trabajos?

3. ¿En qué creen que se parece la personalidad de los actores famosos estadounidenses y la de los hispanos? ¿En qué se diferencia? Den ejemplos.

4. ¿Admiran a algún actor o actriz? ¿Qué es lo que les atrae de ellos? ¿Los consideran modelos de la sociedad por alguna razón?

3 **Películas** En grupos pequeños, conversen sobre si prefieren ver películas con subtítulos o dobladas (*dubbed*). Luego, compartan sus respuestas con la clase.

• ¿Están de acuerdo con que en Hollywood se hagan *remakes* de películas extranjeras para adaptarlas al público estadounidense? ¿Por qué?

• ¿Cuáles creen que son las razones por las que las audiencias en otros países están dispuestas a ver películas en inglés? ¿Es señal de madurez o de necesidad?

 Practice more at **vhlcentral.com**.

"Tengo un carácter fuerte y me gusta que me desafíen"

James Cameron sabe de mujeres fuertes: basta mencionar a la teniente Ellen Ripley de su película *Alien* o a Sarah Connor de *Terminator* como pruebas de eso. Lo mismo puede decirse del director Luc Besson, que creó a la formidable asesina Nikita. Así que cuando los dos eligen a la actriz Zoe Saldana para hacer el papel de sus heroínas Neytiri en *Avatar* o la joven Cataleya en *Colombiana*, hay que pensar que algo tiene esta chica para que la escojan para representar mujeres dominantes.

Sucede que Zoe puede llevar cómodamente sobre sus hombros historias de mujeres que son líderes y a nada le tienen miedo. "La gente piensa que las mujeres latinas son apasionadas e intensas, lo cual suele ser cierto. Pero yo creo que la cualidad que poseen la mayoría de las latinas es la fuerza. Me da mucho orgullo tener sangre latina".

Ahora que se ha vuelto famosa, su nombre resuena en las revistas de moda y en el estreno de películas taquilleras. En la prensa y en los afiches, su nombre aparece "Saldana", aunque realmente se escribe "Saldaña". Hollywood decidió que era más fácil cambiarlo para que todos lo pudieran pronunciar sin problemas. Zoe Yadira Saldaña Nazario nació en Nueva Jersey, de padre dominicano y madre puertorriqueña. Sus primeros años los

pasó en Queens, pero la muerte accidental de su padre convenció a su madre de enviarla a República Dominicana para alejarla de los peligros de la calle. Crecer en la isla le permitió disfrutar del sol y del mar, y también apuntarse° en una academia de baile donde se formó durante siete años.

enroll

Llegó a la pantalla grande con la película *El ritmo del éxito* (*Center Stage*, 2000), donde aprovechó su experiencia previa de danza para interpretar a la bailarina Eva Rodríguez. Después se haría con el papel de Anamaría, la pirata abandonada por el capitán Jack Sparrow en la primera entrega del éxito de taquilla *Piratas del Caribe*. Luego le llegó la oportunidad de trabajar con el director Steven Spielberg en *La Terminal* y enseguida con J. J. Abrams en la precuela de *Star Trek*. En 2008 protagonizó *Avatar*, dirigida por James Cameron, y pasó a formar parte del exclusivo grupo de estrellas que frecuentan las alfombras rojas.

A pesar de su figura delgada que conserva° de sus años de bailarina, Zoe quiere demostrar su fuerza incluso en la manera en que se viste: "No me gustan las cosas que parecen frágiles, como por ejemplo unas sandalias pequeñas. Me gusta parecer fuerte y dominante", explica en una entrevista, calzada en botas con tacos altísimos. Pero eso no le impide ver los peligros ocultos de esa actitud: "Todos somos capaces de abusar del poder", reflexiona. Y recuerda cómo en sus años en Dominicana, creció entre mujeres trabajadoras que sin embargo tuvieron que enfrentar la discriminación de género: "básicamente eran los hombres de la familia y los hombres apenas estaban presentes, sólo por las apariencias. Entonces escuché a un hombre decir: 'Soy el león de la casa'. Y yo pensé que me daba lástima°: el león es el animal al que menos quieres parecerte°. El león duerme todo el día mientras la leona sale a trabajar; luego se despierta, toma su comida y mata a los cachorros si se le antoja°". Cuando era niña, su madre vivía un año en República Dominicana y, al siguiente, se marchaba a Estados Unidos para ahorrar dinero y enviárselo a sus tres hijas, que vivían con sus abuelos. "Tuvimos que sobrevivir muchas cosas y por eso ahora existe ese lazo° especial que nos conecta a mí y a mis dos hermanas", confesó. "No pasa media hora sin que nos mandemos un mensaje".

A pesar de que regresó a Nueva York a los diecisiete años, no perdió su español: "Durante la primera etapa de infancia, sólo

escuchaba hablar español, pero, en el colegio, el inglés se convirtió en mi herramienta° de contacto con el mundo. Mi madre nunca permitió que mis hermanas y yo olvidáramos nuestra lengua de origen. Convenció a nuestra abuela para que nos diera de comer sólo si lo pedíamos en español. *Can I have some rice?* ¡No! ¡Se dice ARROZ!" Se confiesa neoyorquina de alma y, aunque ahora vive en Los Ángeles, regresa cada vez que puede para verse con sus amigos y comer en sus restaurantes favoritos pizza o comida china.

El arte es una atracción indispensable en la vida de Zoe: además del baile y la actuación, le interesa mucho la industria de la moda, que ella considera otra forma de arte. Atribuye su fascinación por el diseño de ropa a la herencia que recibió de su abuela y su bisabuela, que trabajaban de costureras° para casas de moda. Ha cofundado un sitio web dedicado a la moda, MyFDB, y es modelo de la campaña de ropa interior° de Calvin Klein. Pero a pesar de esto, no se identifica con la mujer femenina a ultranza° y declara que no le interesan los baños de espuma° ni las sesiones de manicura. "Tengo un carácter fuerte y me gusta que me desafíen. Las ropas masculinas me empoderan, así que a menudo me pongo un traje° de hombre. A veces creo que debería haber nacido varón".

Así en la vida como en el cine, lo que le gusta a Zoe, en definitiva, es lo que la puso como candidata ideal ante los ojos de Cameron y Besson: que la mujer sea la heroína. Para ella es impensable que la chica se quede esperando a que llegue el héroe a salvarla (una concepción, además, políticamente incorrecta en estos tiempos). "Todos tenemos un instinto primitivo de compasión, pero hay otros papeles en el cine de hoy que muestran que no somos damiselas en apuros°, sino que somos fuertes y viriles. Somos guerreras por naturaleza".

Y si Zoe Saldana lo dice, ¿quién se atreverá a cuestionarla? ■

preserves

I felt sorry
resemble

if he feels like it

bond

tool

seamstresses

underwear

extreme
bubble baths

suit

damsels in distress

Análisis

1 **Comprensión** Ordena los eventos según sucedieron en la vida de Zoe Saldana.

_5_ a. Su abuela no le daba de comer si no hablaba en español.

_6_ b. Zoe regresó a Nueva York.

_1_ c. Su padre sufrió un accidente.

_7_ d. Actuó en su primera película.

_3_ e. Comenzó a estudiar danza en República Dominicana.

_4_ f. Al ver el comportamiento de los hombres de la familia, eligió seguir el ejemplo de su mamá y de las mujeres fuertes que la rodeaban.

_8_ g. Consiguió el papel de Anamaría en *Piratas del Caribe*.

_10_ h. Fue contratada para una campaña publicitaria de Calvin Klein.

_2_ i. Su mamá decidió llevar a sus tres hijas a vivir con sus abuelos.

_9_ j. Formó parte del elenco de *Avatar*, una de las películas más taquilleras de la historia.

2 **Interpretación** En parejas, respondan las preguntas.

1. ¿Qué características comparten las mujeres que interpreta Zoe Saldana en el cine?

2. ¿Quiénes crees que son las personas más importantes en la vida de Zoe Saldana?

3. ¿Qué influencia tuvo en su historia el ejemplo de las mujeres de su familia? ¿Por qué?

4. Cuando la actriz se refiere al poder del león, ¿te parece que habla de un poder real o de uno fingido? ¿De qué manera se puede crear poder sin tener realmente la fuerza?

5. ¿Piensas que Zoe es realmente una mujer fuerte? ¿Por qué?

3 **Anuncio** Eres el/la agente de Zoe Saldana y debes elegir qué anuncios hará. Une los productos de la primera columna con los valores que Zoe representa; luego señala con una cruz qué anuncios aceptarías. Si se te ocurren nuevos valores u otros productos ideales para ella, anótalos también.

Detergente para la ropa	Importancia de la familia
Dentaduras postizas	Fuerza femenina
Zapatillas deportivas	Belleza y atractivo
Ropa interior	Cuerpo atlético y en forma
Tiendas de tatuajes	Orgullo de sus raíces
Marca de arroz para comidas caribeñas	
Fajas adelgazantes	
Relojes con cronómetro	
Champú y acondicionador	
Una cadena de termas y balnearios en la costa de California	

4 **¿Damiselas o heroínas?** Dividan la clase en dos grupos y debatan sobre cuál es la imagen que conviene usar en una campaña escolar que propone un modelo para seguir.

Grupo 1: la chica que debe ser rescatada (como Bella Swan en la saga de *Crepúsculo*)

Grupo 2: la chica que salva a todos (al estilo de Katniss Everdeen en *Los juegos del hambre*)

5   **Rumores** En parejas, escriban un artículo al estilo de las revistas o los blogs dedicados a las celebridades: inventen un rumor sobre Zoe Saldana o alguna otra estrella del espectáculo que conozcan.

Circula el rumor de que Zoe Saldana...

6   **¿Las apariencias importan... o engañan?** En grupos, imaginen que deben elegir el elenco para una nueva película. Miren las siguientes fotografías y escriban un pequeño párrafo para cada una de estas personas, explicando qué papel interpretarán. Después, compartan sus párrafos con la clase.

7   **Situaciones** En parejas, elijan una de las situaciones e improvisen un diálogo. Utilicen al menos seis palabras de la lista. Cuando estén listos, represéntenlo delante de la clase.

acobardarse	fuerza	aspecto
aprovechar	moda	conseguir
desafiar	pantalla	estreno
estrella	papel	sobreponerse

A
Zoe Saldana se encuentra con una persona que la confunde con la actriz Thandie Newton y se empeña en (*insists*) conseguir un autógrafo de ella.

B
Un(a) agente de policía detiene por conducir ebria (*drunk*) a una persona que pretende convencerlo/la de que es una estrella de cine para que no le ponga una multa (*fine*).

 Practice more at **vhlcentral.com**.

Preparación

Audio: Vocabulario

Sobre el autor

Íñigo Javaloyes (Bilbao, España, 1966) es un periodista, traductor y escritor español. Se crio en Madrid con sus siete hermanos. Al terminar sus estudios de periodismo, viaja a Nueva York, donde escribe para los periódicos *ABC* y *La Razón*, y para *Canal Sur Radio* de Andalucía. Tras su regreso a España publica su primera novela juvenil, *Tortuga Número Cien* (2005). Cuatro años después regresa con su mujer, Terry, y sus tres hijos a Boston. Desde allí funda y dirige el diario satírico *El Garrofer* con un amigo de la infancia.

Vocabulario de la lectura

el aislamiento *isolation*	**perder** *to lose*
el almacenamiento *storage*	**picotear** *to dabble*
capaz *able*	**el riesgo** *risk*
compartir *to share*	
conectado/a *hooked up to*	
encender *to switch on*	
intercambiar *to exchange*	
navegar *to surf*	
patente *evident*	

Vocabulario útil

el consejo *advice*
fomentar *to promote*
la moderación *restraint*
preocupar *to worry*
el recurso *resource*
sacar el mejor partido de *to make the most of*
la ventaja *advantage*

1 **Día sin tecnología** Completa el siguiente folleto con palabras del vocabulario.

¿Temes ya no ser (1) _____ de apartar los ojos de la pantalla de tu computadora? ¿Pasas el día entero sin hablar con nadie, en un (2) _____ absoluto? ¿Quieres (3) _____ algo más que archivos o artículos por Facebook? ¡Únete a nosotros en nuestro "Día sin tecnología"! Te invitamos a NO (4) _____ tu computadora, ni tu iPad durante un día entero. Durante 24 horas debes resistir la urgencia de (5) _____ por la red para (6) _____ del tiempo libre. No te (7) _____: ¡el mundo no va a terminar porque no revises tu correo!
El (8) _____ no es (9) _____ un mensaje en tu iPhone, sino olvidar que eres tú el que decide cómo usar los (10) _____ tecnológicos del mercado.
Nuestro propósito es (11) _____ las relaciones humanas y la vida al aire libre, para aprender a usar la tecnología con (12) _____. Las (13) _____ serán tan (14) _____ que al final del día estarás sorprendido.
¡Únete al Día sin tecnología!

2 **¿Un mundo social feliz?** En parejas, respondan las siguientes preguntas.

1. ¿Cuánto tiempo calculan que pasan conectados/as? ¿Qué actividades suelen hacer: navegar por la red, contestar mensajes, participar en las redes sociales, etc.?

2. ¿Cuál creen que será el futuro de las redes sociales: se expandirán o desaparecerán? ¿Qué preferirían ustedes? ¿Por qué?

3. ¿Qué porcentaje de importancia le darían a la tecnología en sus vidas? ¿Alguna vez han sentido que dependen demasiado de la tecnología?

4. ¿Hacen uso de alguna red social para practicar su español? ¿Tienen "amigos" virtuales en algún país hispanohablante? ¿Dónde?

Cara y cruz
de las **tecnologías**
de la **información**

Los avances en la tecnología de la información nos han hecho la vida mucho más fácil. Con solo encender nuestra computadora o aparatos portátiles es posible tener una conversación cara a cara con un pariente que vive a un océano de distancia, localizar a un amigo de la infancia, o trabajar desde el propio hogar. Sin embargo, cuando la tecnología deja de ser un medio para simplificar nuestras vidas y se convierte en un fin en sí mismo, se sientan las bases para el llamado *tecnoestrés*: un conjunto de síntomas físicos, sicológicos y sociales derivados del uso excesivo de computadoras, tabletas y celulares.

Abundan los estudios que relacionan el uso y el abuso de las tecnologías de Internet con problemas de concentración, de aislamiento social e incluso de adicción. Estos casos se hacen más patentes con los actuales teléfonos inteligentes. ¿Quién no ha visto a alguien navegando con su iPhone en un restaurante en compañía de su pareja o de su familia? Según la Dra. Maressa Orzack, del Departamento de Psiquiatría del Harvard Medical School, entre un 5 y un 10% de los usuarios de la Red padecen algún tipo de adicción a Internet, sin contar con los adictos a los videojuegos. Según ella, "muchas personas sacrifican sus trabajos, sus estudios, sus familias y sus amistades" por este tipo de adicciones.

El sedentarismo es otro de los efectos no deseados del abuso de las tecnologías, algo que preocupa especialmente en la población infantil. "Los niños necesitan hacer ejercicio para tener un desarrollo adecuado", dice el pediatra Ernesto Garnelo. "Los enemigos tradicionales del ejercicio físico en niños y adolescentes han sido la televisión y los videojuegos", asegura. "Ahora hay que sumar las horas que pasan conectados a las redes sociales o intercambiando mensajes en sus celulares".

Además hay quien culpa al almacenamiento masivo y accesibilidad de información de acabar con algo tan humano como la capacidad de reflexión y la memoria. "¿Para qué mantener fresca y activa la memoria si toda ella está almacenada en algo que un programador de sistemas ha llamado 'la mejor y más grande biblioteca del mundo?", se pregunta el Nobel peruano Mario Vargas Llosa. Según el novelista, los estudiantes actuales han perdido la capacidad de concentración y ni siquiera son capaces de leer grandes novelas porque Internet les permite, dice, "picotear información" en una suerte de "mariposeo cognitivo".

Las nuevas tecnologías no son ni la panacea ni la peste, aseguran los expertos. A pesar de los riesgos que entraña esta nueva forma de comunicación, lo cierto es que el llamado efecto *Skype* elimina las distancias entre seres queridos, y las redes sociales unen a personas afines en pequeñas o grandes comunidades donde se comparten imágenes e ideas con un solo clic… ¡y gratis! ∎

Análisis

1 **Comprensión** Decide si las siguientes oraciones son ciertas o falsas. Corrige las falsas.

1. El artículo sostiene que gracias a la tecnología nuestra vida es más fácil.

2. Hoy en día, la tecnología ha dejado muchas veces de ser un medio para convertirse en un fin en sí mismo.

3. El tecnoestrés y los síntomas físicos, psicológicos y sociales son resultado del uso de la tecnología.

4. Todavía hay que estudiar con seriedad científica si se dan consecuencias graves por el abuso de la tecnología.

5. Mario Vargas Llosa cree que la memoria se activa al disponer de mayor información gracias a Internet.

6. El "mariposeo cognitivo" quiere decir que la gente lee un poco de todo pero nada en profundidad.

7. Son tantos los perjuicios que resultan de los medios tecnológicos que los expertos los señalan como la peste de nuestro siglo.

8. El artículo afirma que las redes sociales son inútiles para conectar realmente a la gente.

2 **Ampliación** Respondan en parejas las siguientes preguntas.

1. ¿En qué piensan cuando se habla de "uso excesivo" o abuso de la tecnología? Den algunos ejemplos que se les ocurran.

2. ¿Creen que los efectos de la tecnología pueden extenderse a un cambio en la forma de pensar, vivir, relacionarnos a largo plazo como especie? ¿Piensan que esto sería mejor o peor para la sociedad del futuro?

3. ¿Están de acuerdo en que los niños son los más afectados por la tecnología? ¿Qué diferencias creen que hay con la gente de más edad?

4. ¿Crees que es posible que la información de la que se dispone actualmente sea excesiva? ¿Qué facilita y qué complica? En comparación con hace cincuenta años, ¿les parece que la situación es mejor o peor? ¿En qué se ve?

5. ¿Qué efectos de la rapidez y facilidad con la que podemos comunicarnos hoy en día pueden nombrar? ¿Ha variado la calidad de la comunicación? ¿En qué?

3 **Fomentar la felicidad** En parejas, miren las siguientes ilustraciones y, a partir de ellas, creen un folleto con una propuesta que mejore la calidad de vida y eduque sobre el uso adecuado de la tecnología. Compartan su folleto con el resto de la clase.

4 **Opiniones** En grupos pequeños, lean las siguientes frases con atención. Luego, discutan su significado y decidan con cuáles están de acuerdo. Compartan sus ideas con la clase.

"Vivimos en una sociedad profundamente dependiente de la ciencia y la tecnología, y en la que nadie sabe nada de estos temas. Ello constituye una fórmula segura para el desastre". Carl Sagan

"La tecnología es una forma de organizar el universo para que el hombre no tenga que experimentarlo". Max Frisch

"El verdadero peligro no es que las computadoras empiecen a pensar como seres humanos, sino que los seres humanos empiecen a pensar como computadoras". Sydney J. Harris

"Cualquier tecnología suficientemente avanzada es indistinguible de la magia". Arthur C. Clarke

"La ciencia y la tecnología dictan cada vez más los lenguajes que usamos para hablar y pensar. O usamos estos lenguajes o nos quedamos mudos". J. G. Ballard

"La producción de demasiadas cosas útiles resulta en demasiadas personas inútiles". Karl Marx

5 **Inventos** En grupos de tres, imaginen un futuro en el que las máquinas pueden hacer cosas que hoy nos parecen impensables. Inventen cinco actividades que se podrán realizar con sólo apretar un botón o tocar la pantalla. Compartan sus inventos con la clase.

6 **Situaciones** En parejas, elijan una de las siguientes situaciones e improvisen un diálogo. Utilicen las palabras de la lista. Cuando estén listos/as, represéntenlo delante de la clase.

aislamiento	patente	consejo
capaz	perder	moderación
compartir	navegar	preocupar
encender	riesgo	recurso
intercambiar	conseguir	sacar el mejor partido de

A
Una pareja debe separarse durante un tiempo por trabajo o estudio. Uno/a quiere usar la tecnología para comunicarse, y el otro/la otra prefiere los métodos antiguos porque los considera más románticos. Los dos creen que la única manera de mantener su relación a distancia es con su método y lo discuten.

B
Un empresario quiere comprar los terrenos donde habita una tribu que ha permanecido al margen del desarrollo; se reúne con el jefe para proponerle que toda la comunidad se mude a una ciudad, y le explica que la sociedad moderna con los avances tecnológicos es una forma de vida mejor. El jefe no entiende su punto de vista.

Practice more at **vhlcentral.com**.

Preparación  Audio: Vocabulario

Sobre la autora

Elena Poniatowska (París, 1932) es una periodista y narradora mexicana que ha colaborado con infinidad de periódicos y es fundadora del diario mexicano *La Jornada*. Además de entrevistas y artículos periodísticos, ha escrito novelas, crónicas, poemas y cuentos. Algunas de sus obras son *Lilus Kikus* (1954), *La noche de Tlatelolco* (1971), *Tinísima* (1992) y *El tren pasa primero* (2005).

Vocabulario de la lectura

alterarse *to get upset*
anonadado/a *overwhelmed*
el arrebato *fit*
bostezar *to yawn*
la butaca *seat*
la chispa *spark*
clavar *to drive something into something*
el/la comediante *comedian*
defraudado/a *disappointed*
desaprovechar *to waste*
desengañado/a *disillusioned*
el desenlace *ending*
engañoso/a *deceiving*
el galán *heartthrob*

hogareño/a *domestic*
ignorar *to be unaware of*
malvado/a *evil*
novelero/a *fickle*
la pantalla *screen*
el/la principiante *beginner*
la puñalada *stab*
el rollo *roll*
la sala *movie theater*
la sesión (cinematográfica) *(movie) showing*
tomarse la molestia *to take the trouble*
trastornado/a *disturbed; deranged*

Vocabulario útil

el/la acosador(a) *stalker*
acosar *to stalk*
celoso/a *jealous*
la enfermedad mental *mental illness*
la envidia *envy*
la fama *fame*
el/la fan *fan*
obsesionado/a *obsessed*
el papel *role*
renombrado/a *renowned*

1 **Vocabulario** Marca la palabra que no corresponde al grupo.

1. bostezar:
   a. sueño   b. cansancio   c. anonadado
2. envidia:
   a. celoso   b. chispa *(spark)*   c. rival
3. galán:
   a. actor   b. estrella   c. desenlace
4. malvado:
   a. rechazo   b. egoísta   c. malo
5. arrebato:
   a. pasión   b. furia   c. comediante
6. desengañado:
   a. triste   b. hogareño   c. desilusionado

2 **Contestar** En parejas, háganse las preguntas y luego compartan sus respuestas con la clase.

1. ¿Quién es tu personaje famoso favorito? ¿Por qué?
2. ¿Te has encontrado alguna vez con alguien famoso? ¿Qué hiciste entonces o qué harías si lo vieras?

 Practice more at **vhlcentral.com**.

Ⓢ Audio: Lectura

CINE PRADO

Elena Poniatowska

Señorita:

A partir de hoy, usted debe borrar mi nombre de la lista de sus admiradores. Tal vez debiera ocultarle° esta deserción. Pero callándome, iría en contra de una integridad personal que jamás ha eludido los compromisos° de la verdad. Al apartarme° de usted, sigo un profundo viraje° de mi espíritu, que se resuelve en el propósito final de no volver a contarme entre los espectadores de una película suya.

conceal from you/ commitments

separating myself

swerve

Esta tarde, más bien esta noche, me destruyó usted. Ignoro si le importa saberlo, pero soy un hombre hecho pedazos°. ¿Se da usted cuenta? Soy un hombre que depende de una sombra engañosa, un hombre que persiguió su imagen en la pantalla de todos los cines de estreno y de barrio, un crítico enamorado que justificó sus peores actuaciones morales y que ahora jura separarse para siempre de usted, aunque el simple anuncio de *Fruto prohibido* haga vacilar° su decisión...

smashed to pieces

waver in

Sentado en una cómoda butaca, fui uno de tantos. Un ser perdido en la anónima oscuridad, que de pronto se sintió atrapado en una tristeza individual, amarga y sin salida. Entonces fui realmente yo, el solitario que sufre y que le escribe. Porque ninguna mano fraternal se ha extendido para estrechar la mía. Mientras usted destrozaba° tranquilamente mi corazón en la pantalla, todos se sentían inflamados y felices. Hasta hubo un canalla° que rió descaradamente°, mientras yo la veía desfallecer° en brazos de ese galán abominable que la llevó a usted al último extremo de la degradación humana... Y un hombre que pierde de golpe° todos sus ideales, ¿no le cuenta para nada, señorita?

were breaking

cad

shamelessly

swoon

suddenly

Hágame usted el favor de ser un poco más responsable de sus actos, y antes de firmar un contrato o de aceptar un compañero estelar, piense que un hombre como yo puede contarse entre el público futuro y recibir un golpe mortal°. No hablo movido por los celos, pero, créame usted: en esta película: *Esclavas del deseo* fue besada, acariciada y

mortal wound

agredida° con exceso. No sé si mi memoria exagera, pero en la escena del cabaret no tenía usted por qué entreabrir los labios, desatar° sus cabellos sobre los hombros y tolerar los procaces ademanes y los contoneos° de aquel marinero que sale bostezando, después de sumergirla en el lecho° revuelto y abandonarla como una embarcación que hace agua...° Yo sé que los actores pierden en cierto modo su libre albedrío° y que se hallan a merced de los caprichos° de un autor masoquista; sé también que están obligados a seguir punto por punto todas las deficiencias y las falacias del texto que deben interpretar. Pero... permítame usted, a todo el mundo le queda, en el peor de los casos, un mínimo de iniciativa, una brizna° de libertad, que usted no pudo o no quiso aprovechar.

attacked, assaulted

to let loose

indecent gestures and swaggering

bed

a ship that sinks

free will

find themselves at the mercy of the whims

bit (literally, strand)

Si se tomara la molestia, usted podría contestarme que desde su primera película aparecieron algunos de los rasgos de conducta que ahora le reprocho°, y es cierto; es todavía más cierto que yo no tengo derecho ni disculpa para sentirme defraudado porque la acepté entonces a usted tal como es. Perdón, tal como creí que era. Como todos los desengañados, yo maldigo el día en que uní mi vida a su destino cinematográfico... ¡Y conste que la acepté toda opaca° y principiante, cuando nadie la conocía y le dieron aquel papelito de trotacalles con las medias chuecas y los tacones carcomidos°, papel que ninguna mujer decente habría sido capaz de aceptar!... Y sin embargo, yo la perdoné y en aquella sala indiferente y negra de mugre° saludé la aparición de una estrella. Yo fui su descubridor, el único que supo

reproach, blame

opaque, dull

bum with crooked pantyhose and worn heels

filth

asomarse a su alma, pese a su bolsa arruinada y a sus vueltas de carnero°. Por lo que más quiera, perdóneme este brusco arrebato...

somersaults

Se le cayó la máscara, señorita. Me he dado cuenta de la vileza° de su engaño. Usted no es la criatura de delicias, la paloma frágil y tierna° a la que yo estaba acostumbrado, la golondrina de otoñales revuelos°, el rostro perdido entre gorgueras de encaje° que yo soñé, sino una mala mujer hecha y derecha, novelera en el peor sentido de la palabra. De ahora en adelante, muy estimada señorita, usted irá por su camino y yo por el mío...

vileness

tender

swallow flying in the autumn

lace ruffs

Siga usted trotando por las calles, que yo ya me caí como una rata en la alcantarilla°. Y conste que lo de "señorita" se lo digo solamente para guardar las apariencias. Tómelo usted, si quiere, como una desesperada ironía.

sewer

Porque yo la he visto dar y dejarse dar besos en muchas películas. Pero antes, usted no alojaba° a su dichoso compañero en el espíritu. Besaba usted sencillamente como todas las buenas actrices: como se besa apasionadamente a un muñeco de cartón. Porque, sépalo usted de una vez por todas, la única sensualidad que vale la pena es la que se nos da envuelta en alma, porque el alma envuelve entonces nuestro cuerpo, como la piel de la uva que comprime la pulpa°... Antes, sus escenas de amor no me alteraban, porque siempre había en usted un rasgo de dignidad profanada°, porque yo percibía

house (verb)

holds in the pulp

profaned

siempre un íntimo rechazo, una falla° en el último momento, que rescataba° mi angustia y que me hacía feliz. Pero en *La rabia en el cuerpo* y con los ojos húmedos de amor, usted volvió hacia mí un rostro verdadero, ése que no quiero ver nunca más. Dígalo de una vez, usted está realmente enamorada de ese malvado, de ese comediante de quinta fila°, ¿no es cierto? Por lo menos todas las palabras, todas las promesas que le hizo, eran auténticas, y cada uno de sus ademanes y de sus gestos estaban respaldados por la decisión de su espíritu. ¿Por qué me ha engañado usted como engañan todas las mujeres, a base de máscaras sucesivas y distintas? ¿Por qué no me mostró de una vez el rostro desatado° que ahora me atormenta?

flaw

rescued

third-rate

wild

Mi drama es casi metafísico y no le encuentro posible desenlace. Estoy solo en mi angustia... Bueno, debo confesar que mi esposa todo lo comprende y que a veces comparte mi consternación. Estábamos recién casados cuando fuimos a ver inocentemente su primera película, ¿se acuerda usted? Aquella del buzo° atlético y estúpido que se fue al fondo del mar por culpa suya, con todo y escafandra°... Yo salí del cine completamente trastornado, y habría sido una vana pretensión el ocultárselo a mi mujer. Ella, por lo demás, estuvo completamente de mi parte; y hubo de confesar que sus *deshabillés*° son realmente espléndidos. No tuvo inconveniente en acompañarme al cine

diver

diving suit

negligees

otras seis veces, creyendo de buena fe que la rutina iba a romper el encanto°. Pero las cosas fueron empeorando a medida que se estrenaban sus películas. Nuestro presupuesto hogareño tuvo que sufrir importantes modificaciones, a fin de permitirnos frecuentar las pantallas unas tres veces por semana. Está por demás decir que después de cada sesión cinematográfica nos pasábamos el resto de la noche discutiendo... Al fin y al cabo, usted no era más que una sombra indefensa, una silueta de dos dimensiones, sujeta a las deficiencias de la luz. Y mi mujer aceptó buenamente tener como rival a un fantasma cuyas apariciones podían controlarse a voluntad°. Pero no desaprovechaba la oportunidad de reírse a costa de usted y de mí. Recuerdo su regocijo° aquella noche fatal en que, debido a un desajuste° fotoeléctrico, usted habló durante diez minutos con una voz inhumana, de robot casi, que iba del falsete al bajo profundo... A propósito de su voz, sepa usted que me puse a estudiar el francés porque no podía conformarme con° el resumen de los títulos en español, aberrantes y desabridos°. Aprendí a descifrar el sonido melodioso de su voz, pero no pude evitar la comprensión de ciertas palabras atroces, que puestas en sus labios o aplicadas a usted me resultaron intolerables. Deploré aquellos tiempos en que llegaban a mí atenuadas por pudibundas traducciones°; ahora, las recibo como bofetadas°.

Lo más grave de todo es que mi mujer me está dando inquietantes muestras de mal humor. Las alusiones a usted, y a su conducta en la pantalla, son cada vez más frecuentes y feroces. Últimamente ha concentrado sus ataques en la ropa interior y dice que estoy hablándole en balde° a una mujer sin fondo. Y hablando sinceramente, aquí entre nosotros, ¿a qué sale toda esa profusión de infames transparencias de tenebroso acetato°, ese derroche° de íntimas prendas negras? Si yo lo único que quiero hallar en usted es esa chispita° triste y amarga que hay en sus ojos... Pero volvamos a mi mujer.

Hace mohínes° y la imita. Me arremeda° también. Repite burlona° algunas de mis quejas más lastimeras: "Los besos que me duelen en *Qué me duras*, me están ardiendo como quemaduras"... Desechando° toda ocasión de afrontar el problema desde un ángulo puramente sentimental, echa mano de argumentos absurdos pero contundentes°. Alega, nada menos, que usted es irreal y que ella es una mujer concreta. Y a fuerza de demostrármelo está acabando con todas mis ilusiones... No sé qué es lo que va a suceder si resulta cierto lo que aquí se rumorea, eso de que va usted a venir a filmar una película. ¡Por amor de Dios, quédese en su patria, señorita!

Sí, no quiero volver a verla, aunque cada vez que la música cede poco a poco y los hechos se van borrando en la pantalla, yo soy un hombre anonadado. Me refiero a esas tres letras crueles que ponen fin a la modesta felicidad de mis noches de amor, a dos pesos la luneta°. Quisiera quedarme a vivir con usted en la película, pero siempre salgo remolcado° del cine por mi mujer, que tiene la mala costumbre de ponerse de pie al primer síntoma de que el último rollo se está acabando... Señorita, la dejo. No le pido siquiera un autógrafo, porque si llegara a mandármelo yo sería tal vez capaz de olvidar su traición imperdonable. Reciba esta carta como el homenaje final de un espíritu arruinado y perdóneme por haberla incluido entre mis sueños. Sí, he soñado con usted más de una noche, y nada tengo que envidiar a esos galanes de ocasión que cobran un sueldo por estrecharla en sus brazos, y que la seducen con palabras prestadas. Créame sinceramente su servidor.

P. D. Se me olvidó decirle que le escribo desde la cárcel. Esta carta no habría llegado nunca a sus manos si yo no tuviera el temor de que le dieran noticias erróneas acerca de mí. Porque los periódicos están abusando aquí de este suceso ridículo: "Ayer por la noche, un desconocido, tal vez loco, tal vez borracho, fue corriendo hasta la pantalla del cine Prado y clavó un cuchillo en el pecho de Françoise Arnoul[1]...". Ya sé que es imposible, señorita, pero yo daría lo que no tengo con tal de que usted conservara en su pecho, para siempre, el recuerdo de esa certera° puñalada. ∎

spell / *at will* / *rejoicing* / *imbalance* / *I couldn't be satisfied with* / *tasteless, dull* / *toned down by prim translations* / *slaps in the face* / *in vain* / *sinister acetate* / *display* / *little spark* / *faces/mimics* / *mockingly* / *Rejecting* / *convincing* / *orchestra seat* / *towed* / *well-aimed*

---

[1]**Françoise Arnoul** (1931–): Actriz francesa considerada una *sex symbol* de los años cincuenta. Trabajó como actriz hasta los años noventa y apareció en más de dos docenas de películas.

Análisis

1 **Comprensión** Contesta las preguntas.

1. ¿Quién escribe la carta?
2. ¿A quién va dirigida la carta?
3. ¿Qué nueva película va a estrenar la actriz?
4. Según el admirador, ¿en qué tiene que pensar la actriz antes de firmar un contrato?
5. ¿Qué ocurrió en la película *La rabia en el cuerpo* que enojó al admirador?
6. Cuando fueron el admirador y la que ahora es su esposa a ver la primera película de la actriz, ¿qué relación tenían?
7. ¿Cómo reaccionó la esposa al principio?
8. ¿Cuántas veces iban al cine por semana?
9. ¿Cómo muestra la esposa su mal humor hacia la actriz?
10. ¿Dónde está el admirador cuando escribe la carta?

2 **Analizar** En parejas, contesten las preguntas.

1. Busquen en la carta ejemplos en los que el personaje le habla a la actriz como si fuera su novia.
2. ¿Por qué creen que su mujer cambió de actitud?
3. ¿Qué enoja al admirador?
4. ¿Por qué está en la cárcel el admirador?
5. ¿Por qué se despide pidiendo que no se olvide de "la certera puñalada"?

3 **La respuesta** Imaginen que la actriz contesta la carta de su admirador. En parejas, escriban una respuesta breve y, cuando hayan terminado, léanla al resto de la clase.

4 **Detective** Al final del cuento, hay un fragmento de la noticia publicada en los periódicos. En parejas, inventen el interrogatorio entre el/la detective y el detenido.

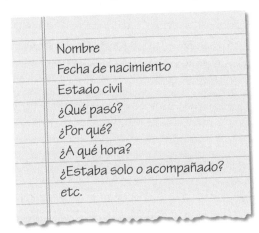

Nombre
Fecha de nacimiento
Estado civil
¿Qué pasó?
¿Por qué?
¿A qué hora?
¿Estaba solo o acompañado?
etc.

5 **Encuentro** En parejas, imaginen que la actriz y el admirador se encuentran por casualidad. Preparen el diálogo entre ellos. Tengan en cuenta los puntos indicados.

- el lugar y la hora del encuentro
- la personalidad de los dos personajes
- los problemas matrimoniales del admirador

6   **Fama** En parejas, completen el cuestionario. Tomen nota de las respuestas de su compañero/a y luego compártanlas con la clase.

> 1. ¿Cómo conseguirías ser famoso/a?
>
> 2. ¿Qué cualidades te llevarían a la fama?
>
> 3. ¿Te gustaría ser famoso/a?
>
> 4. ¿Qué famoso/a sería tu modelo?
>
> 5. ¿Tu vida sentimental sería mejor o peor?
>
> 6. ¿Qué te gustaría más de ser famoso/a?
>
> 7. ¿Qué te disgustaría de ser famoso/a?

7   **¿Leyes especiales?** Las figuras públicas reciben un trato especial que las personas comunes no reciben, pero las figuras públicas se exponen a mayores peligros. En grupos de tres, decidan si deberían existir leyes especiales para la protección de estas figuras o si se les debería tratar como a todo el mundo. Sustenten su conclusión con argumentos lógicos y ejemplos específicos.

8   **Famosos** En grupos de tres, observen la lista de estas personalidades del mundo hispano. Después, creen una lista similar con personas norteamericanas famosas y contesten las preguntas.

> Lionel Messi (futbolista argentino)
>
> Salvador Dalí (pintor surrealista español)
>
> Fidel Castro (dictador cubano)
>
> Carlos Gardel (cantante y compositor de tangos argentino)
>
> Che Guevara (ideólogo argentino y comandante de la Revolución Cubana)
>
> Óscar de la Hoya (boxeador norteamericano de ascendencia mexicana)
>
> Jesulín de Ubrique (torero español)
>
> Pablo Neruda (poeta chileno)
>
> Rafael Nadal (tenista español)

1. ¿Qué categorías tienen en común esta lista con su lista de famosos norteamericanos? ¿Qué categorías son características del mundo hispano?

2. ¿Cómo reflejan las listas de personalidades hispanas y norteamericanas las diferentes culturas? Pongan ejemplos.

9   **Situaciones** En parejas, elijan una de las situaciones y escriban un diálogo basado en ella. Usen al menos seis palabras de la lista. Cuando lo terminen, represéntenlo delante de la clase.

alterarse	desengañado/a	malvado/a
anonadado/a	desenlace	novelero/a
bostezar	engañoso/a	pantalla
defraudado/a	estrella	tomarse la molestia
desaprovechar	hogareño/a	trastornado/a

A

Un(a) admirador(a) y un(a) famoso/a que no quiere ser reconocido/a se quedan atrapados/as en un elevador.

B

Un actor y una actriz de una telenovela son novios en la vida real, pero su amor es secreto. Uno/a quiere dejar la relación y el/la otro/a intenta impedirlo.

Practice more at vhlcentral.com.

Preparación Audio: Vocabulario

Sobre el autor

A ntonio Fraguas de Pablo, "Forges" (Madrid, España, 1942) publicó su primer dibujo a los veintidós años. En 1973, decidió dedicarse exclusivamente al humor gráfico y en 1979 recibió el Premio a la Libertad de Expresión de la Unión de Periodistas. Entre los varios libros que ha publicado destacan *Los Forrenta años*, historia en viñetas de la dictadura de Franco (1976), *La Constitución*, cómics de la Constitución Española de 1978 y los de la recopilación *Forges nº 1, 2, 3, 4 y 5*. Es uno de los fundadores de *El Mundo*, diario que abandonó en 1995. Actualmente publica una viñeta diaria en el periódico *El País*.

Vocabulario útil

la apatía *apathy, listlessness*	**la inercia** *inertia*	**la pasividad** *passivity*
el/la guardia urbano *city police*	**la ironía** *irony*	**la pereza** *laziness*
el humor gráfico *graphic humor (comics)*	**el letargo** *lethargy*	**perezoso/a** *lazy*
el/la humorista *humorist, cartoonist*	**el/la librepensador(a)** *freethinker*	**preocupante** *worrying, alarming*
	la multa *fine*	**la sátira** *satire*
		la señal *sign*

1 **Voces únicas** Contesten las preguntas en grupos de tres.

1. ¿Creen que los medios de comunicación propician (*favor*) el pensamiento homogéneo de las masas?

2. ¿Cómo se enfrentan ustedes al mundo? ¿Con humor? ¿Con indiferencia? ¿Con cinismo? ¿Con pasividad? ¿Con resignación?

3. ¿Tienen la sensación de que el sentido común se desprecia cada vez más? ¿Por qué?

4. ¿Qué escritor(a), humorista, cómico/a, intelectual, filósofo/a, etc., expresa mejor su propia forma de pensar? ¿Aprecian su trabajo? ¿Creen que es necesario? ¿Por qué?

Análisis

1 **Interpretar** En grupos de tres, observen las dos viñetas de Forges y lean la introducción que las acompaña. Después, analicen e interpreten su contenido.

1. ¿Qué pone en evidencia el autor?
2. ¿De qué alerta al lector?
3. ¿Cómo transmite su mensaje?
4. ¿Quiénes son los personajes? ¿Cómo son?

2 **En palabras de Forges** Lean estas citas del propio Forges. En grupos de cuatro analicen su significado y digan si están o no de acuerdo con cada una de ellas. ¿Están estas ideas reflejadas en las viñetas? ¿Cómo?

A. "Mientras haya un ser humano que lea, el imperio no podrá ser legal, (...) porque la lectura es la vacuna de las neuronas contra la estupidez".

B. "El humor es la síntesis intelectual del ser humano".

Practice more at **vhlcentral.com**.

La lectura, la inteligencia y el pensamiento libre son un peligro del que la sociedad debe protegerse.

[1] Well, well... [2] on

Escribe una crítica de cine

Ahora tienes la oportunidad de escribir tu propia crítica de cine.

 Plan de redacción

Planea

1 Elige la película Selecciona una película reciente que te haya gustado mucho o que no te haya gustado nada.

2 Toma nota de los datos Los datos importantes son la fecha de su estreno, el nombre del director o de la directora, el nombre de los actores principales con los papeles que interpretan y el argumento.

Escribe

3 Introducción Escribe una breve introducción con todos los datos, pues tienes que presentar la película. También debes explicar por qué la viste y si pensabas que te iba a gustar.

4 Crítica Aquí escribes tu opinión. ¿Qué piensas de la película? ¿Por qué? ¿Cuáles son los aspectos positivos? ¿Cuáles son los negativos? La crítica incluye tu opinión personal, pero no sólo se limita a eso; debe trasmitir la valoración de la película a partir de argumentos que se prueben con ejemplos de las escenas, el guion, la actuación, etc. Recuerda que debes evitar expresiones tipo "me encantó", "es malísima", etc., ya que éstas pueden tener un determinado significado para ti y otro completamente distinto para el/la lector(a).

5 Conclusión Tienes que resumir tu opinión. También debes decir por qué vale o no vale la pena ver la película. En la conclusión, debes guiar el pensamiento del/de la lector(a), no decirle lo que tiene que pensar. Se trata más bien de compartir una opinión, no de imponerla.

Comprueba y lee

6 Revisa Lee tu crítica para mejorarla.

- Comprueba el uso correcto de los adjetivos.

- Asegúrate de que usas los pronombres de objeto directo e indirecto adecuadamente.

- Repasa el uso de la gramática y el vocabulario en general.

- Evita las repeticiones.

7 Lee Lee tu crítica a tus compañeros de clase. Ellos tomarán notas y, cuando hayas terminado de leer, tienes que contestar sus preguntas.

La telebasura a debate

"Basura" significa *trash*. El término "telebasura" hace referencia a los programas de televisión que utilizan el sensacionalismo y el escándalo para subir sus niveles de audiencia.

1 La clase se divide en grupos pequeños. Cada grupo tiene que preparar una lista de cinco programas de televisión que consideran telebasura y cinco que consideran de buena calidad, y anotar brevemente por qué.

2 Después, tienen que contestar las preguntas. En el caso de que no todos los miembros del grupo estén de acuerdo, pueden mencionar que hay distintas opiniones y explicar cuáles son.

- ¿Qué lista tiene los programas con más audiencia? ¿Cuál creen que es la razón?

- ¿Qué lista tiene los programas más divertidos?

- ¿Qué opinan de los programas de telebasura? ¿Los quitarían de la programación? ¿Por qué?

- ¿Creen que los programas de telerrealidad son también basura?

- ¿Qué programas son considerados educativos? ¿Tienen éstos un efecto positivo en los televidentes?

- ¿Quiénes son, según ustedes, los responsables de la programación: los telespectadores o los altos ejecutivos de las cadenas de televisión?

- ¿Conoces programas televisivos de los países hispanos? ¿Cuáles? ¿Crees que el nivel de telebasura es igual en Estados Unidos que en los países hispanos? ¿Por qué?

- ¿De qué forma la cultura de un país influye en el tipo de programas televisivos que se emiten? Pongan ejemplos.

3 Los diferentes grupos presentan sus ideas a la clase, mientras todos toman nota.

4 Cuando todos los grupos terminen sus presentaciones, toda la clase debe participar haciendo preguntas y defendiendo sus opiniones.

Las garras del poder

Todos cumplimos, unos más, otros menos, con nuestras responsabilidades: trabajamos, tratamos de cubrir nuestras necesidades y las de nuestros seres queridos, y pagamos impuestos. Pero nuestras obligaciones no terminan ahí. También elegimos a los representantes políticos encargados de proteger nuestros intereses y de mejorar nuestra sociedad. ¿Qué opinas de la política? ¿Y de los políticos? ¿Quiénes tienen más poder: las empresas multinacionales o los gobiernos? ¿Por qué? ¿Cuánta responsabilidad tenemos como ciudadanos de participar en los procesos políticos?

125

Preparación 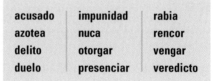 Audio: Vocabulario

Vocabulario del corto

acusado/a *accused*
la declaración *statement*
el delito *crime*
derogar (una ley) *to abolish (a law)*
el/la desaparecido/a *missing person*
el duelo *duel*
el enfrentamiento *confrontation*

la herencia *inheritance*
la impunidad *impunity*
el/la juez(a) *judge*
juzgado/a *tried (legally)*
llevar a cabo *to carry out*
merecer(se) *to deserve*
la nuca *nape*
otorgar *to grant*
el rencor *resentment*
requisar *to confiscate*

Vocabulario útil

la azotea *flat roof*
batirse en duelo *to fight a duel*
el castigo *punishment*
el/la culpable *guilty one*
disparar *to shoot*
exiliado/a *exiled, in exile*
el exilio *exile*
impune *unpunished*

interrumpir *to stop*
el juzgado *court(house)*
presenciar *to witness*
la rabia *anger; rage*
retar a duelo *to challenge to a duel*
la venganza *revenge*
vengar(se) *to avenge (oneself)*
el veredicto *verdict*

EXPRESIONES

Estar terminantemente prohibido. *To be strictly forbidden.*
Estoy en mi derecho. *I am entitled to it/within my rights.*
Ya vas a saber lo que es bueno. *I'll show you!*

1 **Definiciones** Elige la palabra que corresponde a cada definición. Hay dos palabras que no se usan.

acusado	impunidad	rabia
azotea	nuca	rencor
delito	otorgar	vengar
duelo	presenciar	veredicto

1. _____ Acción en contra de la ley.
2. _____ Responder a una agresión con otra.
3. _____ Ver un suceso en persona.
4. _____ Falta de castigo por un crimen cometido.
5. _____ Lucha entre dos personas.
6. _____ Odio que se siente hacia una persona.
7. _____ Parte posterior del cuello.
8. _____ Lo que se siente por una acción cruel o injusta.
9. _____ Alguien a quien se le atribuye un crimen.
10. _____ Parte superior de un edificio sobre la que se puede caminar.

2 **El cine** Un famoso estudio ofrece una fortuna por ideas para una nueva película sobre un(a) inocente injustamente acusado/a. En parejas, usen el vocabulario del corto y el vocabulario útil para escribir una sinopsis y un título para la película. Después, compártanlos con la clase.

3 **La ley es la ley** En grupos de tres, contesten las preguntas. Después, compartan sus respuestas con la clase.

1. ¿Vivimos en un mundo justo?

2. ¿Qué leyes derogarían? ¿Por qué?

3. ¿Qué leyes propondrían (*would you propose*)?

4. ¿Es la justicia una utopía? Explica tu respuesta con ejemplos.

4 **Conflictos y soluciones** En grupos de tres, contesten las preguntas.

1. ¿Han sido alguna vez víctimas de una injusticia o conocen a alguien que lo haya sido? ¿Intentaron luchar? ¿Qué hizo la ley?

2. Si la ley no les hiciera justicia, ¿se tomarían la justicia por su mano?

3. Hay un dicho que dice: "Se consigue más por las buenas que por las malas". ¿Cómo se puede lograr la justicia a través de métodos pacíficos?

4. ¿Es verdad que la felicidad es la mejor venganza? ¿Qué significa esto?

5 **Citas** En grupos pequeños, lean las citas y digan si están de acuerdo. Justifiquen sus respuestas. Después, intercambien sus opiniones, conclusiones o dudas con la clase.

> "Yo no hablo de venganzas ni perdones, el olvido es la única venganza y el único perdón." Jorge Luis Borges

> "La venganza no soluciona nada. La gente debe sacar el odio, y la mejor forma es a través del amor." Laura Esquivel

> "Permitir una injusticia significa abrir el camino a todas las que siguen." Willy Brandt

> "Donde hay poca justicia es grave tener razón." Francisco de Quevedo

6 **Anticipar** En parejas, observen el fotograma e imaginen lo que va a ocurrir en el cortometraje. Consideren las preguntas y las palabras del vocabulario.

- ¿Cómo son las personas que se están batiendo en duelo?
- ¿Hay testigos (*witnesses*)? ¿Debería haberlos? ¿Por qué?
- ¿Cuál es la razón del duelo?
- ¿Morirá uno de ellos? ¿Cuál? ¿Por qué?
- ¿En qué época tiene lugar el duelo?

 Practice more at **vhlcentral.com**.

CUANDO EL ODIO ES MÁS FUERTE QUE EL AMOR

- Ariel al mejor Cortometraje de Ficción, Academia Mexicana de Ciencias y Artes
- Mejor Cortometraje de Ficción, Festival Internacional de Cine de Valdivia, Chile
- Premio al Mejor Corto, Muestra del II Concurso de Cortometrajes Versión Española/SGAE, Madrid, España

El ojo en la nuca

Una producción de CENTRO DE CAPACITACIÓN CINEMATOGRÁFICA
Guión y Dirección RODRIGO PLÁ Productores asociados DIARIO LA REPÚBLICA/ESTUDIOS CHURUBUSCO-AZTECA, CONACULTA
Productores ÁNGELES CASTRO/HUGO RODRÍGUEZ Fotografía SERGUEI SALDÍVAR TANAKA
Edición MIGUEL LAVANDEIRA Música LEONARDO HEIBLUM/JACOBO LIEBERMAN Sonido MARIO MARTÍNEZ/ROGELIO VILLANUEVA/DAVID BAKSHT
Dirección de Arte MIGUEL ÁNGEL ÁLVAREZ

Actores GAEL GARCÍA BERNAL/EVANGELINA SOSA/DANIEL HENDLER/WALTER REYNO/ELENA ZUASSTI
Ficción / 35 mm / Color / Dolby Digital / 2000

FICHA **Personajes** Pablo, Laura, Diego, General Díaz, jueza **Duración** 26 minutos **Países** México-Uruguay

ESCENAS (S) Video: Cortometraje

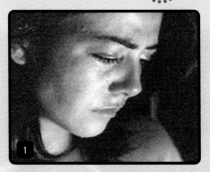

Laura Los desaparecidos están muertos, no vuelven…
Pablo (*detrás de la puerta*) Ya, bonita, por favor, esto es algo que tengo que hacer. Ándale[1], ábreme… Déjame que te dé un beso…
Laura Si te vas ya no regreses…

Diego Ésta no es la manera, primo. ¿A qué vas? Tenés[2] que darte cuenta de que esto tampoco es justicia… ¡por más bronca[3] que tengas! (*Pablo sale del carro; Diego le sigue.*) ¡Pará, Pablo! Yo también quería mucho a tu viejo[4].

Jueza ¿Se da cuenta? En plena democracia dos hombres haciéndose justicia por su propia mano, es una locura.
Pablo Tiene que dejarme acabar el duelo, estoy en mi derecho.
Jueza La ley de duelo existe, sí, pero es anacrónica.

Conductora de TV Nos encontramos frente al Ministerio de Defensa Nacional aguardando las declaraciones del General Díaz, quien fuera señalado como uno de los responsables de delitos y abusos cometidos durante el gobierno de facto[5].

Reportera General Díaz, ¿qué va a pasar a partir del duelo? ¿Cree que habrá nuevos actos de violencia?
General Díaz No hay que seguir viviendo con un ojo en la nuca, hay que mirar hacia delante y olvidar rencores.

Pablo ¿A qué viniste?
Laura Tu padre ya está muerto, Pablo, tienes que dejarlo ir. Ni siquiera estás seguro de que fue Díaz.
Pablo ¡Cállate! De esto tú nunca entendiste nada.

[1]*Come on.* [2]*Equivalente a la segunda persona del singular del verbo "tener". Se utiliza en lugar de "tienes".* [3]*anger* [4]*dad (lit., old man)* [5]*the ruling antidemocratic government at that time*

Nota CULTURAL

En 1985, tras doce años de gobiernos dictatoriales, Julio María Sanguinetti se convirtió en el nuevo presidente democrático de Uruguay. En 1986, Sanguinetti concedió amnistía a los militares involucrados (*involved*) en las violaciones de los derechos humanos y en 1989 esa amnistía, conocida como Ley de Caducidad, fue ratificada en un referéndum. Esta ley obliga al Estado a buscar la verdad de los hechos, pero prohíbe castigar a los culpables.

- ¿Conocen algún caso en que la política de su país ha ido contra las leyes morales? ¿Cuál(es)?

- ¿Hasta qué punto se debe castigar a los criminales? ¿Qué tipos de castigos del país donde viven son justificables? ¿Cuáles no?

(S) EN PANTALLA

Mientras ves el corto, empareja cada personaje con lo que dijo.

_b_ 1. ¡Llévenselo!
_c_ 2. Los espero mañana a las nueve para darles una respuesta.
_e_ 3. Por favor, me podría decir, ¿qué pasó ahí dentro?
_d_ 4. Sólo sé que odio, que tengo que odiar.
_a_ 5. Lo que me pediste está adentro.

a. Diego
b. General Díaz
c. jueza
d. Pablo
e. reportera

Análisis

1 **Comprensión** Contesta las preguntas.

1. ¿Qué ocurre en la primera escena del cortometraje?
2. ¿En qué país y durante qué período pasaron los hechos que se ven en esa escena?
3. ¿Dónde vive exiliado Pablo?
4. ¿Cuándo decide regresar a Uruguay? ¿Con qué intención?
5. ¿Qué pasa durante el duelo?
6. ¿Adónde llevan los policías a Pablo?
7. Según Pablo, ¿cuál es su herencia?
8. ¿Qué prohíbe la jueza?
9. ¿Qué ley fue derogada en Uruguay en 1991?
10. ¿Cómo sabe Pablo que fue el General Díaz quien mató a su padre?

2 **Interpretar** En parejas, contesten las preguntas.

1. ¿Por qué interrumpe el duelo la policía?
2. ¿Por qué regresa Pablo a la casa donde vivía de niño?
3. ¿Cuándo le pide Pablo a Diego que le consiga un arma? ¿Por qué?
4. ¿Por qué tira Pablo los lentes de su padre al mar?
5. Pablo decide regresar a México y olvidar. ¿Por qué cambia de opinión?
6. Al final, ¿por qué creen que Pablo mata al General Díaz?
7. ¿Por qué se llama este cortometraje *El ojo en la nuca*?

3 **Puntos de vista** En parejas, digan qué opinan estos personajes de lo que quiere hacer Pablo. Después, digan con cuál o cuáles de ellos están de acuerdo y por qué. ¿Cuál de ellos parece cambiar de opinión? ¿Por qué?

Diego

jueza

Laura

General Díaz

4 **Cara a cara** Imaginen que Pablo regresa del exilio con la única intención de hablar con el asesino de su padre. En parejas, escriban el diálogo. Después, represéntenlo delante de la clase.

5 **Pasado y presente** En grupos pequeños, comenten la importancia que tiene este momento en el desenlace del corto. Después, relacionen la imagen con la afirmación de Pablo.

"Sólo sé que odio, que tengo que odiar, ésa es mi [...] herencia."

6 **¿Qué opinan?** En grupos pequeños, contesten las preguntas según su opinión. Después, compartan sus respuestas con la clase.

1. ¿El desenlace de este corto habría sido el mismo si Pablo no hubiera presenciado cómo los militares torturaban y se llevaban a su padre?
2. ¿Pablo tenía derecho a continuar el duelo? ¿Por qué?
3. ¿Qué tipo de hombre era el General Díaz?
4. ¿Por qué los militares culpables de violar los derechos humanos durante las dictaduras gozan de amnistía? ¿Es justo que la ley los perdone? Propongan soluciones alternativas.

7 **El reencuentro** En grupos de tres, imaginen que años después de probar su inocencia, un(a) acusado/a tiene la oportunidad de hablar cara a cara en un programa de televisión con el fiscal (*prosecuting attorney*) que lo/la juzgó erróneamente. ¿Qué se dicen? ¿Quién tiene más poder ahora? ¿Cómo interviene el/la presentador(a) del programa? Interpreten los papeles delante de la clase.

8 **Situaciones** En parejas, elijan una de las situaciones e improvisen un diálogo. Utilicen al menos seis palabras o expresiones de la lista. Después, represéntenlo delante de la clase.

castigo	enfrentamiento	juzgado/a
derogar	Estoy en mi derecho.	merecer(se)
desaparecido/a	herencia	rabia
disparar	impunidad	rencor

A
Ustedes son los dos opuestos de la conciencia de alguien consumido/a por el odio. Uno/a hace el papel de ángel, quien aconseja la reconciliación. El/La otro/a es el diablo, quien aconseja la venganza. Debatan.

B
Uno/a de ustedes es Pablo, quien quiere vengar la muerte de su padre retando a duelo al culpable. El/La otro/a es el/la juez(a) que se lo prohíbe. Intercambien sus puntos de vista.

Practice more at **vhlcentral.com**.

4.1 El subjuntivo I  Presentación

Recuerda

En español, al contrario que en inglés, el subjuntivo se utiliza frecuentemente. Mientras que el indicativo se utiliza para describir acciones que el hablante concibe como ciertas y objetivas, el subjuntivo expresa la actitud (duda, deseo, etc.) que tiene el hablante respecto a esas acciones.

El subjuntivo en cláusulas subordinadas sustantivas

Una cláusula subordinada sustantiva es un conjunto de palabras dentro de una oración que funciona como el objeto del verbo de la cláusula principal.

> [*La jueza temía*] [*que* ellos no respetaran su decisión.]
> cláusula principal cláusula subordinada

Cuando el verbo de la cláusula principal expresa emoción, duda, negación o influencia sobre el sujeto de la cláusula subordinada, el verbo de ésta va en subjuntivo.

INDICATIVO	SUBJUNTIVO
Creía que *vendría*.	*No creía* que *viniera*.

- Expresiones de duda y negación

dudar *to doubt*	**no estar seguro/a de** *not to be sure*
negar *to deny*	**no parecer** *not to seem*
no creer *not to believe*	**no estar claro** *not to be clear*
no ser verdad *not to be true*	**no ser evidente** *not to be evident*

   No era verdad que Pablo *se hubiera olvidado* del pasado.

- Expresiones de emoción

alegrarse de *to be happy (about)*	**molestar** *to bother*
esperar *to hope, to wish*	**sentir** *to be sorry; to regret*
gustar *to like*	**sorprender** *to surprise*
tener miedo de *to be afraid (of)*	**temer** *to fear*

   Ella tenía miedo de que le *hicieran* daño.

- Expresiones de influencia

aconsejar *to advise*	**prohibir** *to prohibit, to forbid*
exigir *to demand*	**recomendar** *to recommend*
ordenar *to order, to command*	**rogar** *to beg*
pedir *to ask, to request*	**sugerir** *to suggest*
permitir *to permit*	

   La jueza les prohibió que *se enfrentaran*.

Cuando la cláusula principal y la cláusula subordinada tienen el mismo sujeto, el verbo de la cláusula subordinada va en infinitivo.

Pablo quiere vengarse.
La jueza recomienda anular la ley de duelo.

El subjuntivo en oraciones impersonales

Muchas oraciones impersonales requieren el subjuntivo en la cláusula subordinada, pues transmiten una emoción, duda, recomendación o negación. Éstas son algunas de las más frecuentes.

Es bueno *It's good*
Es importante *It's important*
Es imposible *It's impossible*
Es interesante *It's interesting*
Es justo *It's fitting*
Es una lástima *It's a shame*

Es malo *It's bad*
Es mejor *It's better*
Es natural *It's natural*
Es necesario *It's necessary*
Es posible *It's possible*
Es urgente *It's urgent*

> ***Es importante** que todos **respetemos** las leyes.*
> ***Es posible** que el gobierno **encuentre** una solución.*

Cuando las oraciones impersonales muestran certeza, se usa el indicativo en la cláusula subordinada.

* Expresiones de **certeza**

Es cierto *It's true*
Es evidente *It's evident*
Es seguro *It's certain*

Es verdad *It's true*
Está claro *It's clear*

> **INDICATIVO**
> ***Es evidente** que no **puede** perdonar a los culpables.*

* Expresiones de **duda** y **negación**

No es cierto *It's not true*
No es evidente *It's not evident*
No es seguro *It's not certain*

No es verdad *It's not true*
No está claro *It's not clear*

> **SUBJUNTIVO**
> ***No está claro** que la justicia **sea** igual para todos.*

AYUDA

Hay casos en los que el subjuntivo aparece en cláusulas principales. Éstos expresan deseo.

* **Ojalá** + *subjuntivo*
  *Ojalá **hagan** justicia.*

* **Que** + *subjuntivo*
  *Que te **vaya** bien.*

Práctica

1

El tribunal Completa cada oración con la forma adecuada del verbo entre paréntesis.

1. No es cierto que la justicia siempre _____ (cumplirse).

2. El juez exigió que las acusadas _____ (hacer) sus declaraciones.

3. Los miembros del jurado piensan que tú _____ (ser) inocente del delito.

4. Al abogado le molestó que nosotras _____ (tener) razón.

5. El culpable exclamó: "¡No está claro que yo _____ (disparar)!"

6. El testigo está seguro de que la abogada defensora _____ (mentir).

2

La justicia En parejas, imaginen que uno/a de ustedes está acusado/a de un crimen y el/la otro/a es su abogado/a. Preparen un diálogo utilizando estos elementos.

1. Dudar que
2. Ser evidente que
3. Pedir que
4. Recomendar que

5. Sentir que
6. Creer que
7. Ser imposible que
8. Ser urgente que

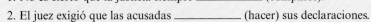

Practice more at
vhlcentral.com.

4.2 Pronombres relativos

Recuerda

Los pronombres relativos son palabras que se refieren a un sustantivo o pronombre, llamado *antecedente*, mencionado anteriormente en la oración. Es decir, son pronombres que establecen una relación entre una cláusula subordinada adjetiva y el sustantivo o pronombre de la oración principal al que se refieren.

Las cláusulas subordinadas adjetivas funcionan como adjetivos, ya que modifican a un sustantivo o pronombre de la oración principal. Estas cláusulas pueden ir introducidas por pronombres relativos o adverbios relativos.

antecedente   pronombre relativo   antecedente   adverbio relativo

*Aquí vivía la familia **que** se fue.*   *La casa **donde** vivían está lejos.*

Tipos y usos de los pronombres relativos

• **que**

Que (*that*, *which*, *who*, *whom*) es el pronombre relativo más común. Se utiliza para referirse tanto a personas como a objetos. Es el único pronombre que se puede utilizar sin preposición en las cláusulas relativas especificativas.

> *La persona **que** mató al padre de Pablo es el General Díaz.*

• **quien(es)**

Quien(es) (*who*, *whom*) se usa para referirse a personas. Concuerda en número con su antecedente y puede usarse en cláusulas relativas especificativas sólo si hay una preposición presente.

> *Los militares, **quienes** cometieron los crímenes, fueron perdonados.*
> *Los militares **a quienes** juzgaron fueron perdonados.*

• **el/la/lo que, los/las que**

El/la/lo que y **los/las que** (*that*, *which*, *who*, *whom*) pueden sustituir a **que** o **quien**. Pueden usarse en cláusulas relativas especificativas sólo si hay una preposición presente.

> *La chica, **la que** sale con Pablo, se llama Marta.*
> *El chico **con el que** salgo se llama Diego.*

• **el/la cual, los/las cuales**

El/la cual y **los/las cuales** (*that*, *which*, *who*, *whom*) siguen las mismas reglas que **el/la/lo que** y **los/las que**, pero se suelen utilizar más a menudo en el lenguaje formal o escrito.

> *Ayer se celebró el juicio, **el cual** fue muy largo.*
> *La casa **en la cual** viví ya no existe.*

• cuyo/a(s)

Cuyo/a(s) (*whose*) se utiliza para referirse tanto a personas como a objetos y siempre precede a un sustantivo. Concuerda en género y número con la persona u objeto al que se refiere, y no con el poseedor.

> *El juez es el señor **cuyas** hijas van a esa escuela.*
> *Pablo, **cuyo** padre fue asesinado, está detenido.*

Los pronombres relativos con preposiciones

Después de las preposiciones **a**, **de**, **en** y **con**, se usa **que** o **el/la que**, **los/las que**, **el/la cual** o **los/las cuales** cuando el antecedente no es una persona. Cuando el antecedente es una persona, se utiliza preposición + **quien(es)** o preposición + artículo + **que/cual**.

> *La mujer **con quien** se reunieron es la jueza.*
> *La mujer **con la que** se reunieron es la jueza.*
> *La mujer **con la cual** se reunieron es la jueza.*

• Después de preposición, **que** debe usarse con un artículo definido.

> *Los militares **sobre los que** te hablé ya han sido juzgados.*

Los adverbios relativos

Los adverbios relativos **donde**, **cuando** y **como** pueden reemplazar a **en que** o **en** + *artículo* + **que/cual**.

> *El juzgado **donde** están los militares queda lejos.*
>
> *El momento **cuando** te vi, supe que eras culpable.*
>
> *No me gusta la manera **como** me miras.*

> *El juzgado **en el que/cual** están los militares queda lejos.*
>
> *El momento **en el que** te vi, supe que eras culpable.*
>
> *No me gusta la manera **en que** me miras.*

Práctica

1

Completar Completa las oraciones con las palabras de la lista de la derecha.

1. El hombre con _____ hablé ayer es el juez del caso.
2. La abogada para _____ trabajo me ha dado dos semanas de vacaciones.
3. Ellos son _____ deben ser castigados.
4. La mujer _____ hijos trabajan para el gobierno ha llamado hoy.
5. La empresa _____ trabajo es internacional.
6. Hablé con los abogados, _____ están trabajando en el caso.
7. La familia, _____ hijo vive en el exilio, está sufriendo mucho.
8. Las compañías _____ tienen más poder son las multinacionales.

cuyo	los que
cuyos	que
donde	quien
la que	quienes

2

Definiciones En parejas, preparen cinco definiciones de objetos o personas en la clase usando pronombres relativos y adverbios relativos. Después, compártanlas con la clase. La clase tendrá que adivinar a qué o a quién se refiere cada definición.

Preparación  Audio: Vocabulario

Sobre el autor

Manuel Vicent (Villavieja, España, 1936) es un escritor cuyas obras, mezcla de literatura y periodismo, están escritas en tono realista. Su novela *Pascua y naranjas* recibió el Premio Alfaguara de Novela en 1966 y *Balada de Caín* consiguió el Premio Nadal en 1986. Vicent ha trabajado en las revistas *Triunfo* y *Hermano Lobo*. En la actualidad, colabora en el diario nacional *El País*.

Vocabulario de la lectura		Vocabulario útil
batir *to beat*	**obligar** *to oblige (to do something), to force*	**la campaña** *campaign*
destrozar *to ruin*		**el discurso** *speech*
duro/a *harsh*	**el telediario** *television news*	**gobernar** *to govern*
el juicio *trial*	**la tortilla** *omelet*	**la guerra** *war*
	tragarse *to swallow*	

1 **Emparejar** Empareja las palabras con su definición.

1. batir
2. campaña
3. destrozar
4. discurso
5. duro
6. gobernar
7. informarse
8. juicio

_____ exposición o razonamiento sobre un tema

_____ demasiado severo

_____ serie de eventos para dar a conocer a un(a) candidato/a

_____ proceso por el cual un(a) juez(a) llega a un veredicto y pronuncia una sentencia

_____ mover y revolver una sustancia para hacerla líquida

_____ buscar noticias de lo que está ocurriendo

_____ dirigir el gobierno de un país o estado

_____ destruir algo

2 **Asuntos serios** En parejas, háganse estas preguntas. Después, compartan sus respuestas con la clase.

1. ¿Te interesa la política? ¿Por qué? ¿Qué cambiarías si pudieras?

2. ¿Piensas que en el futuro habrá una Tercera Guerra Mundial? ¿Confías en los políticos para evitar o controlar este tipo de crisis?

3. ¿Aceptarías alguna responsabilidad política? ¿Cuál? ¿Por qué?

4. ¿Qué medio prefieres para mantenerte informado/a: la televisión, la radio, la prensa, Internet? ¿Por qué?

5. ¿Qué importancia tiene para ti estar al día con las noticias? ¿Te sientes más involucrado/a en la sociedad cuando estás informado/a? Da ejemplos.

6. ¿Utilizas tus conocimentos de español para enterarte de las últimas noticias? ¿En qué medios?

 Practice more at **vhlcentral.com**.

La tortilla

Un ama de casa está batiendo una tortilla de dos huevos en el plato frente al televisor y a su lado el marido, un español medio°, lee un periódico deportivo. Es la hora del telediario. Las noticias más terribles constituyen un paisaje sonoro en el fondo° del salón. En la pantalla se suceden° cadáveres, escándalos, declaraciones detonantes° de algún político y otras calamidades. Hasta ese momento ninguna noticia ha sido lo suficientemente dura como para que el ama de casa haya dejado de batir los huevos cinco segundos. Ninguna tragedia planetaria ha forzado al marido a apartar° la vista del periódico. Esta pareja de españoles ya está desactivada. De madrugada oye por la radio a un *killer* informativo formular juicios sumarísimos[1] que destrozan la fama de cualquier ciudadano decente sin que pase nada. Esta pareja de españoles sabe que hoy las sentencias inapelables° se producen antes de que se inicien los procesos. Basta que un juez te llame a declarar obligándote a pasar por un túnel de cámaras y micrófonos en las escaleras de la Audiencia°. Ya estás condenado. La dosis de basura informativa que de forma pasiva este par de seres inocentes se traga diariamente le ha inmunizado para cualquier reacción, entre otras cosas porque se da cuenta de que esos periodistas que se comportan como ángeles vengadores confunden su gastritis con los males de la patria y después de ponerte el corazón en la garganta se van a un buen restaurante y se zampan un codillo° a tu salud. Por eso en este momento en el telediario acaban de dar la gran noticia y esta pareja no se ha conmovido. "¿Has oído esto, Pepe? Están diciendo que ha comenzado la III Guerra Mundial", exclama la mujer sin dejar de batir los huevos. El marido tampoco levanta la vista del periódico deportivo. ¿Qué deberá producirse en el mundo para que esa ama de casa deje de batir los huevos cinco segundos? Sin duda, algo que sea más importante que una tortilla. Pero, en medio de este desmadre° informativo, ¿qué es más importante que una tortilla de dos huevos? Ésa es la pregunta. ∎

average

back
there's a series of (…) that follow each other/ explosive

to avert

not open to appeal

Supreme Court

dig into their dinner

chaos

[1] **juicios sumarísimos** Los juicios que se tramitan (*are carried out*) en un tiempo más breve por su urgencia, por la sencillez del caso o por la importancia del suceso.

Análisis

1 **Comprensión** Elige la descripción que mejor resume la lectura.

1. Un ama de casa prepara de comer mientras que su esposo lee el periódico. En el fondo del salón, el telediario da noticias sobre acontecimientos horribles. Sin embargo, la pareja, acostumbrada ya al bombardeo constante de noticias sobre escándalos, crímenes y tragedias, ni reacciona. Cuando se anuncia que ha comenzado la Tercera Guerra Mundial, el marido tampoco reacciona, y nos preguntamos si habrá algo más importante que una tortilla de dos huevos.

2. Un ama de casa prepara de comer mientras que su esposo lee el periódico. Están escuchando las noticias del telediario. Las noticias de los acontecimientos más trágicos hacen que los dos miren hacia la tele, pero no las comentan. Sólo les interesan las noticias de los escándalos de famosos. Lo único que hace reaccionar al marido es el anuncio del comienzo de la Tercera Guerra Mundial. Nos damos cuenta, al final, que una tortilla de dos huevos no es muy importante.

2 **Interpretar** En parejas, contesten las preguntas.

1. ¿Qué quiere decir "esta pareja de españoles ya está desactivada"?
2. ¿Qué concepto de la justicia tiene el autor? Pongan ejemplos del texto.
3. ¿Qué opinión tiene el autor de los periodistas?
4. ¿Por qué no reacciona la pareja?
5. Según el autor, ¿quiénes son los responsables de esta situación?
6. Expliquen lo que quiere decir el autor cuando escribe: "¿qué es más importante que una tortilla de dos huevos? Ésa es la pregunta."

3 **Noticias** En parejas, preparen un breve noticiero de televisión con noticias inventadas por ustedes. Cubran las secciones indicadas.

- economía
- política
- noticias internacionales
- cultura y espectáculos
- deportes
- salud
- el tiempo

4 **Programa político** En grupos pequeños, imaginen que son asesores (*advisors*) del presidente. ¿Qué cambios le sugieren en estas áreas? Utilicen el subjuntivo.

Salud	Educación
Servicios sociales	Economía
Transporte	Relaciones internacionales
Seguridad	Trabajo

5 **Credibilidad** En grupos pequeños, comenten la información presentada en el gráfico. Después, decidan qué nota dar a cada medio de comunicación y compartan sus puntuaciones con la clase.

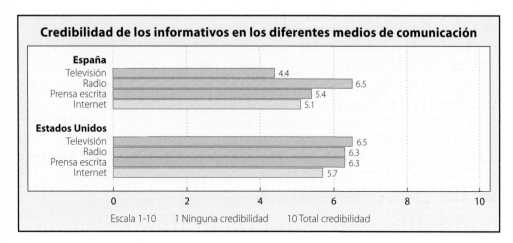

Credibilidad de los informativos en los diferentes medios de comunicación

España
- Televisión 4.4
- Radio 6.5
- Prensa escrita 5.4
- Internet 5.1

Estados Unidos
- Televisión 6.5
- Radio 6.3
- Prensa escrita 6.3
- Internet 5.7

Escala 1-10   1 Ninguna credibilidad   10 Total credibilidad

6 **Candidato/a** En grupos pequeños, elaboren el retrato (*portrait*) del/de la candidato/a ideal para presidente/a. Luego, presenten su candidato/a a la clase y expliquen por qué creen que es el/la ideal.

Candidato/a ideal	
personalidad	
experiencia	
estudios	
imagen	
proyectos	
¿?	

7 **Situaciones** En parejas, elijan una de las situaciones e improvisen un diálogo. Utilicen al menos seis palabras de la lista. Cuando lo terminen, represéntenlo delante de la clase.

campaña	gobernar	presenciar
delito	guerra	rabia
destrozar	informarse	telediario
duro/a	juzgado	tortilla
forzar	obligar	tragarse

A
Un(a) juez(a) y un(a) abogado/a están discutiendo sobre su próximo juicio. El/La juez(a) quiere que se transmita por televisión y el/la abogado/a se opone. Los/Las dos exponen sus puntos de vista.

B
Dos amigos/as están viendo la televisión. De repente, anuncian que la Tercera Guerra Mundial ha empezado. Uno/a quiere ayudar y presentarse como voluntario/a para el ejército. El/La otro/a quiere ir a un sitio seguro hasta que pase la crisis.

Practice more at
vhlcentral.com.

Preparación  Audio: Vocabulario

Sobre el autor

Juan Gelman (Buenos Aires, Argentina, 1930 –Ciudad de México, México, 2014) fue un poeta y periodista que fue galardonado con el Premio Cervantes (2007) y los premios Pablo Neruda (2005) y Reina Sofía (2005), entre otros. Su poesía incluye obras como *Cólera buey* (1965), *Los poemas de Sidney West* (1969), *La junta luz* (1985), *Salarios del impío* (1993) y *El emperrado corazón amora* (2011). Colaboró en la revista literaria *Crisis* y en los periódicos *La Opinión* y *Página 12*.

Sobre la carta

En 1976, durante la dictadura militar argentina, la policía política fue a la casa del escritor para detenerlo. Al no encontrarlo, secuestró a su hijo de 20 años y a su nuera, también de 20 años, que estaba embarazada. El cuerpo de su hijo fue hallado años más tarde, pero su nuera sigue en paradero (*whereabouts*) desconocido. Desde ese día fatal, Juan Gelman inició la búsqueda de su nieto o nieta. Juan Gelman le escribe en 1995 la carta que aparece a continuación.

Vocabulario de la lectura		Vocabulario útil	
el agujero *hole*	**el/la cómplice** *accomplice*	**el abuso de poder** *abuse of power*	**la manifestación** *demonstration*
apartar *to pull someone away*	**dar a luz** *to give birth*	**el ataúd** *coffin*	**preguntarse** *to wonder*
apartarse *to stray*	**la falla** *flaw*	**conjeturar** *to speculate, to conjecture*	**el/la preso/a** *prisoner, captive*
apoderarse *to take possession*	**pícaro/a** *mischievous*	**la dictadura** *dictatorship*	**la queja** *complaint*
arrojar *to throw*	**los restos** *remains*	**(in)justo/a** *(un)fair*	**el régimen** *political regime*
asesinar *to murder*	**secuestrar** *to kidnap*	**la lucha** *struggle*	**el tribunal** *court*
el brillo *sparkle*	**trasladar** *to move*		
	el varón *male*		

1 **Vocabulario** Empareja cada definición con la palabra correspondiente. Después, en parejas, inventen un diálogo usando al menos cuatro palabras de la lista.

1. _____ apoderarse   a. quitar la vida
2. _____ asesinar   b. tener un bebé
3. _____ injusto/a   c. sinónimo de hombre
4. _____ dar a luz   d. no hace justicia
5. _____ varón   e. tomar algo a la fuerza

2 **Opiniones** En parejas, contesten las preguntas. Después, compartan sus ideas con la clase.

1. ¿Han ido alguna vez a una manifestación? ¿Cómo fue la experiencia? Si no fueron, ¿les gustaría participar en una? ¿Por qué?
2. Hagan una lista de causas por las que lucharían. Expliquen sus motivos.
3. ¿Conocen algún caso en que alguien haya sido secuestrado/a por razones políticas? Describan qué ocurrió.
4. ¿Qué consecuencias positivas y negativas tiene difundir la noticia de un secuestro al público?

 Practice more at **vhlcentral.com**.

Carta abierta a mi nieta o nieto

Juan Gelman

Dentro de seis meses cumplirás 19 años. Habrás nacido algún día de octubre de 1976 en un campo de concentración. Poco antes o poco después de tu nacimiento, el mismo mes y año, asesinaron a tu padre de un tiro en la nuca disparado a menos de medio metro de distancia. Él estaba inerme° y lo asesinó un comando militar, tal vez el mismo que lo secuestró con tu madre el 24 de agosto en Buenos Aires y los llevó al campo de concentración *Automotores Orletti* que funcionaba en pleno Floresta[1] y los militares habían bautizado "el Jardín". Tu padre se llamaba Marcelo. Tu madre, Claudia. Los dos tenían 20 años y vos[2], siete meses en el vientre materno° cuando eso ocurrió. A ella la trasladaron —y a vos con ella— cuando estuvo a punto de parir°. Debe haber dado a luz solita, bajo la mirada de algún médico cómplice de la dictadura militar. Te sacaron entonces de su lado y fuiste a parar° —así era casi siempre— a manos de una pareja estéril de marido militar o policía, o juez, o periodista amigo de policía o militar. Había entonces una lista de espera siniestra para cada campo de concentración: Los anotados esperaban quedarse con el hijo robado a las prisioneras que parían y, con alguna excepción, eran asesinadas inmediatamente después. Han pasado 12 años desde que los militares dejaron el gobierno y nada se sabe de tu madre. En cambio, en un tambor de grasa° de 200 litros que los militares rellenaron° con cemento y arena y arrojaron al Río San Fernando, se encontraron los restos de tu padre 13 años después. Está enterrado en La Tablada. Al menos hay con él esa certeza.

Me resulta muy extraño hablarte de mis hijos como tus padres que no fueron.

unarmed (inerme°)
womb (vientre materno°)
to give birth (parir°)
ended up (fuiste a parar°)
grease drum (tambor de grasa°)
filled (rellenaron°)

---

[1]**Floresta** Un barrio de Buenos Aires donde se encontraba el campo de concentración instalado en la fábrica Automotores Orletti.
[2]**vos** Se usa en lugar del pronombre "tú". Su uso se llama *voseo* y se da en la zona del Río de la Plata y otras partes de América.

No sé si sos[3] varón o mujer. Sé que naciste. Me lo aseguró el padre Fiorello Cavalli, de la Secretaría de Estado del Vaticano, en febrero de 1978. Desde entonces me pregunto cuál ha sido tu destino. Me asaltan ideas contrarias. Por un lado, siempre me repugna la posibilidad de que llamaras "papá" a un militar o policía ladrón de vos, o a un amigo de los asesinos de tus padres. Por otro lado, siempre quise que, cualquiera que hubiese sido el hogar al que fuiste a parar, te criaran y educaran bien y te quisieran mucho. Sin embargo, nunca dejé de pensar que, aún así, algún agujero o falla tenía que haber en el amor que te tuvieran, no tanto porque tus padres de hoy no son los biológicos —como se dice—, sino por el hecho de que alguna conciencia tendrán ellos de tu historia y de cómo se apoderaron de tu historia y la falsificaron. Imagino que te han mentido mucho.

snatch you También pensé todos estos años en qué hacer si te encontraba: si arrancarte° del hogar que tenías o hablar con tus padres adoptivos para establecer un acuerdo que me permitiera verte y acompañarte, siempre sobre la base de que supieras vos quién eras y de dónde venías. El dilema se reiteraba cada vez —y fueron varias— que asomaba la posibilidad de que las Abuelas de Plaza de Mayo[4] te hubieran encontrado. Se reiteraba de manera diferente, según tu edad en cada momento. Me preocupaba que fueras demasiado chica o chico para entender lo que había pasado. Para entender por qué no eran tus padres los que creías tus padres y a lo mejor querías como a padres. Me preocupaba *might suffer* que padecieras° así una doble herida, *slash* una suerte de hachazo° en el tejido de tu subjetividad en formación. Pero ahora sos grande. Podés[5] enterarte de quién sos y decidir después qué hacer con lo que fuiste.

Ahí están las Abuelas y su banco de datos sanguíneos que permiten determinar con precisión científica el origen de hijos de desaparecidos. Tu origen.

Ahora tenés[6] casi la edad de tus padres cuando los mataron y pronto serás mayor que ellos. Ellos se quedaron en los 20 años para siempre. Soñaban mucho con vos y con un mundo más habitable para vos. Me gustaría hablarte de ellos y que me hables de vos. Para reconocer en vos a mi hijo y para que reconozcas en mí lo que de tu padre tengo: los dos somos huérfanos° de *orphans* él. Para reparar de algún modo ese corte brutal o silencio que en la carne de la familia perpetró la dictadura militar. Para darte tu historia, no para apartarte de lo que no te quieras apartar. Ya sos grande, dije.

Los sueños de Marcelo y Claudia no se han cumplido todavía. Menos vos, que naciste y estás quién sabe dónde ni con quién. Tal vez tengas los ojos verdegrises° *gray-green* de mi hijo o los ojos color castaño de su mujer, que poseían un brillo especial y tierno y pícaro. Quién sabe cómo serás si sos varón. Quién sabe cómo serás si sos mujer. A lo mejor podés salir de ese misterio para entrar en otro: el del encuentro con un abuelo que te espera.

12 de abril de 1995

P.D. Automotores Orletti, como es notorio ya, fue centro de la Operación Cóndor[7] en la Argentina. Allí hubo tráfico de embarazadas y de niños secuestrados entre las fuerzas de seguridad de las dictaduras militares del cono sur. Allí operaron represores uruguayos. Mi nieta o nieto, ¿nació en algún centro clandestino de detención del Uruguay?

5 de diciembre de 1998 ∎

[3] **sos** Del voseo. Equivalente de la segunda persona del singular del verbo "ser". Se utiliza en lugar de "eres".
[4] **Abuelas de Plaza de Mayo** Organización cuyo objetivo es localizar a todos los hijos de desaparecidos secuestrados por la represión política y ponerlos en contacto con sus familias legítimas.
[5] **Podés** Del voseo. Equivalente de la segunda persona del singular del verbo "poder". Se utiliza en lugar de "puedes".
[6] **tenés** Del voseo. Equivalente de la segunda persona del singular del verbo "tener". Se utiliza en lugar de "tienes".
[7] **Operación Cóndor** Cuestionada su existencia por algunos, se dice que era una operación dirigida por las dictaduras militares destinada al exterminio de la oposición.

Análisis

1 **Comprensión** Contesta las preguntas.

1. ¿A quién le escribe el autor?

2. ¿Cuántos años va a cumplir el/la nieto/a cuando Gelman escribe la carta?

3. ¿Qué le ocurrió al hijo de Juan Gelman?

4. ¿Adónde se llevaron al/a la nieto/a?

5. ¿Cuándo y dónde encontraron el cadáver de su hijo?

6. ¿Qué régimen político había entonces en Argentina?

7. ¿Qué idea le repugna al autor?

8. A pesar de todo, ¿qué quiso siempre para su nieto/a?

9. ¿Para qué quiere Juan Gelman hablar con su nieto/a?

2 **Ampliar** En parejas, contesten las preguntas.

1. ¿Qué le preocupa más a Juan Gelman a la hora de conocer a su nieto/a?

2. ¿Por qué era tan importante para el autor encontrar a su nieto/a? ¿Sería importante para ustedes? ¿Por qué?

3. ¿Por qué es importante que se hayan encontrado los restos del hijo de Juan Gelman?

4. ¿Por qué es significativo que el/la nieto/a de Gelman tuviera cuando escribió la carta casi la edad de sus padres cuando los mataron?

5. Expliquen a qué se refiere el autor cuando escribe: "Para darte tu historia, no para apartarte de lo que no te quieras apartar".

3 **El abuelo** En el año 2000, Juan Gelman localizó a su nieta. Su madre había sido asesinada y la niña fue adoptada por una familia adepta a (*that supported*) la dictadura. Fue su madre adoptiva quien le comunicó a la joven que su verdadera identidad había sido descubierta. El 27 de febrero de 2008, la joven pidió a la justicia que los responsables del asesinato de sus padres dejaran de gozar de impunidad bajo la ley de Caducidad y fueran juzgados. Contesten estas preguntas en parejas.

1. ¿Cómo creen que reaccionó Juan Gelman ante estas declaraciones?

2. ¿Qué piensan de la decisión de la nieta? ¿Pueden entender su comportamiento?

3. ¿Qué habrían hecho ustedes en el lugar de la nieta? ¿Y en el lugar del abuelo?

4 **Mentiras** Juan Gelman se imagina que le han mentido mucho a su nieta. En parejas, contesten estas preguntas sobre la mentira.

1. ¿Creen que a veces es necesario mentir? ¿Por qué?

2. Túrnense para contarse una historia en la que les hayan mentido o en la que ustedes lo hayan hecho. ¿Perdonaron la mentira? ¿Los/Las perdonaron a ustedes?

3. ¿Conocen a alguien que mienta mucho? ¿Por qué creen que lo hace?

5 **Desaparecidos** En parejas, elijan una de las opciones y contesten las preguntas. Luego, trabajen con otra pareja que haya elegido la misma opción y comparen sus respuestas.

- ¿Creen que los padres adoptivos tienen la responsabilidad moral de contar desde el principio a sus hijos que no son los padres biológicos? ¿Creen que deben poner a sus hijos en contacto con sus familias biológicas? ¿Por qué?

- ¿Piensan que unos padres que abandonan a sus hijos tienen el derecho de reunirse con ellos al cabo de los años? Justifiquen su respuesta.

6 **El poder** En grupos pequeños, contesten las preguntas.

1. ¿Qué es, según ustedes, el abuso de poder?

2. ¿Conocen algún caso de abuso de poder? Den ejemplos.

3. ¿Creen que los ciudadanos tenemos los medios necesarios para luchar contra el abuso de poder?

4. ¿Cómo creen que reaccionarían si sufrieran este tipo de abuso?

7 **Luchadores** En parejas, elijan una historia que conozcan de alguna persona que haya luchado contra una injusticia del sistema en la vida real o en la ficción. Escriban la historia, usando el subjuntivo, y compártanla con la clase.

8 **Mini-juicios** En grupos de tres, elijan uno de los casos y preparen un pequeño juicio. Una persona será el/la juez(a) y los otros representarán las posturas opuestas en cada tema. El/La juez(a) hará algunas preguntas y al final dará su veredicto.

- Quemar la bandera. ¿Libertad de expresión?
- Uniforme en la escuela. ¿Es necesario?
- Ley de prohibición del tabaco. ¿Intromisión (*Interference*) en los derechos individuales?

9 **Situaciones** En parejas, elijan una de las situaciones e improvisen un diálogo. Utilicen al menos seis palabras de la lista. Cuando estén listos, represéntenlo delante de la clase.

cómplice	forzar	queja
dar a luz	injusto/a	secuestrar
destrozar	lucha	trasladar
dictadura	obligar	tribunal

A
Uno/a de ustedes acaba de descubrir que la que creía ser su familia biológica no lo es. Habla con un miembro de la familia adoptiva para preguntarle lo que pasó.

B
Uno/a de ustedes ve a una persona en la calle a quien se parece mucho físicamente. Habla con esa persona para averiguar cómo es posible que los dos tengan el mismo aspecto físico.

Practice more at **vhlcentral.com**.

Preparación

 Audio: Vocabulario

Sobre el autor

El chileno Ricardo Eliecer Neftalí Reyes Basoalto (1904-1973) desde muy joven comenzó a escribir poemas utilizando el seudónimo **Pablo Neruda**. Además de ser uno de los poetas más conocidos y celebrados del siglo XX, participó activamente en política. En 1924, con tan sólo veinte años, publicó el libro que lo lanzó a la fama: *Veinte poemas de amor y una canción desesperada*. El amor fue sólo uno de los temas de su extensa obra: también escribió poesía surrealista y poesía con fuerte contenido histórico y político. Recibió importantes premios de literatura, entre ellos el Premio Nobel, y un Doctorado Honoris Causa de la Universidad de Oxford.

Vocabulario de la lectura		Vocabulario útil
arder *to burn*	**oscuro/a** *dark*	**liberarse** *to free oneself*
asaltar *to storm*	**el pecado** *sin*	**el magnate** *mogul*
descartar *to discard*	**robar** *to steal*	**mejorar** *to improve*
hundirse *to sink*	**sombrío/a** *gloomy*	**rico/a** *wealthy*
igual *same*	**tembloroso/a** *trembling*	**la soledad** *loneliness*
el muro *wall*	**la tristeza** *sadness*	

1

Emparejar Empareja cada palabra con su definición.

1. igual _____ a. que no tiene luz ni claridad
2. muro _____ b. apropiarse de algo ajeno sin permiso
3. oscuro/a _____ c. persona poderosa e influyente
4. magnate _____ d. atacar a una persona o cosa
5. tembloroso/a _____ e. lo que impide la comunicación y separa
6. rico/a _____ f. que tiene mucho dinero y posesiones
7. asaltar _____ g. muy parecido o semejante
8. robar _____ h. que tiembla

2

Ser o no ser… rico En parejas, respondan las siguientes preguntas. Luego compartan sus respuestas con el resto de la clase.

1. ¿Cuáles son los beneficios o privilegios que disfrutan las personas con dinero?
2. ¿Conocen a alguna persona que se haya hecho rica por su propio esfuerzo? ¿Cómo cambió su vida? ¿Les parece algo admirable lo que logró? ¿Por qué?
3. ¿Creen que hay culturas en las que es más fácil pasar de ser pobre a rico que en otras? ¿En qué lugar les parece más factible hacerse rico/a de la noche a la mañana, en Estados Unidos o en Latinoamérica? ¿Por qué? ¿Creen en el sueño americano?
4. ¿Piensan que el dinero hace más felices, amables o solidarias a las personas, o todo lo contrario?
5. ¿Qué harían ustedes si tuvieran una gran fortuna?

 Practice more at **vhlcentral.com**.

Oda a un
millonario
muerto

Pablo Neruda

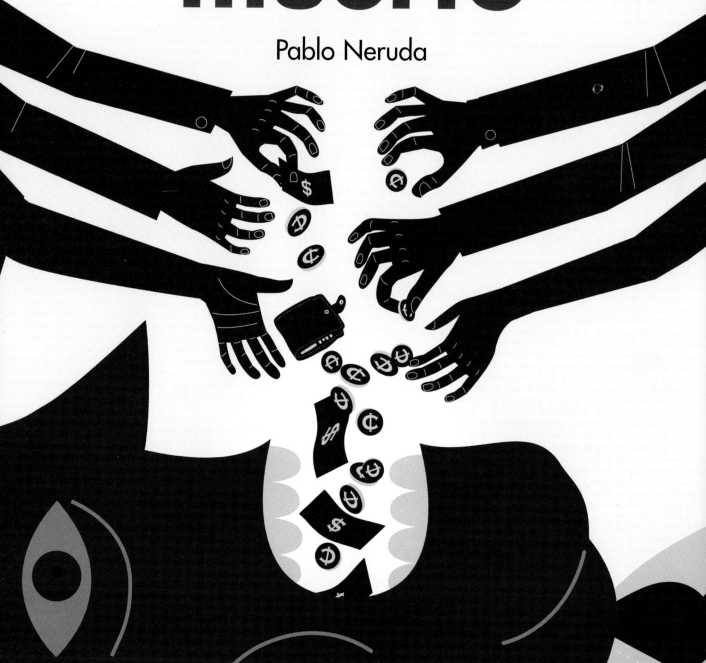

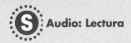
Audio: Lectura

Conocí a un hombre millonario.
Era estanciero°, rey
de llanuras° grises
en donde se perdían
los caballos.

Paseábamos su casa,
sus jardines,
la piscina con
una torre blanca
y aguas
como para bañar
a una ciudad.
Se sacó los zapatos,
metió los pies
con cierta
severidad sombría
en la piscina verde.
No sé por qué una a una
fue descartando
todas sus mujeres.
Ellas
bailaban en Europa
o atravesaban rápidas la nieve
en trineo°, en Alaska.

S. me contó cómo
cuando niño vendía diarios
y robaba panes.
Ahora sus periódicos
asaltaban las calles
temblorosas,
golpeaban a la gente
con noticias
y decían con énfasis
sólo sus opiniones.

Tenía bancos, naves,
pecados y tristezas.

A veces con papel,
pluma, memoria,
se hundía en su dinero,
contaba, sumando, dividiendo,
multiplicando cosas
hasta que se dormía.

rancher
plains

sleigh

Me parece
que el hombre nunca
pudo salir de su tristeza
—lo impregnaba, le daba
aire, color abstracto—,
y él se veía adentro
como un molusco ciego
rodeado
de un muro
impenetrable.

A veces, en sus ojos
vi un fuego frío, lejos,
algo desesperado
que moría.

(**A veces, en sus ojos
vi un fuego frío, lejos,
algo desesperado
que moría.**)

Nunca supe si fuimos
enemigos.

Murió una noche
cerca de Tucumán.
En la catástrofe
ardió su poderoso Rolls
como cerca del río
el catafalco
de una religión oscura.

Yo sé que todos
los muertos son iguales,
pero no sé, no sé
pienso que aquel
hombre, a su modo,
con la muerte
dejó de ser un
pobre prisionero. ∎

Análisis

1 **Comprensión** Decide si las afirmaciones son ciertas o falsas. Corrige las falsas.

1. El poema está escrito desde el punto de vista de un millonario.

2. El hombre rico era estanciero.

3. Tenía muchas novias que descartaba a cada rato.

4. Había heredado su fortuna de su padre, que era un magnate de los periódicos.

5. A pesar de ser tan rico, al millonario no le preocupaba su dinero y nunca pensaba en él.

6. El millonario era un hombre triste.

7. Murió en un accidente de auto, en Tucumán.

8. Para el poeta, la muerte fue la gran tragedia del millonario.

2 **Interpretación** En parejas, contesten las preguntas.

1. ¿Qué ejemplos encuentran en el poema para respaldar estas afirmaciones sobre la vida del millonario?

   • El millonario era un hombre que no sabía divertirse ni disfrutar de lo que tenía.

   • Usaba sus periódicos para imponer su punto de vista en la sociedad.

2. La tristeza que menciona el poeta, ¿nació con la riqueza o venía de antes?

3. ¿Qué clase de relación tuvieron el poeta y el millonario?

4. ¿Por qué lo llama "un pobre prisionero"?

3 **Análisis** En parejas, contesten las preguntas.

1. ¿Qué significa que se "perdían los caballos" en las estancias del millonario y que tenía piscinas con "aguas como para bañar a una ciudad"?

2. El poeta dice que el millonario posee "bancos, naves, pecados y tristezas". ¿Les parece que las cosas materiales importan más o menos que las otras?

3. ¿Qué podía ser ese fuego que había en sus ojos, "algo desesperado que moría"?

4. ¿Era realmente "poderoso" el Rolls del millonario? ¿Y el millonario?

5. El catafalco es un monumento funerario: ¿en qué sentido puede compararse con el auto en llamas del millonario? ¿Cuál sería esa "religión oscura"?

6. ¿Es posible que alguien rico, poderoso y libre sea un prisionero de alguna manera?

4 **Juicio final** Simulen un juicio en el que se decidirá si el millonario irá al cielo o al infierno. La acusación y la defensa deben usar la información que aparece en el poema para presentar sus argumentos.

• Para sus argumentos a favor pueden considerar:
  Su infancia problemática y pobre
  La soledad del poder
• Para sus argumentos en contra pueden considerar:
  Los métodos al margen de la ley para enriquecerse
  El monopolio de la información de su imperio periodístico

5 **Mundo perfecto** En grupos de tres, conversen sobre cómo sería vivir en un mundo donde todos sus habitantes fueran absolutamente iguales. Escriban un párrafo utilizando las siguientes preguntas como guía. Después, compartan su párrafo con el resto de la clase y creen un debate sobre el tema.

- ¿Podría haber dinero, millonarios, magnates y superestrellas?
- ¿Existirían la política, los reyes y las herencias de cualquier clase?
- ¿Seguiría habiendo sirvientes, jefes, presidentes, empleados?
- ¿Qué ocurriría con el crimen, la policía y los jueces?
- ¿Seríamos todos más felices sin que nadie ejerciera poder sobre otros?

6 **Príncipe y mendigo** Dos hombres, uno rico y otro pobre, intercambian sus vidas por una semana para saber cómo es ser otra persona. Al final de esa semana, se confiesan lo que les pareció la experiencia, qué les gustó y qué los decepcionó. En parejas, escriban cinco cosas que descubrió el rico y cinco que descubrió el pobre. Utilicen expresiones como *Creía que…/Me alegra que…/Es una lástima que…*

7 **Recortes forzados** La hija de un millonario ha recibido un aviso del abogado de su padre: por la crisis económica, debe recortar gastos. En grupos de tres, marquen con una cruz las cosas que se le permiten hacer y cuáles no, según ustedes consideren que son útiles o superfluas. Justifiquen sus opciones. Después, compartan sus respuestas con la clase.

Actos	Sí	No
Comprarse un estadio de fútbol		
Hacer una gira de visitas a museos europeos		
Organizar una fiesta de lujo en el Caribe		
Producir un corto dirigido por su novio		
Realizar un viaje al espacio en un cohete de la NASA		
Donar dinero a una ONG		
Alquilar una isla privada en el mar Egeo		

8 **Situaciones** En parejas, elijan una de las siguientes situaciones e improvisen un diálogo. Utilicen las palabras de la lista. Cuando estén listos, represéntenlo delante de la clase.

descartar	mejorar	robar
hundirse	oscuro/a	soledad
igual	pecado	sombrío/a
liberarse	rico/a	tembloroso/a

A
Un hombre anciano ha decidido hacer su testamento. Sus dos sobrinos discuten y enumeran sus méritos para tratar de convencerlo de que les deje toda su herencia. El tío los interroga sobre sus actividades, planes y costumbres para tomar su decisión final.

B
Un/a periodista entrevista a una persona que ganó la lotería hace dos años para saber qué hizo con el dinero y cómo cambió su vida y la de su familia tras volverse rico/a. El/La ganador(a) de la lotería le hace revelaciones asombrosas.

Practice more at vhlcentral.com.

Preparación  Audio: Vocabulario

Sobre el autor

El dibujante **Alberto Montt** (Chile, 1972) estudió Arte y Diseño Gráfico en Ecuador. Tras su regreso a Chile, se dedicó a ilustrar libros infantiles y a colaborar con distintas revistas y medios periodísticos. Admirador de famosos humoristas gráficos y creadores de historietas como Gary Larson y Quino, declara que le interesa sorprender al lector con salidas descabelladas y con la descontextualización como herramienta para hacer reír. A través de su blog "En dosis diarias", se dedica a hacer lo que "hace mucho tiempo quería: dibujar las idioteces que tengo en la cabeza", confiesa.

Vocabulario de la tira cómica	
la billetera *wallet*	
desprotegido/a *unprotected, vulnerable*	
harto/a *fed up*	
manga de *a bunch of*	
los objetos de valor *valuables*	
quejumbroso/a *whiny*	

Vocabulario útil	
amenazar *to threaten*	**estafar** *to swindle*
el atropello *outrage*	**la treta** *ploy, trick*
cometer *to commit*	
denunciar *to report*	
el engaño *deception*	
el/la estafador(a) *con man*	

1 **Suposiciones** En parejas, examinen la primera viñeta y contesten las preguntas. Después, compartan sus respuestas con el resto de la clase.

1. ¿Qué clase de persona piensan que es el protagonista? ¿Dónde vive? ¿Cuál es la historia de su vida?

2. ¿Qué mensaje creen que quiere dar? ¿Qué creen que pasará?

2 **Indignado/a** ¿Qué cosas te indignan? Menciona por lo menos tres situaciones que te tienen harto/a y que desearías poder cambiar. Explica las razones.

Análisis

1 **Preguntas** En parejas, respondan las siguientes preguntas.

1. ¿Cuál es el tema de esta tira cómica? ¿Qué otro título diferente le pondrían?
2. ¿En qué lugar ocurre? ¿Ocurre en un país hispano? ¿Podría darse en los Estados Unidos? ¿Por qué?

3. ¿De qué creen que trabaja el protagonista?

2 **Otro personaje** En parejas, imaginen un segundo personaje que le responde al protagonista de esta tira cómica y creen una cuarta viñeta. Después, compartan su viñeta con la clase.

3 **Citas** Lean las siguientes citas. Luego, discutan en grupos qué opinan de ellas y qué relación encuentran entre ellas y la viñeta.

> "El hombre es un lobo para el hombre."
> *Thomas Hobbes*

> "Lo que no me mata me hace más fuerte."
> *Friedrich Nietzsche*

> "Cometer una injusticia es peor que sufrirla."
> *Aristóteles*

 Practice more at **vhlcentral.com**.

Inseguridad de **Alberto Montt**

LEVANTEN SU MANO IZQUIERDA QUIENES ESTÉN HARTOS DE LOS ABUSOS DE PODER Y LA DELINCUENCIA.

AHORA LEVANTEN SU MANO DERECHA QUIENES SE SIENTAN DESPROTEGIDOS E INSEGUROS EN ESTA SOCIEDAD.

AHORA ENTRÉGUENME SUS BILLETERAS Y OBJETOS DE VALOR. MANGA DE CRÉDULOS QUEJUMBROSOS.

Escribe una carta al presidente

Ahora tienes que escribirle una carta al presidente. En ella debes mencionar con qué estás de acuerdo o en desacuerdo y por qué, darle las gracias por su trabajo, pedirle una reforma o darle tu opinión sobre un tema de tu interés. Vas a necesitar el subjuntivo.

 Plan de redacción

Planea

1 Elige el tema Selecciona un tema que te interese: social, económico, educativo, etc. ¿Crees que se necesita un cambio en esa área? ¿Apoyas las últimas leyes que se han aprobado?

2 Haz un esquema Prepara cinco opiniones o sugerencias sobre ese tema.

Escribe

3 Encabezado Inicia la carta con la fecha y el lugar desde donde escribes. También debes dirigirte al presidente con formalidad. Aquí tienes algunos ejemplos.

- Excelentísimo Señor Presidente (escribe el nombre del presidente)

- Distinguido Señor Presidente de (escribe el nombre del país)

4 Contenido Aquí escribes tus opiniones o recomendaciones.

5 Despedida Incluye una frase de despedida. Puedes elegir una de éstas:

- Saludándolo atentamente,
  (escribe tu nombre y tus datos)

- En espera de su oportuna respuesta, me despido de usted atentamente,
  (escribe tu nombre y tus datos)

Comprueba y lee

6 Revisa Repasa tu carta.

- Elimina las redundancias.

- Comprueba el uso correcto de los tiempos verbales.

- Asegúrate de que usas el subjuntivo adecuadamente.

7 Lee Lee la carta a tus compañeros de clase. Ellos tomarán notas y, cuando hayas terminado de leer, tienes que estar preparado/a para contestar sus preguntas.

Las empresas multinacionales: ¿a favor o en contra?

Hoy en día es casi imposible llevar una vida normal sin utilizar productos procedentes de las empresas multinacionales. ¿Qué opinan de este hecho? ¿Están a favor o en contra?

1 La clase se divide en grupos pequeños. Cada grupo tiene que escribir las características de las empresas multinacionales, dando ejemplos, y describir sus aspectos positivos y negativos de acuerdo con estos factores.

- La economía global

- El empleo

- El impacto sobre los avances tecnológicos y el medioambiente

- Los precios

- La explotación

Cuando hayan acabado, decidan si están a favor o en contra y por qué.

2 Luego, los grupos leen sus respuestas y sus conclusiones mientras la clase toma nota. En el caso de que no todos los miembros del grupo estén de acuerdo, digan que dentro del grupo hay distintas opiniones y expliquen cuáles son.

3 Cuando todos los grupos terminen sus presentaciones, toda la clase debe participar haciendo preguntas y defendiendo sus opiniones.

Misterios del amor

El amor es bello e impredecible. No tiene límites ni barreras, ni razón, ni lógica; es el lugar donde pertenecemos y donde todos queremos estar. Es la fuente de las relaciones interpersonales y es la fuente de mucha inspiración artística. El misterio de amar es el misterio de vivir. ¿Qué relación tienes con el amor? ¿Alguna vez te has enamorado ciegamente? ¿Es posible ignorar el amor?

128

138

155

Preparación (S) Audio: Vocabulario

Vocabulario del corto

advertir *to warn*
apetecer *to feel like*
arrepentirse *to regret*
elegir *to choose*
equivocarse *to make a mistake; to be mistaken*

favorecer *to suit; to fit well*
guapo/a *good-looking*
intentar *to try*
el lío *mess*
tener pinta de *to look like*

Vocabulario útil

adivinar *to guess*
el destino *fate*
huir *to flee*
la locura *madness*
la oportunidad *chance, opportunity*
predecir *to foretell, to predict*

EXPRESIONES

echarse novio *to find a boyfriend*

llevarte la contraria *to contradict you*

No hay vuelta atrás. *There's no turning back.*

¿Qué te pongo? *What can I get you?*

sin comerlo ni beberlo *having nothing to do with it*

¿Y qué más dará...? *And what does it matter...?*

---

1 **Vocabulario** Completa este diálogo con palabras y expresiones del vocabulario. Haz los cambios que creas convenientes.

ROSA   Hoy va a ser un día complicado. Te lo (1) _____, mamá, por si me ves de mal humor… La oficina es una (2) _____ desde que mi jefe está de vacaciones…

SU MADRE No puedes (3) _____ lo que te pasará hoy. Mejor que (4) _____ tomarlo con calma.

ROSA   ¿Sabes qué me gustaría? Poder (5) _____ de mi vida aburrida. Si por lo menos encontrara un chico (6) _____ que me invitara a salir… ¡pero nunca me pasan esas cosas! Me (7) _____ de haberme peleado con mi ex novio Mario…

SU MADRE ¡Qué idea! Te (8) _____ si crees que es bueno volver al pasado. Ya aparecerá una nueva (9) _____, estoy segura.

ROSA   Me (10) _____ un día diferente pero no creo que ese día sea hoy.

2 **¿Adiós a la incertidumbre?** En parejas, respondan las siguientes preguntas.

1. ¿Creen que tenemos un destino escrito del que no podemos huir o piensan que nosotros escribimos nuestro destino con nuestras acciones?

2. ¿Alguna vez leen su horóscopo, se interesan en consultar a psíquicos o tarotistas? ¿Conocen a alguien que lo haga? ¿Qué piensan de estos métodos? ¿Qué consecuencias podría tener tomar en serio estas predicciones?

3. ¿Creen que hay culturas en que las personas tienden a acudir a estos métodos más que en otras? ¿Piensan que estas prácticas son más comunes en los países hispanohablantes o en Estados Unidos? ¿Por qué?

4. Si la vida se pudiera ensayar como una obra de teatro, ¿creen que las cosas nos saldrían mejor?

3 **Expectativas cumplidas** A veces podemos saber qué clase de películas veremos con sólo conocer a los actores protagonistas. Si tu vida fuera como una película durante un rato, ¿al estilo de qué actor elegirías que fuera? Elige uno de los que aparecen a continuación, o sugiere otro, y escribe la trama (*plot*) de la historia que te gustaría que te pasara "a su estilo". Después, comparte tu trama con la clase.

Will Smith	Ben Stiller	Kristen Stewart
Carey Mulligan	Zac Efron	Charlize Theron

4 **Tiempos difíciles** En parejas, hagan una lista de métodos que la gente usaba antes para conocer pareja y compárenla con una segunda lista donde aparecen los métodos del siglo veintiuno. ¿Cuántos son comunes a las dos listas? ¿Cuántos ya no se usan? ¿Cuáles son los que resultaban impensables hace unos años?

Pasado	Presente
Baile de presentación en sociedad	Lugares de multicitas (*speed dating*)

5 **Anticipar** En parejas, observen los fotogramas e imaginen de qué va a tratar el cortometraje. Consideren los interrogantes, el vocabulario y el título del cortometraje para hacer sus previsiones.

- ¿Qué relación tiene la pareja del primer fotograma?
- ¿De qué están hablando?
- ¿Qué sucede en el segundo fotograma?
- ¿Son los mismos personajes? ¿En qué lugar se encuentran?
- Teniendo en cuenta los fotogramas y el título, ¿a qué género piensan que pertenece el corto?

El Columpio S.L. Presenta

La Aventura de Rosa

Guión y dirección Angela Armero

Alba Alonso

Fran Perea

Nacho Vigalondo

Con Antonio Esquivias y la colaboración especial de Javier Gutiérrez

producido por Alvaro Fernández Armero   Fotografía de Ignacio Giménez-Rico

Ayudante de dirección Gemma Martínez Maqueira   Script José Manuel Carrasco

Directora de producción Alejandra P. De la Vega

Directora de arte Isabel Albertos Johanssen   Música Daniel Maldonado

FICHA **Personajes** Rosa, camarero guapo, ex novio Mario, narrador, atracador
Duración 10 minutos   **País** España   **Año** 2008

ESCENAS Ⓢ Video: Cortometraje

Narrador Esto que tienes en tus manos es más que un libro: es una puerta al futuro. Ésta, Rosa, es tu historia. Este libro es lo que tú quieres que sea, porque la historia la haces tú.

Mario De un tiempo a esta parte, mi vida ha cambiado un poco y me he metido en política…
Rosa ¿Tú?
Mario Me he hecho activista de una organización clandestina. He secuestrado a un objetivo.
Mario Estamos reivindicando el derecho de los enanos a tener una existencia digna y a tomar sus propias decisiones…

Camarero Es verdad, me gusta más la normal. ¿Cómo lo has sabido?
Rosa Porque tengo superpoderes.

Atracador ¡Manos arriba! Esto es un atraco[1], ¿vale?
Camarero Voy a llamar a la policía.
Atracador ¡Cállate la boca! (*Le dispara.*)

Rosa Se te acabó el tiempo, narrador.
Narrador Pero ¿qué haces tú aquí? ¡Esto no es una opción del libro!
Rosa El libro es un desastre. ¿Por qué es todo tan cutre[2], por qué muere la gente de forma tan absurda? Y lo que es más importante, ¿por qué no me puedo echar novio?

Rosa Pues sé que hay una combinación de decisiones que harán que seamos felices, pero no sé cuáles son las palabras mágicas para que nos entendamos. No me preguntes por qué, pero sé que nada es imposible, que todo puede suceder.

[1]*robbery* [2]*seedy*

Nota **CULTURAL**

Este cortometraje rinde homenaje a una colección de libros para niños llamada *Elige tu propia aventura*, en la que el lector se encontraba a cada paso con decisiones que debía tomar y saltaba de una página a otra. La historia tenía así muchos finales posibles y mezclaba lectura con juego. Esa colección, publicada en Estados Unidos y traducida a varios idiomas, fue una de las más populares de las décadas de 1980 y 1990. Dio origen a la ficción interactiva que en el presente encuentra nuevas expresiones, gracias al desarrollo de los medios tecnológicos, en series y juegos por computadora.

- ¿Conocen otro libro o juego que siga este sistema? ¿Cuál? ¿Es popular en su país? ¿Creen que también es popular en los países hispanos? ¿Por qué?

- Con los nuevos avances tecnológicos, ¿siguen teniendo éxito los juegos interactivos? ¿Qué tipos de juegos son los más populares? ¿Por qué?

Ⓢ EN **PANTALLA**

Ordena las situaciones según aparecen en el corto.

___ a. Mario entra al bar.

___ b. Rosa encuentra el libro.

___ c. El camarero le pregunta a Rosa si está a dieta.

___ d. Rosa y Mario se sientan en las mesas de fuera.

___ e. Mario le pide ayuda a Rosa.

___ f. Rosa va en busca del narrador.

___ g. El camarero guapo intenta besar a Rosa.

Análisis

1 **Comprensión** En parejas, contesten las siguientes preguntas.

1. ¿Dónde encuentra la protagonista el libro *La Aventura de Rosa*?
2. Según el libro, ¿qué le espera a Rosa ese día en el bar?
3. ¿Con quién elige Rosa hablar en primer lugar?
4. ¿Qué sentimientos piensa su ex novio que Rosa tiene hacia él?
5. ¿Por qué el camarero supone que Rosa está haciendo dieta?
6. ¿En qué lío está metido Mario?
7. ¿Qué hace Rosa cuando el atracador dispara contra el camarero y contra Mario?
8. ¿Qué le reprocha Rosa al narrador?
9. ¿Con quién se queda al final Rosa y cómo lo consigue?

2 **Interpretación** En parejas, contesten las preguntas.

1. ¿Qué atrae la atención de Rosa hacia el libro para que lo abra y comience a leerlo?
2. ¿Cuál de los dos hombres representa el pasado de Rosa y cuál representa el futuro?
3. ¿Por qué Mario se esconde debajo de la mesa?
4. ¿Qué importancia tiene que a Rosa le guste la Coca-Cola light y al camarero la normal?
5. ¿Por qué el camarero cree que vio en alguna parte a Rosa?
6. ¿Por qué Rosa no se asusta con el atraco?
7. ¿A quién culpa Rosa de que su historia vaya tan mal? ¿Qué hace para evitar que siga así?

3 **El pasado y el futuro de Rosa** En parejas, describan la personalidad del camarero y el ex novio según lo que vieron en el corto. Luego, hagan un diagnóstico breve sobre cuál es la mejor opción para la vida amorosa de Rosa. Justifiquen su opción.

¿Cómo es el camarero? ¿Qué le atrae a Rosa de él? ¿Qué la enoja? ¿Tienen algo en común? ¿Qué parece sentir él por ella?

¿Cómo es Mario? ¿Qué recuerda Rosa de él? ¿Por qué se habrán peleado? ¿Qué ha hecho él con su vida desde entonces?

4 **Lo que ya está escrito** En grupos de tres, repasen la conversación que Rosa tiene con el narrador y presten atención a sus distintas opiniones sobre el destino. ¿Qué piensa cada uno de ellos? ¿Con quién están de acuerdo? ¿A qué se refiere Rosa con "en esta vida sólo hay una cosa segura"?

> **Narrador:** Tu destino está escrito.
> **Rosa:** En esta vida sólo hay una cosa segura. ¿Sabes cuál es?

5 **Volver a empezar** Algunas cosas que se hacen en público resultan difíciles de olvidar. En grupos, lean las siguientes acciones de la vida real, elijan dos de ellas e imaginen qué otras opciones tenían sus protagonistas y cuál hubiera sido la mejor que tomaran en ese momento. Después, compartan sus respuestas con la clase.

- Eva come la manzana que le ofrece la serpiente en el Edén.
- Tom Cruise salta sobre el sofá de Oprah Winfrey para declarar su amor a su novia.
- El capitán del Titanic ordena que el crucero vaya a toda velocidad.
- La compañía discográfica Decca Records decide que una banda desconocida, llamada The Beatles, no suena bien y rechaza contratarlos.

6 **Equivocarse es humano** En grupos de tres, lean las siguientes citas. ¿Les parecen adecuadas para la vida real o son simplemente palabras bellas?

"El error más grande que puedes cometer en la vida es tener miedo todo el tiempo de cometer un error". *Elbert Hubbard*

"Sé quien eres y di lo que sientes porque quienes se fijan no importan y aquellos que sí importan no se fijan". *Dr. Seuss*

7 **Si quieres…** En el corto, cada vez que Rosa elige cambiar de página, cambian los eventos que la rodean. En parejas, imaginen qué otras opciones podía haber para su historia ese día en el bar, con los mismos personajes o alguno nuevo. Escríbanlas al estilo del corto y compártanlas con la clase.

Modelo Si quieres…, ve a la página 16; si prefieres…, ve a la página 23.

8 **Situaciones** En parejas, elijan una situación e improvisen un diálogo. Utilicen al menos seis palabras o expresiones de la lista. Cuando estén listos, represéntenlo ante la clase.

advertir	favorecer	lío
apetecer	guapo/a	llevar la contraria
arrepentirse	huir	locura
equivocarse	intentar	predecir

A
Una persona va a consultar a una adivina para que le aconseje sobre una decisión importante que tiene que tomar y que cambiará su vida. La adivina consulta distintos métodos (bola de cristal, cartas, palma de la mano, etc.) para predecir el futuro mientras trata de dar respuestas que le gusten a su cliente.

B
En sueños, una persona se enfrenta con su propio "yo", que trata de organizarle la vida, critica sus decisiones y le dice qué debe hacer. La persona no está de acuerdo con la mayoría de los consejos que escucha y los discute.

5.1 El subjuntivo II (S) Presentación

Recuerda

Las cláusulas subordinadas adjetivas cumplen la misma función que los adjetivos: acompañan y modifican al sustantivo. Las cláusulas subordinadas adverbiales cumplen la misma función que los adverbios: expresan circunstancias bajo las que tiene lugar la acción que indica el verbo de la cláusula principal.

AYUDA

Cuando el verbo de la oración principal es un verbo como **querer, necesitar, buscar** o **desear**, la oración subordinada adjetiva suele ir en subjuntivo.

El subjuntivo en cláusulas subordinadas adjetivas

Se usa el subjuntivo en las cláusulas subordinadas adjetivas que se refieren a un antecedente indefinido, hipotético, desconocido o inexistente. De lo contrario, si el antecedente es definido y conocido, es necesario el indicativo.

INDICATIVO

Rosa está leyendo un libro ***que narra*** *su propia vida.*

SUBJUNTIVO

Rosa quiere un novio ***que sea*** *guapo y tierno.*

Cuando una cláusula subordinada adjetiva modifica a un antecedente negativo, el verbo de la cláusula subordinada también debe ir en subjuntivo.

A Rosa no le gusta que ***nadie*** *le* ***diga*** *lo que tiene que hacer.*

Nadie dijo ***nada*** *que* ***resolviera*** *el misterio.*

La **a** personal no se usa cuando el objeto directo es una persona indefinida o hipotética. Tampoco se usa la **a** personal delante de los adjetivos **ningún/ninguna**. Sin embargo, cuando el objeto directo es un pronombre como **nadie**, **ninguno/a** o **alguien**, la **a** personal es necesaria.

El camarero necesitaba ***una*** *mujer que lo* ***amara***.

Rosa no conocía ***a nadie*** *que fuera como él.*

Él no conocía ***ninguna mujer*** *que fuera como ella.*

Él no conocía ***a ninguna*** *que fuera como ella.*

El subjuntivo también se utiliza en preguntas sobre cuya respuesta el/la hablante no está seguro/a. Si la persona que contesta conoce la respuesta, usa el indicativo.

—¿*Conoces a alguien que* ***esté*** *enamorado?*

—*Sí, Rosa y el camarero* ***están*** *muy enamorados.*

El subjuntivo en cláusulas subordinadas adverbiales

Las cláusulas subordinadas adverbiales suelen ir introducidas por conjunciones. Algunas conjunciones requieren el subjuntivo, mientras que otras van seguidas del subjuntivo o del indicativo, según el contexto en que se usen.

*Cuando Rosa **llegó** al bar, comenzó a leer.*

*Cuando **llegue** el camarero, Rosa le pedirá un refresco.*

Las cláusulas subordinadas adverbiales pueden ir introducidas por conjunciones temporales o concesivas. Cuando éstas indican una acción futura, se utiliza el subjuntivo.

- conjunciones **temporales** y **concesivas**

apenas *as soon as*	**después (de) que** *after*	**mientras que** *while*
a pesar (de) que *despite*	**en cuanto** *as soon as*	**tan pronto como** *as soon as*
aunque *although; even if*	**hasta que** *until*	
cuando *when*	**luego (de) que** *as soon as*	

*Mario se sentirá mejor **cuando** Rosa **hable** con él.*

*Rosa quería esperar **hasta que llegara** el camarero a la mesa.*

Cuando estas conjunciones van seguidas de una acción que ya ha ocurrido o que ocurre habitualmente, se usa el indicativo.

*Ella se enojó **cuando vio** al narrador.*

*Se sintió decepcionada **hasta que se reencontró** con el camarero.*

Algunas conjunciones siempre requieren subjuntivo en la cláusula subordinada.

- conjunciones que siempre requieren el **subjuntivo**

a menos que *unless*	**con tal (de) que** *provided that*	**para que** *so that*
antes (de) que *before*	**en caso (de) que** *in case*	**sin que** *without, unless*

*El ladrón hacía cualquier cosa **con tal de que le dieran** un poco de dinero.*

*El camarero estaba enamorado de Rosa **sin que ella lo supiera**.*

AYUDA

Si el sujeto de la cláusula principal y la cláusula subordinada adverbial es el mismo, la palabra **que** se omite y se usa el infinitivo.

*Micaela trabaja mucho **para ganar** más dinero.*

*El escritor no podrá ganar mucho **sin tener** computadora.*

Práctica

1 **Condiciones y concesiones** Completa las oraciones con la forma adecuada del verbo.

1. No iré al cine a menos que la película _____ (ser) una comedia.
2. ¿Conoces a alguien que _____ (conducir) a la universidad?
3. Te veo todas las mañanas cuando _____ (salir) de la estación.
4. Te llamaré hasta que me _____ (decir) el motivo de tu enojo.
5. Necesito al chico que siempre me _____ (traer) el desayuno.
6. Mamá nos ha comprado esos libros para que nosotros los _____ (leer).

2 **Una discusión** Dos amigos/as tienen que ir a una fiesta, pero poco antes empiezan a discutir. En parejas, completen estas oraciones de forma lógica. Después, preparen un diálogo usando al menos tres de ellas y represéntenlo ante la clase.

1. No iré contigo a menos que...
2. Tú me invitas para que...
3. Te vi cuando...
4. Te llamaré cuando...
5. Aquí estaremos hasta que...
6. Yo le dije que aunque...

Practice more at **vhlcentral.com**.

5.2 Usos de se I (S) Presentación

Las construcciones pasivas

En español, la voz pasiva normalmente se forma con el verbo **ser** o con la forma **se**.

Rosa leyó el libro. (Activa)

*El libro **fue** leído por Rosa.* (Pasiva con **ser**)

*¿Sabes cuándo **se** escribió aquel libro?* (Pasiva con **se**)

Se en construcciones pasivas

La construcción de pasiva con **se** también se denomina **pasiva refleja**. En este tipo de oraciones, la forma **se** precede a un verbo en tercera persona del singular o del plural. Normalmente, a este verbo le sigue un elemento nominal que funciona como el sujeto de la oración, el cual suele expresar acciones o personas indeterminadas.

***Se** narran libros.*   ***Se** necesitan camareros.*

Cuando el sujeto va acompañado de un artículo o se trata de un pronombre, éste puede ir antes del verbo. En estos casos, el sujeto suele ser inanimado.

***Los macarrones con chorizo** se sirven calientes.*

La pasiva con **se** sólo se puede formar con verbos transitivos; es decir, verbos que requieren un objeto directo. Dependiendo del sujeto, el verbo irá en singular o en plural.

*Aquí **se gana** mucho dinero, porque **se venden** muchas cosas.*

Las oraciones pasivas con **se** pueden llevar una cláusula como sujeto. En estos casos, el verbo suele ser declarativo (**decir**, **comunicar**, **informar**, **saber**, etc.) o de opinión (**opinar**, **creer**, **pensar**, etc.) y siempre va en tercera persona del singular.

*Se sabe **que los camareros reciben muchas propinas en Estados Unidos**, pero se piensa **que no ganan lo suficiente en España**.*

Por otro lado, las oraciones pasivas con **se** también pueden llevar un infinitivo como sujeto.

*En nuestro bar, se permite **tomar descansos de media hora**.*

Contrastes entre las oraciones pasivas con **se** y otras estructuras

Las oraciones de pasiva con **se** se utilizan con el mismo sentido que las oraciones de pasiva con **ser**, también llamada **pasiva perifrástica**.

*El libro **se escribió** en una sola semana.*   *El libro **fue escrito** en una sola semana.*

La diferencia es que la pasiva con **ser** admite un complemento agente (**por** + *agente*), que equivale al sujeto de la oración activa.

El libro se escribió en una sola semana.

*El libro fue escrito en una sola semana **por el narrador**.*

Como se menciona anteriormente, las oraciones de pasiva con **se** suelen llevar un sujeto inanimado o, si es animado, indeterminado. Por este motivo, cuando el sujeto de una oración es animado, la pasiva con **se** puede confundirse con el **se** recíproco o el **se** reflexivo, lo cual crea ambigüedad en la oración. La siguiente oración se puede interpretar de tres formas diferentes.

Se tratan bien los escritores.	*Writers are treated well.* (Passive)
	Writers treat themselves well. (Reflexive)
	Writers treat one another well. (Reciprocal)

En casos como éste, se recomienda usar la construcción impersonal **se** + *verbo transitivo en singular* + **a** *personal* + *sujeto*.

Se trata bien a los escritores.

AYUDA

En la lección 6, página 166, se detallan los usos del **se** recíproco y el **se** reflexivo.

• • •

En el ejemplo "*Se trata bien a los escritores*", el verbo aparece conjugado en singular, aunque el sustantivo al que se refiere está en plural. Ésta es una de las diferencias básicas entre la pasiva con **se** y el **se** impersonal.

Práctica

1 **Reescribir** Reescribe las oraciones usando construcciones con **se**.

1. No necesitamos más políticos en España. _____
2. Buscamos profesor de inglés. _____
3. La empresa no permite usar el correo electrónico para asuntos personales. _____
4. Seleccionamos dos novelas el mes pasado. _____
5. Creemos que la crisis se está acabando. _____
6. Enviamos el correo electrónico esta mañana. _____
7. El primer volumen de *Don Quijote de la Mancha* fue publicado en 1605. _____
8. Él escribió el libro el año pasado. _____
9. En el futuro, necesitaremos más empleados. _____
10. Antes vendíamos libros de segunda mano. _____

2 **Museo** En parejas, imaginen que administran un museo de arte. Escriban dos listas con al menos cinco reglas cada una: una para los empleados del museo y otra para los visitantes. Utilicen construcciones pasivas con **se**. Después, compartan sus listas con el resto de la clase.

Preparación  Audio: Vocabulario

Sobre el autor

El periodista y escritor **Juan José Millás** (Valencia, España, 1946) consiguió su primer gran éxito con la novela *El desorden de tu nombre*, publicada en 1986. Cuatro años más tarde, ganó el Premio Nadal con *La soledad era esto*. Con frecuencia, sus novelas y cuentos, muy bien recibidos por la crítica y por los lectores, se desarrollan en un mundo donde se alternan lo real y lo imaginario. El humor y la reflexión sobre la soledad, la muerte y el amor son una constante en su narrativa.

Vocabulario de la lectura		Vocabulario útil
el colmillo *canine (tooth), fang*	**gritar** *to shout*	**insultar** *to insult*
dedicar *to dedicate*	**guiñar** *to wink*	**mimado/a** *spoiled*
la dedicatoria *dedication*	**inquietante** *disturbing*	**prevenir** *to prevent*
el/la encargado/a *supervisor*	**llevar razón** *to be right*	**sospechar** *to suspect*

1 **Conversación** Completa el diálogo con la palabra adecuada.

CRISTINA Ayer escribí un poema de amor en la oficina.

LAURA ¿Y a quién se lo (1) _____ (dedicaste/insultaste)?

CRISTINA Al (2) _____ (colmillo/encargado) de mi departamento. Estoy enamorada.

LAURA ¡Uy! Eso es (3) _____ (inquietante/mimado). ¿Crees que (4) _____ (guiña/sospecha) que era para él?

CRISTINA No creo. Ya estaría furioso y me habría (5) _____ (llevado razón/gritado).

LAURA No le escribas más poemas. Tienes que (6) _____ (insultar/prevenir) una confrontación o te despedirán.

2 **Opiniones** En parejas, contesten las preguntas.

1. ¿Creen que los niños están expuestos a imágenes y contenidos violentos? Den ejemplos.

2. ¿Consideran que las imágenes y el contenido de las películas, libros y videojuegos son responsables de la conducta de los jóvenes?

3. ¿Qué opinan del contenido visual y de las letras (*lyrics*) de los videos musicales? ¿Son adecuados para su audiencia?

4. ¿Creen que existen diferencias en cuanto a la violencia a la que están expuestos los jóvenes según la cultura a la que pertenezcan? Den ejemplos.

3 **En la tele** En grupos pequeños, imaginen que son los productores de una cadena de televisión de programas juveniles. Planeen un programa piloto teniendo en cuenta estos aspectos. Después, compartan su programa con la clase y digan cuál creen que tendrá más éxito y por qué.

- la audiencia
- el contenido
- los personajes
- la competencia
- el horario
- el formato
- el mensaje
- el objetivo

Practice more at **vhlcentral.com**.

Drácula y los niños

copies Estaba firmando ejemplares° de mi última novela en unos grandes almacenes, cuando llegó una señora con un niño en la mano derecha y mi libro en la izquierda. Me pidió que se lo dedicara mientras el niño lloraba a voz en grito.

—¿Qué le pasa? —pregunté.

—Nada, que quería que le comprara un libro de Drácula y le he dicho que es pequeño para leer esas cosas.

stopped El niño cesó de° llorar unos segundos para gritar al universo que no era pequeño y que le gustaba Drácula. Tendría 6 ó 7 años, calculo yo, y al abrir la boca dejaba ver unos colmillos inquietantes, aunque todavía eran los de leche. Yo estaba un poco confuso. Pensé que a un niño que defendía su derecho *energy* a leer con tal ímpetu° no se le podía negar un libro, aunque fuera de Drácula. De modo que insinué tímidamente a la madre que se lo comprara.

—Su hijo tiene una vocación lectora impresionante. Conviene cultivarla.

a fit —Mi hijo lo que tiene es un ramalazo° psicópata que, como no se lo quitemos a tiempo, puede ser un desastre.

Me irritó que confundiera a Drácula con un psicópata y me dije que hasta ahí habíamos llegado.

—Pues si usted no le compra el libro de Drácula al niño, yo no le firmo mi novela —afirmé.

—¿Cómo que no me firma su novela? Ahora mismo voy a buscar al encargado.

Al poco volvió la señora con el encargado que me rogó que firmara el libro, pues para eso estaba allí, para firmar libros, dijo. El niño había dejado de llorar y nos miraba a su madre y a mí sin saber por quién tomar partido°. La gente, *to take sides* al oler la sangre, se había arremolinado° *crowded around* junto a la mesa. No quería escándalos, de modo que cogí la novela y puse: "A la idiota de Asunción (así se llamaba), con el afecto de Drácula". La mujer leyó la dedicatoria, arrancó la página, la tiró al suelo y se fue. Cuando salían, el pequeño volvió la cabeza y me guiñó un ojo de un modo extremadamente raro. Llevo varios días soñando con él. Quizá llevaba razón su madre. ■

Análisis

1 **Comprensión** Contesta las preguntas.

1. ¿Qué hacía el autor en los grandes almacenes?
2. ¿Qué le pidió la señora al escritor?
3. ¿Por qué lloraba el niño?
4. ¿Qué vio el escritor cuando el niño abrió la boca?
5. ¿Por qué la madre se negó a comprarle el libro al niño?
6. ¿Por qué opinaba el autor que no se le podía negar un libro al niño?
7. ¿Qué le irritó al escritor y qué hizo?
8. ¿Qué le rogó el encargado que hiciera?
9. ¿Qué hizo la mujer después de leer la dedicatoria?

2 **Interpretar** En parejas, contesten las preguntas.

1. ¿Cuál es el tema principal de este artículo? Pongan ejemplos del texto.
2. El texto está escrito con mucho sentido del humor. ¿Cuáles son algunos ejemplos?
3. ¿Por qué le irrita al escritor que la madre no le quiera comprar el libro al niño?
4. ¿Están de acuerdo con el escritor o con la madre? ¿Por qué?
5. ¿Por qué creen que el autor afirma al final que quizás tenía razón la madre?

3 **Años después** En parejas, imaginen cómo va a ser la vida del niño en el futuro. Consideren estos aspectos. Luego, compartan sus historias con la clase.

Casa	
Profesión	
Aficiones	
Vida sentimental	
Amigos	

4 **¡Estos niños!** La madre del relato está muy preocupada por el comportamiento de su hijo. ¿Qué le aconsejan ustedes para que el niño crezca sano y sea un adulto responsable? En parejas, denle consejos a la madre para que eduque bien a su hijo. Usen el subjuntivo.

> **Modelo** Evite hacer comentarios que parezcan críticas. Estimule su imaginación para que se desarrolle su lado artístico…

5 **Libro infantil** En grupos pequeños, escriban e ilustren un pequeño libro para niños. El libro deberá tener un mínimo de ocho páginas y un personaje carismático como protagonista. Después, lean y presenten su libro a la clase utilizando las siguientes preguntas como guía. La clase decidirá qué libro es el más original, el mejor elaborado, el mejor ilustrado, etc.

- ¿Qué sentimiento pretende provocar el protagonista en los niños? ¿Asombro, expectativa, risa?
- ¿Consideran que su cuento es didáctico y entretenido al mismo tiempo? Den ejemplos.

6 **Efectos artísticos** El arte es necesario, pero ¿puede también ser dañino (*harmful*)? En grupos de tres, hagan una lista de los daños que pueden causar distintas expresiones artísticas, su gravedad, dónde ocurren y sus efectos.

Daño	Gravedad (fuerte, media, ligera)	Dónde ocurre	Efecto(s)
Uso de palabras obscenas	ligera	En las canciones populares	Algunos jóvenes podrían repetir lo que oyen.

7 **Situaciones** En parejas, elijan una de las situaciones e improvisen un diálogo. Utilicen al menos seis palabras de la lista. Cuando terminen, represéntenlo frente a la clase.

dedicatoria	inquietante	mimado/a
gritar	insultar	planear
guiñar	invitar	prevenir
hasta que	llevar razón	sospechar

A
Un(a) escritor(a) está firmando libros en un centro comercial. Un(a) admirador(a) un poco loco/a quiere que le firme un libro y, después, tomarse un café con él/ella para darle su opinión sobre su última novela. El/La autor(a) no quiere ir y discuten.

B
Un padre o una madre se pelea con su hijo/a adolescente porque no quiere que lea los libros de la saga *Twilight* (**Crepúsculo**), pues opina que son una mala influencia para él/ella.

Practice more at **vhlcentral.com**.

Preparación  Audio: Vocabulario

Sobre el autor

El músico, actor y escritor argentino **Mex Urtizberea** (Buenos Aires, 1960) ha participado en numerosos programas de televisión, ha hecho grabaciones con personajes importantes de la música y también ha escrito para periódicos prestigiosos. Incluso ha tenido tiempo para aparecer en varias películas. A pesar de dedicarse a tantos intereses, tiene claro quién es: "Soy humorista. Tengo como sello (*stamp*) la improvisación. Sé cómo hablar y decir las cosas, jugar con las palabras". Haga lo que haga, la obra de Mex Urtizberea es sinónimo de humor e ingenio.

Vocabulario de la lectura		Vocabulario útil
aconsejable *advisable*	**la jubilación** *retirement*	**la burla** *mockery, joke*
cobrar *to gain (importance, etc.)*	**el lapso** *lapse (of time)*	**la certidumbre** *certainty*
la desconfianza *distrust*	**el puñado** *handful*	**el consumismo** *consumerism*
desvincular *to separate*	**renovar** *to renew*	**desechable** *disposable*
durar *to last*	**sucumbir** *to succumb*	**inseguro/a** *uncertain*
la embestida *charge, onslaught*	**vencer** *to expire*	**la justificación** *justification*
inmutable *unchanging*		**el vínculo** *bond*

1 **Diálogos a medias** Completa estos diálogos con las formas apropiadas de las palabras del vocabulario.

1. —¿Es cierto que la película _____ tres horas y media?
   —Sí, además es pésima (*terrible*). Pero _____ al sueño cuando comenzó y no sufrí demasiado.

2. —Buenos días, vengo a _____ mi pasaporte.
   —¿Cuándo _____?
   —El mes que viene.

3. —¡Qué señor tan raro! Se acerca su _____ y no está feliz.
   —Está inseguro y siente _____. No cree que el dinero le alcance.

4. —¿El torero (*bullfighter*) sobrevivió a la _____ del toro?
   —Sí, y después se levantó _____ y saludó al público como si no hubiera pasado nada.

5. —Te recomiendo que ni hables ni te rías durante el juicio.
   —¿Por qué crees que no es _____ hacerlo?
   —Porque la jueza es muy seria y no le gustan las _____.

2 **El mundo de lo desechable** En parejas, contesten las preguntas. Después, compartan sus opiniones con la clase.

1. ¿Qué objetos desechables conocen? ¿Cuáles tienen ustedes?

2. ¿Por qué creen que hay cada vez más productos desechables?

3. ¿De qué manera se comporta la gente ante los objetos desechables?

4. ¿Y las relaciones humanas? ¿Qué relaciones humanas pueden ser "desechables"?

5. ¿Hay vínculos entre seres humanos que duren para toda la vida?

Practice more at **vhlcentral.com**.

Lo que dure
el amor

Por Mex Urtizberea

—*¿Cuál es su fantasía, Bety?*
—*Acostarme y levantarme con la misma persona toda la vida.*
—*Caramba, su imaginación no tiene límites. (Tute.)*

Alguna vez, las cosas fueron para siempre. Los vasos duraban toda la vida. Los juguetes eran eternos. Una heladera° refrigerator permanecía inmutable décadas y décadas en la misma cocina. El hombre mantenía su lugar de trabajo hasta el resto de su vida o, al menos, hasta que la jubilación los separase. El matrimonio era hasta la muerte.

Algo cambió y las cosas cambiaron. Los vasos duran una fiesta. Los juguetes sucumben en la primera embestida. La heladera dura hasta que aparece una más moderna, o hasta que se rompe y es más aconsejable comprar una nueva que arreglarla. Los trabajos son temporarios, por decisión de los mercados o por decisión del que trabaja, que muchas veces prefiere cambiar los horizontes para enriquecer° su vida. Y una diputada alemana, que pertenece al partido más conservador, acaba de plantear como proyecto que el matrimonio dure legalmente siete años, porque se ha calculado que es más o menos lo que dura el amor: luego de ese lapso, propone que el contrato matrimonial se venza; quien quiera renovarlo, lo puede renovar; quien no lo renueva, queda desvinculado de su pareja sin trámite mediante°. Así habrá menos divorcios, dice.

enrich aparece junto a "enriquecer°".
further paperwork aparece junto a "sin trámite mediante°".

Ya nada es para siempre. Ni el amor ni el trabajo ni las heladeras.

La discusión de si es mejor o peor así es una de las pocas cosas eternas que siguen existiendo; por lo demás, sólo un puñado de cosas parecen decididas a ser perpetuas, inamovibles°, intactas, para toda la vida: los tatuajes°, la elección del cuadro de fútbol°, el capitalismo (aunque lo disimule mutando° en distintas formas), y la policía, tal como afirmaba Honoré de Balzac: "los gobiernos pasan; las sociedades mueren; la policía es eterna".

immovable / tattoos / soccer club / mutating

Alguna vez, las cosas fueron para siempre, y algo cambió, que las cosas cambiaron.

Con un promedio de vida° que aleja° la muerte, los tiempos del ser humano han cobrado nuevos sentidos; con la desconfianza de que exista una

average life expectancy / pushes back

La vida desechable

♥ El número de personas divorciadas en los Estados Unidos se cuadruplicó° entre 1970 y 1996.

♥ Ahora, las parejas preocupadas por la crisis de los siete años deben ponerse en guardia° mucho antes. Según estudios, ahora esta crisis ocurre a los dos años de casados. Una de cada doce parejas se divorcia a los 24 meses de casados; ¡más del doble de los que se divorcian a los siete años!

♥ Cada año los estadounidenses se deshacen de° aproximadamente diez millones de refrigeradores/congeladores, 4,5 millones de unidades de aire acondicionado y 1,8 millones de deshumidificadores°.

♥ El estadounidense promedio habrá tenido 10 trabajos entre los 18 y los 38 años de edad. Según el Departamento del Trabajo de los EE.UU., el empleado promedio cambia de carrera de 3 a 5 veces durante el transcurso de su vida.

se cuadruplicó *quadrupled* **ponerse en guardia** *be on their guard* **se deshacen de** *get rid of* **deshumidificadores** *dehumidifiers*

vida después de ésta, también. Las fechas de vencimiento se han modificado (se han adelantado, en algunos casos, y se han postergado° en otros), las ofertas se han multiplicado y las decisiones han dejado de tener que ser para siempre; ahora son decisiones temporales.

postponed

Si es mejor así o si es peor así, es una discusión que quizá dure eternamente.

Mientras tanto, el amor va a durar lo que dura el amor (toda la vida, siete años, veinte minutos... ¿quién puede establecerlo?), y las heladeras, el tiempo que se les ocurra a los benditos° fabricantes. ■

blessed (lit.); damned (fig.)

Diario *La Nación*, 28 de septiembre de 2007.

Análisis

1 **Comprensión** Indica si las oraciones son **ciertas** o **falsas**. Corrige las falsas.

1. Los juguetes de antes se rompían tan fácilmente como los actuales.
2. Antes, cuando la gente se aburría de su trabajo, buscaba otro.
3. Puede ser mejor comprar una heladera nueva que arreglar una vieja que esté rota.
4. El proyecto de la diputada alemana es que los matrimonios duren un máximo de siete años.
5. Según el artículo, el simpatizante de un cuadro de fútbol no cambia de equipo favorito.
6. El promedio de vida moderno tiene un efecto estabilizador.
7. Nadie sabe cuánto dura el amor.
8. Los fabricantes de heladeras no saben cuánto tiempo pueden durar sin romperse.

2 **Antes y ahora** En parejas, completen esta tabla con los adjetivos adecuados del artículo. Después trabajen con otra pareja para debatir: la primera pareja a favor de **Antes** y la segunda a favor de **Ahora**. ¿Cuándo estaban mejor las cosas? Utilicen la información de la tabla en sus argumentos.

	Antes	Ahora
1. los vasos		
2. los juguetes		
3. las heladeras		
4. el trabajo		
5. el matrimonio		
6. el capitalismo		
7. el amor		

3 **Las emociones** En grupos de tres, ordenen estas emociones en la línea de tiempo, de la más transitoria a la más duradera. Razonen sus decisiones y comparen sus resultados con la clase.

la alegría	el enojo	el rencor (*bitterness*)
el enamoramiento	la nostalgia	la vergüenza

Transitorio ← → Duradero

4 **¿Qué no cambia?** Según el artículo, la policía, los tatuajes y el cuadro de fútbol duran toda la vida. En parejas, decidan qué cosas permanecen inmutables en las siguientes áreas. Preparen argumentos para defender sus decisiones.

- las relaciones humanas
- la política internacional
- la moda
- la tecnología
- las costumbres de tu ciudad
- el deporte

5   **El amor y el olvido**   En parejas, lean esta cita de Pablo Neruda. ¿Qué quiso decir el poeta con esto? ¿Se refería Neruda a cómo eran las cosas antes o cómo lo son ahora? ¿Están ustedes de acuerdo? Expliquen sus respuestas y compártanlas con la clase.

> *"Es tan corto el amor y tan largo el olvido".*
> *Pablo Neruda*

6   **Un mundo en reparaciones**   En parejas, imaginen un futuro en el que las personas arreglan las cosas viejas en vez de comprar nuevas. Contesten estas preguntas y compartan sus respuestas con la clase.

1. ¿Qué personas tendrán más trabajo? ¿Quiénes tendrán menos?
2. ¿Qué ocurrirá con el comercio? ¿Y con la publicidad?
3. ¿De qué manera se relacionará la gente con las cosas?
4. ¿Qué ocurrirá con la tecnología?
5. ¿Qué ocurrirá con la ecología?
6. ¿Habrá nuevos o diferentes problemas sociales? ¿Cuáles?

7   **Lo que dure el arte**   ¿Y qué tal el arte? ¿Es transitorio, duradero o las dos cosas? En grupos de tres, usen ejemplos de obras como éstas para apoyar sus argumentos.

Las Meninas, Diego Velázquez   Santos de palo puertorriqueños   *La Sagrada Familia,* Antonio Gaudí

8   **Situaciones**   En parejas, elijan una situación e improvisen un diálogo. Utilicen al menos seis palabras o expresiones de la lista. Cuando terminen, represéntenlo ante la clase.

aconsejable	desechable	justificación
burla	durar	renovar
cobrar	inmutable	vencer
desconfianza	inseguro	vínculo

A

Dos amigos/as discuten sobre la propuesta de la diputada alemana. Uno/a está de acuerdo con que el matrimonio debe ser un contrato renovable de siete años y el/la otro/a cree que es una mala ley.

B

Un(a) vendedor(a) de televisores intenta convencer a un(a) cliente/a de que compre uno de plasma o alta definición y deseche el que tiene. Él/Ella se niega porque dice que el suyo aún funciona perfectamente.

 Practice more at **vhlcentral.com**.

Preparación  Audio: Vocabulario

Sobre la autora

La escritora mexicana **Ángeles Mastretta** (Puebla, 1949) estudió Periodismo en la Universidad Autónoma de México y más tarde colaboró en revistas y publicó poesía. Participó activamente de la generación de mujeres que dieron alas al feminismo mexicano al reivindicar el papel de la mujer en el mundo patriarcal latinoamericano. La aparición de su novela *Arráncame la vida* en 1985 le valió fama, éxito de ventas y el reconocimiento de la crítica tanto en su país como en todo el mundo. Entre sus obras posteriores se encuentran, entre otras, el volumen de cuentos *Mujeres de ojos grandes*, la novela *Mal de amores* (que obtuvo el Premio Rómulo Gallegos) y su último libro, *Maridos*, publicado en 2007.

Vocabulario de la lectura		Vocabulario útil
a cuestas *on one's back*	**ingrato/a** *ungrateful*	**la cita** *date*
aguantar *to hold back, resist*	**el noviazgo** *dating*	**compartir** *to share*
la cercanía *closeness*	**la pena** *grief, sorrow*	**disfrutar** *to enjoy*
la culpa *fault; guilt*	**perder** *to lose*	**olvidar** *to forget*
doler *to hurt*	**el rompimiento** *break-up*	**la pareja** *couple*
extrañar *to miss*	**unir** *to unite, join*	**el perdón** *forgiveness*

1 **Vocabulario** Completa esta lista de consejos para parejas con palabras del vocabulario.

Primer consejo: El (1) _____ se encuentra en peligro cuando los dos pasan el día discutiendo sin parar. En muchas ocasiones, nadie tiene la (2) _____ de los problemas. La comunicación es muy importante para solucionarlos.

Segundo consejo: Las peleas sólo producen (3) _____, deterioran la relación y hacen (4) _____ la paciencia y las ganas de estar juntos.

Tercer consejo: En caso de que no logren (5) _____ la presión, deben plantearse buscar ayuda profesional en terapia de (6) _____, que podrá ayudarlos a encontrar las razones de la crisis y a (7) _____ la responsabilidad en la búsqueda de soluciones.

Cuarto consejo: A menos que den su (8) _____ sin condiciones y estén dispuestos a (9) _____ las ofensas, el (10) _____ será inevitable.

2 **El amor y el cine** En parejas, respondan las siguientes preguntas.

1. ¿Creen que el amor verdadero sólo se encuentra una vez en la vida? ¿Les parece que la amistad es tan importante como el amor?

2. ¿Les gusta ir al cine solos o prefieren hacerlo acompañados? ¿Cuál fue la primera película que recuerdan haber visto en el cine? ¿Con quién estaban?

3. ¿Tienen algún "ritual" o costumbre establecido (ir a pescar, al teatro, a hacer compras, etc.) que se repite de la misma manera y siempre con la misma persona?

4. ¿Es común en su país que los novios vayan al cine? ¿Creen que las parejas suelen ir más al cine en su país o en los países latinoamericanos? ¿Por qué?

CINE

Ángeles Mastretta

Y MALABARISMO

Inés vio la tarde perderse y por perdida la dio. Llovía despacio. En invierno llueve así. Igual que es lenta la luz de la madrugada° y transparente la del atardecer. Volvió del cine con los recuerdos a cuestas y tenía miedo a perderlos. Llevaba seis meses hecha un mar de lágrimas: se había quedado sin el hombre de sus primeros milagros.

dawn

Y todo por su culpa, por andar haciendo el malabarismo° de pensar en el futuro y decirse con todas las palabras que quién sabía si alguna vez él podría ser su marido, más aún de lo que ya era.

balancing act

En realidad no fue culpa de nadie. Quizá del tiempo. Para ser tan cortas sus vidas, fue largo el sueño que soñaron. Habían jugado a ser de todo: amigos, novios, cónyuges°. Se oía extraño, pero la verdad es que su rompimiento fue un divorcio que no pudo llevar semejante nombre, porque no hubo nunca una ceremonia pública que los uniera con la formalidad que luego necesita romperse frente a la ley. Es larga su historia y quien esto cuenta no tiene autoridad para contar sino un detalle.

spouses

A los veinte años, Inés llevaba tres compartidos con su novio de la prepa° y de la vida. Se habían acompañado en todo. Y se habían reído juntos como sólo se ríen los que se adoran. Hasta que se cansaron. Por eso habría que aceptar que al perderlo, Inés perdió un marido. Esa historia quizá la cuente ella algún día, aquí sólo cabe contar lo que su madre le oyó decir la noche en que volvió del cine llorando, todavía, las penas de esa tarde.

pre-university courses

No eran novios hacía mucho, se abrían entre sus cuerpos seis meses, una eternidad y el repentino° noviazgo nuevo del muchacho que, como casi cualquier hombre, no pudo penar la pena a solas. A los dos meses empezó a salir y entrar con otra niña por los patios de la Universidad. Y lo primero que hizo fue decírselo a Inés y lo primero que ella hizo fue ponerse desolada.

sudden

Lo que no se pudo no se pudo y quien primero lo vio así fue Inés, pero habían tenido demasiado juntos como para saltar de un tren a otro sin un respiro°. De todos modos, decían que eran amigos. Así que se llamaban de vez en cuando o hablaban por el Messenger en ese ritual sobrio que es hablar por ahí.

break

Si en algún momento, sobre todos, lo extrañaba Inés como al aire, era antes de ir al cine. En los dos años once meses que habían estado juntos, habían visto mil siete películas. Quizá las horas que pasaron en el cine, sumadas, hubieran dado un año y medio continuo de cine en continua cercanía. De eso tenía Inés nostalgia a cada rato y esa tarde no se la había aguantado y lo llamó.

Marcó despacio el teléfono de su casa y ahí le contestó la voz de una mujer que parecía ya dueña del espacio. Una voz que al preguntarle quién llamaba, le iba diciendo también que a ésa su media casa, de antes, podía llamar cualquiera y a ella se la trataba ya como a cualquiera.

Ni modo. Dijo quién era y su ex novio tomó el teléfono. Inés no quería ni recordar a solas lo que obtuvo como respuesta al ¿qué estás haciendo? Menos aún el tono tenue de la ingrata respuesta. Le dolían los oídos con el solo recuerdo. Se lo contó a su madre entre sollozos° cuando volvió del cine, sin haber dejado de llorar un momento: ni de ida, ni mientras le corría por enfrente la película, ni de vuelta a su casa.

sobs

—¿Qué pasó? —quiso saber su madre.

¿Qué podía haber pasado más grave que su ausencia, su nueva novia, su falta de memoria, su idea de que un abismo se salta como un charco°?

puddle

—Más pasó —dijo Inés recordando la voz de la nueva novia de su viejo novio, la voz de él encajándole° una rabia de llorar y unos celos marineros que se le atravesaron entre los ojos como avispas.

giving her

—¿Pues qué estaban haciendo? —preguntó la madre—. ¿El amor?

—Peor que eso —dijo Inés sin perder un mínimo de su desolación.

—¿Qué hay peor? —le preguntó la madre, a quien no le daba para más la cabeza.

Sin interrumpir el río de lágrimas, Inés dejó pasar un silencio fúnebre y luego dijo como quien por fin acepta lo inexorable:

—Estaban viendo una película en la tele.

Su madre la abrazó para no sentirse más inútil de lo que era. No para consolarla, porque para esa pérdida no hay más consuelo que el tiempo.

Lo demás es misterio. La intimidad, la imperturbable intimidad, es ver juntos una película en la tele. ■

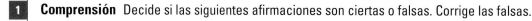

Análisis

1
Comprensión Decide si las siguientes afirmaciones son ciertas o falsas. Corrige las falsas.

1. El cuento transcurre en un día de invierno.
2. La narradora se llama Inés y cuenta la historia de amor que ella misma vivió.
3. La protagonista tiene veinte años.
4. Ella dejó a su novio por otro hombre.
5. La relación de Inés terminó en divorcio legal.
6. Él comenzó a salir enseguida con otra chica.
7. Los dos perdieron todo contacto.
8. Inés extrañaba más que nunca a su ex novio cuando iba al cine.
9. Esa tarde, ella se puso a llorar porque su novio no le contestó el teléfono.
10. Su madre no puede consolarla, porque esas cosas sólo las cura el paso del tiempo.

2
Interpretación En parejas, contesten las preguntas.

1. ¿Por qué hace seis meses que Inés no deja de llorar?
2. ¿Cuál fue la causa de que se terminara su noviazgo? ¿Qué papel creen que tuvo el tiempo en esa relación?
3. ¿Qué les parece que significa "decían que eran amigos"? ¿Cuál será realmente la relación que tienen después de separarse Inés y su ex novio?
4. ¿Qué quiere decir que el ex novio de Inés pudo "saltar de un tren a otro sin un respiro"? ¿Creen que él sigue extrañando a Inés o ya se acostumbró a la separación?
5. ¿De qué maneras piensan que la nueva novia puede ser ahora "la nueva dueña del espacio"?
6. ¿En qué sentido el hecho de que estén viendo la película es más grave para Inés que la separación o la nueva novia?
7. ¿Por qué te parece que Inés finalmente acepta que la separación es inexorable? ¿Estás de acuerdo con ella o te parece que exagera?

3
Argumentos En parejas, lean las siguientes declaraciones y decidan a qué personaje de la historia corresponden. Justifiquen sus respuestas. Luego, inventen una declaración más para cada uno.

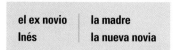

el ex novio	la madre
Inés	la nueva novia

"No creo que sea bueno aferrarse a lo que está terminado. Me da mucha pena verla así, pero sé que, con el tiempo, el dolor desaparecerá".

"Esa chica necesita que le hablen con claridad. Hasta que no acepte que se terminó definitivamente esa relación, va a tener esperanzas de volver con él, y eso no va a pasar".

"Siempre sentiré que me falta algo, algo que perdí y que voy a extrañar. No habrá nadie en mi vida que sea como él".

"Tengo el mejor de los recuerdos de esta relación, pero para que la gente crezca tiene que seguir adelante y encontrar de nuevo el amor. Espero que ella lo entienda".

4 **Rituales** La novia del ex novio de Inés quiere instalar una nueva costumbre que les pertenezca exclusivamente a ellos. En grupos, hagan cinco sugerencias que puedan servirle como opción para que el recuerdo de Inés quede definitivamente en el pasado.

5 **La culpa la tiene Hollywood** En parejas, redacten una carta de opinión desde el punto de vista de Inés, explicando el rompimiento y sus sentimientos. Después, compartan su carta con la clase. Tomen estas ideas como guía.

- Inés entiende finalmente que su ex novio ya no la quiere.
- Inés denuncia la mala influencia de las películas de Hollywood con sus historias románticas con finales felices que resultan ser mentira en la vida real.

6 **Pantalla grande** En grupos, elijan uno de los géneros de la siguiente lista y reescriban la historia de Inés para una película. No olviden caracterizar a los personajes, elegir escenas que representen el género y encontrar un nuevo final que vaya mejor con él. Finalmente, elijan un nuevo título. Cuando hayan acabado, compartan su historia con la clase.

| a. Telenovela |
| b. Comedia romántica |
| c. Drama |
| d. Ciencia ficción |
| e. Documental |

7 **Situaciones** En parejas, elijan una de las siguientes situaciones e improvisen un diálogo. Utilicen las palabras de la lista. Cuando terminen, represéntenlo delante de la clase.

aguantar	extrañar	perdón
compartir	ingrato/a	olvidar
culpa	pareja	rompimiento
disfrutar	pena	unir

A
Un(a) amigo/a tiene boletos para ver un partido de béisbol. No quiere invitar a la persona con la cual va siempre. Desafortunadamente, esa persona se presenta en la entrada del estadio. ¿Se romperá la amistad?

B
Una persona le explica a su pareja que odia la ópera y que sólo ha ido durante mucho tiempo para complacerlo/la. Es una conversación difícil ya que su pareja considera que la ópera es una de las principales cosas que los une.

Practice more at **vhlcentral.com**.

Preparación  Audio: Vocabulario

Sobre el autor

La obra de **Carlos Loiseau**, conocido como Caloi (Salta, Argentina, 1948–2012), ha sido premiada en multitud de ocasiones y ha aparecido en publicaciones tan reconocidas como *Atlántida, Cronopios, Tía Vicenta, Satiricón, Siete días* y *Clarín*. Clemente, su personaje de mayor proyección, fue declarado "ciudadano ilustre de la Ciudad Autónoma de Buenos Aires" en el año 2009.

Vocabulario útil

la altura *height*	**la escalera** *stairway*	**el rascacielos** *skyscraper*
la autopista *highway*	**el/la guardia de seguridad** *security guard*	**la salida de emergencia** *emergency exit*
besar *to kiss*	**la pareja** *couple*	
la carretera *road*		

---

1 **La ciudad** En parejas, miren las primeras seis viñetas de la tira cómica y describan cómo es la ciudad que ven. ¿Qué ambiente quiere transmitir el autor?

2 **A todos los empleados** En grupos pequeños, imaginen que son directores de una empresa. Preparen una lista de normas de conducta para los empleados. Usen el subjuntivo y la pasiva con **se**. Después, compartan sus listas con los demás grupos.

Análisis

1 **Narrar** En parejas, describan viñeta a viñeta lo que ocurre en la tira cómica.

2 **Imaginar** En parejas, contesten las preguntas. Sean imaginativos/as.

1. ¿Qué tipo de relación tiene la pareja? ¿Cuándo se conocieron?
2. ¿En qué tipo de empresa trabajan?
3. ¿Por qué se asustan todos cuando se dispara (*goes off*) la alarma?

3 **La vida en color** En grupos pequeños, analicen los colores que ilustran esta tira cómica y contesten las preguntas. Finalicen la actividad compartiendo sus observaciones y comentarios con la clase.

1. ¿Qué color predomina en esta tira cómica? ¿Tiene algún significado?
2. ¿Qué representan el color rojo y el amarillo?
3. ¿Por qué estos dos colores sólo aparecen al final?

4 **¿Qué hacemos?** En parejas, imaginen un diálogo entre los dos enamorados. Ellos se quieren escapar y están planeando su futuro. Utilicen el subjuntivo y la pasiva con **se**.

Modelo

JUAN: … Yo también te quiero y lo digo para que todos lo oigan. Huyamos antes de que destruyan nuestro amor. Casémonos sin que nadie lo sepa.

LOLA: ¡Sí! Y vivamos en un lugar que esté lejos de la civilización, un lugar en el que se pueda ser feliz de verdad…

JUAN: Donde tú quieras con tal de que estemos siempre juntos.

¡*Alerta roja!* de **Caloi**

Exprésate sobre el arte

El *Diccionario del uso del español* da esta acepción (*definition*) de *arte*: "Actividad humana dedicada a la creación de cosas bellas". El *Diccionario de la Lengua Española* lo define así: "Manifestación de la actividad humana mediante la cual se expresa una visión personal y desinteresada que interpreta lo real o imaginado con recursos plásticos, lingüísticos o sonoros". ¿Estás de acuerdo con estas definiciones? ¿Por qué?

El tres de mayo de 1808, de Francisco de Goya

 Plan de redacción

Planea

1 Elige el objetivo de tu composición ¿Crees que el arte es importante? ¿Por qué? ¿Te interesas por el arte? ¿Participas en actividades artísticas? ¿Crees que el arte ayuda a mejorar la sociedad? ¿Crees que el concepto de lo que es arte está evolucionando? Usa estas sugerencias para elegir un objetivo para tu composición:

- comparar el concepto de arte que se tenía en otros siglos con el concepto de arte de hoy día

- imaginar cómo sería la vida sin arte y compararla con la vida real

- opinar si el arte es importante para la evolución social y política

- otra

Escribe

2 Introducción Plantea el objetivo de tu composición.

3 Argumentos y ejemplos Da argumentos y ejemplos para ilustrar tu punto de vista.

4 Conclusión Resume brevemente tu opinión.

Comprueba y lee

5 Revisa Repasa tu composición.

- Evita las oraciones demasiado largas. Usa un estilo claro y sencillo.

- Utiliza frases y conjunciones para comparar o contrastar ideas: aunque / si bien / sin embargo / más, menos / al igual que / a diferencia de / tanto... como.

- Verifica que los ejemplos y argumentos ilustren tu punto de vista.

6 Lee Lee tu composición a tus compañeros de clase. Ellos tomarán notas y luego te harán preguntas.

Los misterios del amor

Nos hacemos tantas preguntas sobre el amor que no tienen respuesta... ¿O sí la tienen? ¿Qué es el amor? ¿Por qué nos enamoramos? ¿Cómo se pasa del enamoramiento al amor? En esta tertulia van a intentar resolver entre todos los misterios del amor. ¿Se atreven?

1 La clase se divide en grupos pequeños. Tienen que contestar estas preguntas.

> ¿Qué importancia tiene la atracción física en el enamoramiento?

> ¿Qué factores intervienen en la experiencia amorosa?

> ¿Es posible enamorarse por Internet?

> ¿Es posible encontrar el amor en un programa de televisión? ¿Por qué han tenido tanto éxito esos programas?

> El amor a primera vista, ¿es un mito?

> ¿Creen que existe una media naranja (*better half*) para cada uno de nosotros?

2 En el caso de que no todos los miembros del grupo estén de acuerdo, pueden mencionar que dentro del grupo hay distintas opiniones y explicar cuáles son.

3 Los diferentes grupos presentan sus ideas a la clase, mientras todos toman nota.

4 Cuando todos los grupos terminen sus presentaciones, toda la clase debe participar haciendo preguntas y defendiendo sus opiniones.

Modos de vivir

Mientras unos queremos tener una rutina diaria, otros, en cambio, nos sentimos atrapados en la monotonía. ¿Cómo debemos vivir? A unos, cualquier cambio, aunque pequeño, nos aflige. A otros, todo cambio nos da impulso. ¿Dónde encontramos el equilibrio? ¿Cómo es tu estilo de vida? ¿Qué cambiarías si pudieras? ¿Cómo crees que sería tu estilo de vida si vivieras en un país hispano?

158

168

183

Preparación (S) Audio: Vocabulario

Vocabulario del corto

asqueroso/a *disgusting*
el bicho *animal (inf.)*
el desorden *mess*
echar *to throw out*
gastar *to spend*
harto/a *fed up*
hediondo/a *stinking*

la mascota *pet*
el olor *smell*
la plata *money*
sacar una foto *to take a picture*

Vocabulario útil

abandonar *to leave*
cuidar *to take care of*
desempleado/a *unemployed*
deshacerse *to get rid of*
la elección *choice*
los gritos *shouts*
el hogar *home*

EXPRESIONES

¡No tarde! *Don't be long!*

hacerse cargo de *to take charge of, own up to*

No servís para (hacer) nada. *You are useless.*

porfis *pretty please (inf.)*

poner onda *to make an effort*

lo único que falta *the last thing I need, the last straw*

¡Basta! *Enough!*

Te lo digo con todas las letras. *I'm spelling it out for you.*

---

1 **Quejas** Completa el diálogo con palabras o expresiones de la lista.

abandonada	elección	hediondo
basta	gritos	mascotas
cuidar	hacerse cargo	olor
desorden	harto	plata

—He decidido no venir más a este parque, porque es (1) _____. He estado viniendo las últimas semanas con mi hijo, pero hoy me dije (2) ¡_____!

—¡Tienes razón! En cuanto entré, me atacó el (3) _____ de la basura que hay por todas partes. La suciedad que producen las (4) _____ queda siempre (5) _____ porque sus dueños no quieren (6) _____.

—¡Exactamente! El parque se ha puesto feo por culpa de este (7) _____ constante. Y lo peor es que si se gasta (8) _____ para mantener limpio el parque, ¡no se nota! Nuestros impuestos se desperdician porque nadie quiere (9) _____ las cosas.

—Y además, está el ruido que producen los jóvenes con sus (10) _____ salvajes cuando vienen al parque para escuchar música a todo volumen.

—Si no hacemos todos la (11) _____ de ocuparnos de nuestro parque, nadie puede disfrutarlo. Ya estoy (12) _____: será mejor buscar otro parque.

2 **Diálogo** En parejas, inventen un diálogo entre dos personas que se quejan por alguna situación negativa. Utilicen el mayor número posible de palabras y expresiones del vocabulario. Luego, representen el diálogo frente a la clase.

3 **Historias de animales** En parejas, respondan estas preguntas. Después, compartan sus respuestas con la clase.

1. ¿Qué opinan sobre el derecho de los animales a vivir en su entorno natural? ¿Les parece justo que se vendan animales salvajes como mascotas?

2. Si tuvieran que adoptar uno de los siguientes animales, ¿cuál elegirían? Justifiquen su respuesta y expliquen cómo organizarían su casa para convivir con esa mascota.

- una mofeta (*skunk*)
- un perro cojo
- una piraña
- una serpiente boa
- una tarántula
- un gato esfinge

3. ¿Qué animal elegirían para representar su escudo familiar? Tengan en cuenta las características que quieren destacar y búsquenlas en un animal real o imaginario que tradicionalmente las haya representado.

4. En la ficción de Harry Potter, algunos magos tienen la capacidad de transformarse en un animal. Si tuvieran ese poder, ¿en qué animal les gustaría transformarse? ¿Por qué?

4 **Mascotas en el hogar** En grupos de tres, respondan estas preguntas.

1. ¿Por cuál de las siguientes razones tienen o tendrían ustedes una mascota?

a. protección personal

b. compañía

c. juego

d. adopción de animal abandonado

e. moda

f. otras (especifiquen)

2. ¿Piensan que las mascotas pueden reemplazar a los seres humanos en la vida afectiva de la gente? Compartan su experiencia o la de alguien que conozcan y comenten los beneficios y perjuicios de esta actitud.

3. ¿Creen que las mascotas pueden/deben tener los mismos derechos que los dueños de casa? Escriban cinco reglas para el "trato igualitario de las mascotas en el hogar".

5 **Anticipar** En parejas, observen los fotogramas e imaginen de qué va a tratar este cortometraje. Consideren las preguntas, el vocabulario y el título del cortometraje para hacer sus previsiones.

- ¿Qué sabes sobre el corto a partir del título, *Ella o yo*, y del primer fotograma?
- ¿Qué te parece que sucede en el primer fotograma?
- ¿Qué intenta hacer el hombre en la segunda imagen?
- Según los fotogramas, ¿a qué género piensas que pertenece el corto?

Practice more at **vhlcentral.com**.

ELLa o yo

Con **Mariana Briski**
Javier Lombardo
Agustín Alcoba y
"Coco" la llama

BUSCO AMOR

Escrito y dirigido por **Bernarda Pagés** Idea original **Nicolás Kuhnert, Bernarda Pagés**
Asistente de dirección **Verónica Elizalde** Director de fotografía **Sergio Piñeyro** Cámara **Pablo Kurant**
Edición **Pablo Kurant, Bernarda Pagés** Sonido **Santiago Pafuni, Nicolás Graciano**
Post-producción/Musicalización **Edgar Moisés** Asistentes de iluminación **Faustino Canessa, Tupac Damia**
Arte **Pepina Medina** Asistente de arte **Sara Brathwhite** Maquillaje **Jorgelina Piraino**
Vestuario **Ofelia Calvo** Script-Doctos **Michelina Oviedo** Coach-niños **María Laura Berch**

FICHA **Personajes** Carlos, Clara, Marco, "Coco", Fotógrafo **Duración** 14 minutos **País** Argentina **Año** 2005

ESCENAS Ⓢ Video: Cortometraje

Fotógrafo Busco un banquito[1] acá enfrente, ¿sí? Cualquier cosita le da la mamadera[2] que está ahí, ¿eh?
Carlos ¿Se quedará conmigo?
Fotógrafo Sí, es sumiso[3], tranquilo…

Esposa *(gritando por teléfono)* Se compró un guanaco hediondo…
Marquitos *(susurrándole a su padre)* Habría que decirle a mamá que no es un guanaco… que es una llama.
Esposa ¡El olor que tiene! No sólo que no tiene trabajo, sino que agarra[4] y con mi plata… ¡mi plata!, agarra y se compra una mascota…

Esposa Mirá, Carlos, si vos no me sacás este bicho de casa, vos sabés de lo que soy capaz…
Carlos Ya sé… me vas a echar.

Carlos ¿Hola, el zoológico? Tengo una llama en mi casa… bueno, es larga la historia. ¡No, quince días, no! Yo no puedo esperar quince días, necesito que se la lleven ya… ¿Hola, sí, la Sociedad Protectora de Animales? Es un guanaco, como una llama… pero no escupe[5].

Carlos ¿Por qué no me sacás a mí a la calle? Sacáme a mí a la calle, que es lo único que te falta, a ver si me agarra alguien…
Esposa Te lo digo con todas las letras, Carlos: ¡ella o yo!

Carlos Tranquilos, hagan fila, de a uno, hay para todos. Una foto con Coquito, ¡y nadie se va sin una foto con Coquito!

[1]*small stool* [2]*bottle* [3]*submissive* [4]*he goes out* [5]*spit*

Nota CULTURAL

En el cortometraje *Ella o yo*, Carlos intenta que la llama suba a su auto y le pide que camine por una rampa como si estuviera "en el Maipo". Al fracasar esa idea, comenta que no tiene futuro como vedette. El Maipo es un teatro histórico de Buenos Aires. Fue inaugurado en 1908, el mismo año que el Teatro Colón. Ambos teatros se convirtieron con el tiempo en parámetros de excelencia: el Colón para la ópera internacional, el Maipo para el espectáculo musical y de cabaret, donde brillaban las vedettes de revista o *varieté*.

- ¿Conoces algún teatro como el Maipo o el Teatro Colón?

- ¿Vas al teatro a menudo? ¿Crees que el teatro es importante para tu pueblo o ciudad?

Ⓢ EN PANTALLA

Ordena las situaciones a medida que aparecen en el corto.

__7__ a. Carlos trabaja en el parque con la llama.

____ b. El dueño de la llama no regresa a buscarla.

____ c. Carlos intenta encontrarle un hogar a la llama.

____ d. La esposa de Carlos se enoja al volver a casa.

____ e. Carlos transporta la llama en su coche.

____ f. Carlos pasea con su hijo por el parque.

____ g. La esposa le da un ultimátum.

Análisis

1 **Comprensión** En parejas, contesten las preguntas.

1. ¿Qué le dice el fotógrafo a la llama cuando comienza el corto?
2. ¿Qué quiere tener el hijo de Carlos, pero su mamá no lo deja?
3. ¿Cómo engaña el dueño de la llama a Carlos?
4. ¿Qué piensa su esposa de que la llama esté en la casa?
5. ¿Por qué la esposa cree que Carlos compró la mascota con dinero de ella?
6. ¿Cómo intenta Carlos deshacerse de la llama?
7. ¿Qué piensa Carlos del carácter de la llama?
8. ¿Qué decisión le exige su esposa?
9. ¿Qué hace Carlos con la llama?

2 **Interpretación** En parejas, contesten las preguntas.

1. ¿Por qué creen que Carlos tarda tanto en volver a su casa ese día? ¿Qué le hace decidir llevarse la llama?
2. ¿Por qué reacciona de esa manera la esposa de Carlos?
3. ¿Qué personalidad tiene Carlos? ¿Cómo es su relación con su hijo? ¿Y con su esposa?
4. ¿Les parece que Carlos está realmente decidido a deshacerse de la llama? ¿Por qué?
5. Cuando la esposa da un ultimátum, ¿qué creen que espera que ocurra? ¿Cómo se lo toma Carlos?
6. ¿Qué significa la respuesta que le da Carlos a su esposa por teléfono?
7. ¿Cómo les parece que terminará la historia de esta familia?

3 **Similitudes** En parejas, examinen el siguiente fotograma. ¿Qué relación hay entre los dos personajes que aparecen allí? ¿Encuentran alguna similitud entre sus situaciones de vida? ¿Qué significa el cartel que Carlos le colgó del cuello a la llama? ¿Podría haber escrito otra cosa que resultara más efectiva?

4 **Adaptación** En parejas, escriban la misma historia que se cuenta en el cortometraje, pero adaptada a Estados Unidos. Conserven los elementos que funcionan bien y realicen los cambios que les parezcan necesarios para que sea verosímil en el nuevo escenario. Presten atención a los siguientes puntos.

- La situación que comienza la crisis
- Dónde y cómo intenta el protagonista deshacerse del problema
- Cómo se resuelven el ultimátum y el problema a la vez

5 **Sentencias** En parejas, relean estas frases que aparecen en el cortometraje. Después, contesten las preguntas.

> "¿Por qué hacés siempre lo que dice mamá?"

> "¡Sacáme este bicho de acá!"

> "¡Lo único que faltaba, que yo le tenga que dar la leche!"

> "¡Basta, se acabó!"

> "Dele el gusto, va a ver qué linda foto".

1. ¿Quién las dijo?
2. ¿Qué revelan de lo que quiere cada uno de los personajes?
3. ¿Qué sentido tienen en la historia del cortometraje?

6 **Luz verde** En grupos, escriban su propio cortometraje. Pueden tomar como referente alguno de los cortometrajes que aparecen en el libro. Sigan estas instrucciones básicas.

1. Planeen su historia con un principio, un nudo y un final. Elijan algo que conozcan y que puedan filmar sin problemas y en pocas escenas. Lo más importante a la hora de crear un cortometraje es la economía (de palabras, de hechos, de escenarios, de duración, etc.).

2. Creen un número limitado de personajes que puedan ser conocidos a través de sus acciones. La cuestión es mostrar, no contar.

3. Realicen un esquema de la historia antes de escribirla. Todo debe estar conectado; es decir, todo lo que aparece en el corto tiene un sentido y sirve para algo. Quiten lo superfluo (saludos, charla sin importancia, etc.). Luego, escriban el guion.

4. Elijan la música, el vestuario y los escenarios donde filmarán, consigan una cámara ¡y hagan realidad su primer cortometraje!

7 **Situaciones** En parejas, elijan una situación e improvisen un diálogo. Utilicen al menos seis palabras o expresiones de la lista. Cuando estén listos, represéntenlo ante la clase.

abandonar	deshacerse	harto/a
asqueroso/a	desorden	hediondo/a
basta	gastar	hogar
bicho	gritos	olor

A

Un extraterrestre golpea a la puerta de una casa y le pide asilo a la persona que le abre, porque su nave se cayó en un campo cercano y está solo. El/La dueño/a de casa quiere ayudar al extraterrestre, pero teme la reacción de su familia si lo deja pasar.

B

Una persona quiere que su compañero/a de habitación se marche, pero no quiere hacerse cargo de echarlo/a y se le ocurre la idea de llevar a casa una araña porque sabe que su compañero/a tiene aracnofobia. Cuando el/la compañero/a de habitación se enoja, la persona simula estar sorprendida y defiende su derecho a tener una mascota.

Practice more at
vhlcentral.com.

6.1 Oraciones condicionales con si  Presentación

Recuerda

Las oraciones condicionales indican en una cláusula subordinada la condición necesaria para que la acción de la cláusula principal se realice. Se suelen formar con la conjunción **si** seguida por indicativo o por subjuntivo. El orden de las cláusulas es reversible.

AYUDA

Además de la conjunción **si**, existen otras conjunciones para expresar oraciones condicionales: **en caso de que**, **a menos que**, **con tal de que**, **siempre y cuando**, **siempre que**, etc.

ATENCIÓN

Cuando la cláusula subordinada condicional precede a la cláusula principal, éstas van separadas por una coma.
Hazlo si puedes.
Si puedes, hazlo.

Si con indicativo

Cuando la acción que expresa la cláusula subordinada condicional es real o posible, el verbo va en indicativo.

- *Si* + **presente de indicativo / futuro**

  Si Carlos **se queda** con la llama, **ganará** mucho dinero.

- *Si* + **presente de indicativo /** *ir a* + **infinitivo**

  Si no **le dan** la leche, la llama **va a tener** hambre.

- *Si* + **presente de indicativo / mandato**

  Si quieres una foto graciosa, **posa** con una llama.

- *Si* + **presente de indicativo / presente de indicativo**

  Si la llama **se queda**, yo **me voy**.

—**Si** no me **sacas** ya a este bicho de casa, no **sabes** lo que soy capaz de hacer.

Cuando se habla de hechos que eran posibles en el pasado, se usa el imperfecto de indicativo.

- *Si* + **imperfecto de indicativo / imperfecto de indicativo**

  Si Carlos no **limpiaba**, su mujer siempre le **gritaba**.

Si los niños **querían divertirse**, **se hacían** una foto con la llama.

Si con subjuntivo

Cuando la acción que expresa la cláusula subordinada condicional es hipotética o improbable, el verbo va en subjuntivo.

- *Si* + **imperfecto de subjuntivo** / **condicional**

  > *Si a la mujer de Carlos **le gustara** la llama, no **habría** ningún problema.*

Cuando la acción que expresa la cláusula subordinada condicional no pasó, el verbo va en pluscuamperfecto de subjuntivo.

- *Si* + **pluscuamperfecto de subjuntivo** / **condicional perfecto**

  > *Si el dueño de la llama **hubiera regresado**, Carlos no se la **habría quedado**.*

Otras expresiones condicionales

Para indicar condición, se pueden usar otras expresiones.

> ***Yo que tú**, vendería la llama.*
> ***En tu lugar**, vendería la llama.*
> ***De haber sabido** que Carlos tenía una llama, se la habría comprado.*
> ***En esa situación**, yo también me habría quedado con la llama.*

Las conjunciones **donde**, **como** y **mientras** seguidas del subjuntivo también pueden expresar condición.

> ***Donde** no **tengas** una mascota, no tendrás cariño.*
> ***Como** no la **vendas**, no te hablo más en la vida.*
> ***Mientras** yo **tenga** un animal de compañía, estaré feliz.*

Práctica

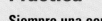

1 **Siempre una condición** Une los elementos para crear oraciones completas. Usa los tiempos verbales entre paréntesis y empieza cada oración con **Si**.

Modelo tú / tener tiempo (pres. indic.) / tú / llamarme (mandato)
Si tienes tiempo, llámame.

1. tú / estar aquí (imp. subj.) / nosotras / empezar la reunión (cond.)

2. ella / no sentirse mejor (pres. indic.) / ellos / cancelar los planes (fut.)

3. yo / verlos (pluscuamp. subj.) / yo / invitarlos (cond. perf.)

4. ustedes / volver temprano (pres. indic.) / nosotros / cenar en casa (mandato)

5. tú / ver una película (imp. indic.) / tú / comentárnosla (imp. indic.)

2 **Si fueras...** En parejas, háganse preguntas utilizando las opciones de la lista. Después, compartan sus respuestas con la clase.

Modelo —Si fueras un mueble, ¿qué mueble serías?
—Si yo fuera un mueble, sería una cama porque lo que más me gusta es dormir.

1. un animal
2. una comida
3. un estilo musical
4. un aparato electrónico
5. un personaje de ficción
6. un personaje de la vida real

Practice more at **vhlcentral.com**.

6.2 Usos de se II (S) Presentación

Recuerda

La palabra **se** tiene diversos significados y funciones. En esta lección se exponen sus usos reflexivos y recíprocos, y su función en las oraciones impersonales.

Se reflexivo y recíproco

Se es el pronombre de tercera persona, tanto del singular como del plural, de los verbos reflexivos. En los verbos reflexivos, el sujeto realiza la acción (o la manda realizar) sobre sí mismo.

*La mujer de Carlos **se maquilla**.*

Se también es el pronombre de tercera persona de los verbos pronominales. Estos verbos expresan sentimientos o estados y se usan como los verbos reflexivos, pero no expresan acciones reflexivas. Algunos de estos verbos son **sentirse**, **enojarse**, **alegrarse**, **arrepentirse**, **desesperarse**, **darse cuenta**, **ponerse**, **volverse** y **hacerse**.

*La mujer de Carlos **se enoja** muchísimo cuando ve a Carlos y a su hijo con la llama.*

Se es además el pronombre de tercera persona de los verbos recíprocos. En los verbos recíprocos, la acción la realizan dos o más individuos, el/los uno(s) sobre el/los otro(s).

*Carlos y su hijo **se quieren** muchísimo.*   *Carlos y su mujer **se llaman** por teléfono.*

Por otro lado, **se** puede usarse con el pronombre de objeto indirecto de verbos que expresan eventos inesperados o no intencionales, como pueden ser **acabar**, **caer**, **romper**, **ocurrir**, **perder** y **olvidar**. En esta construcción, **se** es invariable. El pronombre de objeto indirecto varía según a quién le ocurre la acción y el verbo siempre va en tercera persona del singular o del plural, dependiendo del sujeto.

*A ellos **se les ocurrió** que podrían llevar la llama a casa.*   *Por un momento, a Carlos **se le olvidó** lo maniática que era su mujer.*

Se también tiene un valor expresivo. Generalmente expresa o enfatiza la acción, pero también puede indicar esfuerzo, logro, etc. El uso de **se** en estos casos es opcional.

*La llama **(se)** bebió toda la leche.*   *Carlos **(se)** merece un premio.*

En las construcciones verbales de infinitivo o de gerundio, el pronombre **se** puede ir unido al infinitivo o al gerundio, o bien puede aparecer antes del verbo conjugado.

*La llama va a beber**se** la leche.*   *La llama **se** va a beber la leche.*

AYUDA

Verbos como **ganar(se)**, **marchar(se)**, **llevar(se)**, **tirar(se)**, etc. pueden usarse sin el pronombre **se**. En algunas ocasiones, el significado del verbo varía según se use pronominalmente o no.

Parece que Carlos le tiene aprecio a la llama. Carlos y su hijo **se parecen** muchísimo.

Por otro lado, verbos como **arrepentirse**, **atreverse**, **fugarse**, **quejarse**, etc. sólo se pueden usar con **se**.

Al final, la mujer **se arrepintió** de su comportamiento.

Se en oraciones impersonales

Las oraciones impersonales son oraciones que no tienen sujeto gramatical. La forma **se** siempre precede a un verbo en tercera persona del singular. La mayoría de las veces, el verbo de la oración impersonal es intransitivo; es decir, no tiene objeto directo.

> *Últimamente, **se habla** mucho de las mascotas.*

En algunas ocasiones, las oraciones impersonales pueden tener un verbo transitivo. Cuando el objeto directo de un verbo transitivo es una persona, se necesita la **a** personal.

> *En la escuela del hijo de Carlos **se estudia** inglés.*
>
> ***Se invitó a** los niños a hacerse una foto con la llama.*

El **se** impersonal también se puede usar con los verbos **ser** y **estar**.

> *Cuando **se es** honesto con uno mismo, **se es** más feliz.*
>
> *No **se está** bien en una casa con gritos y discusiones.*

Las oraciones pasivas con **se** y las oraciones impersonales con **se** expresan sentidos diferentes y se usan de forma distinta. Las oraciones pasivas con **se** sólo se usan con verbos transitivos y el verbo debe estar en tercera persona del singular o del plural. El objeto de la oración activa es el sujeto gramatical de la oración pasiva con **se**. En cambio, las oraciones impersonales con **se** carecen de sujeto gramatical.

> ***Se necesitan** más fotógrafos.*
> (Oración pasiva con **se**: "más fotógrafos" es el sujeto de la oración.)
> ***Se habló** de contratar a más fotógrafos.*
> (Oración impersonal)

Práctica

1 **Reescribir** Reescribe las oraciones. En cada oración, utiliza un verbo con **se**.

1. Carlos mira a la llama y la llama mira a Carlos. _____
2. No es posible que la llama se quede en casa. _____
3. Puedes hacerte una foto con la llama en la calle. _____
4. La gente habla mucho de los animales. _____
5. El niño es idéntico a su padre. _____
6. En la escuela, los niños estudian historia. _____
7. Cuando eres bueno, eres más afortunado. _____
8. El niño acabó toda la sopa en dos minutos. _____
9. Ella no está alegre por Carlos. _____
10. Marta escribió a Pedro y Pedro escribió a Marta. _____

2 **El español** En parejas, creen una lista de los aspectos importantes de hablar español en el mundo de hoy. Después, intercambien sus metas respecto al español. Utilicen las construcciones con **se** que han aprendido y compartan sus planes con el resto de la clase.

Practice more at vhlcentral.com.

Preparación Audio: Vocabulario

Sobre la autora

Rosa Montero (Madrid, España, 1951) es una famosa escritora y periodista. A los cuatro años enfermó de tuberculosis y anemia, y tuvo que dejar la escuela y quedarse en su casa. Durante ese largo tiempo, leer y escribir eran el juego favorito que lograba entretenerla ante la falta de amigos. Más tarde, en la Facultad de Filosofía y Letras hizo teatro con grupos vanguardistas. Luego, estudió Periodismo y comenzó a escribir para distintos medios, hasta que, en 1976, pasó a colaborar de forma exclusiva con el diario *El País*. Ha escrito guiones de televisión, novelas y cuentos, traducidos a más de veinte idiomas. Se la considera representante del "nuevo periodismo", en el que se mezclan información y literatura.

Vocabulario de la lectura		Vocabulario útil
la cojera *limp, lameness*	**el influjo** *influence*	**la descortesía** *rudeness*
confabular *to plot, to conspire*	**el malestar** *discomfort*	**los límites** *boundaries*
	plantear *to pose*	**molestarse** *to get upset*
el duelo *mourning*	**rechazar** *to reject*	**a regañadientes** *reluctantly*
la edad madura *middle age*	**la tasa de natalidad** *birth rate*	**renunciar** *to give up*
el entorno *social milieu, environment*		**retrasar** *to postpone, to delay*
escoger *to choose*		**soportar** *to put up with*
la herencia *legacy*		**la visión** *view*

1

Definiciones Conecta cada palabra con la definición adecuada.

1. cojera   _3_ dejar voluntariamente de hacer una cosa

2. herencia   _5_ lo que rodea a alguien o a algo

3. renunciar   _4_ falta de amabilidad o educación

4. descortesía   _6_ no aceptar

5. entorno   _1_ defecto o lesión que impide caminar bien

6. rechazar   _2_ conjunto de bienes que se trasmiten

2

Opinión En parejas, conversen sobre las siguientes preguntas. Luego, compartan sus respuestas con la clase.

1. ¿Cómo ha cambiado la visión de la sociedad sobre el papel de la mujer en los últimos sesenta años?

2. ¿Qué puesto piensas que ocupa la maternidad en las prioridades de las mujeres de tu país? ¿Ocurre lo mismo en otros países? ¿Y en la cultura hispana?

3. ¿Quién decide cómo debe ser nuestra vida: nosotros o la sociedad? ¿Es posible ser completamente libre de la visión de nuestro entorno?

4. ¿Cuáles son los prejuicios que existen en tu grupo social o familiar?

 Practice more at **vhlcentral.com**.

NI COJA

ROSA MONTERO

NI MADRE

Se da la circunstancia de que no tengo hijos. Si fuera un hombre, mi falta de descendencia sería eso, una circunstancia, más o menos importante pero circunstancia al fin, una nota más en la biografía. Pero, como soy mujer, se diría que todo en el entorno se confabula para convertirme en una mujer sin hijos, como si por ello pertenecieras a una determinada categoría. Como si la cosa definiera, a los ojos de los demás, toda tu vida.

Es curioso, porque de esto me estoy dando cuenta por vez primera ahora, en la edad madura. Fui una niña a la que no le gustaban las muñecas, sino los animales de peluche°. Por más que buceo° en mis memorias, no me recuerdo jamás queriendo tener niños ni jugando a las mamás. Después, al crecer, la cosa siguió igual: ser madre no sólo no era una prioridad para mí, sino que ni siquiera formaba parte de mi horizonte vital. Y así, sin pensar en ello, se fue pasando el tiempo del famoso reloj biológico.

stuffed animals

diving

A muchas otras mujeres de mi generación les sucedió lo mismo: recordemos que hasta hace poco, y durante bastantes años, España e Italia se han turnado en el primer puesto° de los países con menor tasa de natalidad del mundo. Ya ven, justamente España e Italia, dos países católicos, con una fuerte influencia de la familia tradicional y una pesada herencia de machismo. Dos sociedades, también, que han cambiado de manera vertiginosa en las últimas décadas. Es posible que, en ambos países, un par de generaciones de mujeres hayamos crecido bajo el influjo y el ejemplo de nuestras madres, de esas madres que vivieron todavía en el sexismo del mundo tradicional pero que vieron llegar los cambios del mundo nuevo, y que educaron a sus hijas soplando° en sus oídos un susurro° poderoso de protesta: no te cases, no tengas hijos, sé libre por mí.

place
blowing
whisper

Sea por esto o por lo que sea (verdaderamente no lo sé), el caso es que ser madre no formó parte del plan de mi vida. Lo cual sin duda me hizo perder una experiencia muy importante. Pero es que vivir es escoger, es elegir unas opciones y rechazar otras, de manera que siempre es inevitable perder (y ganar) algo. Lo que me consta°, por experiencia propia y porque lo he visto en otras personas, es que el hecho de ser madre no es la experiencia esencial y constitutiva de la existencia femenina.

I am sure...

Todo esto lo he tenido siempre claro, pero el caso es que ahora, en los últimos años, me estoy dando cuenta de que a las mujeres nos preguntan todo el rato° si tenemos hijos. Por ejemplo, muchos periodistas, al entrevistarme, me plantean si he sacrificado la maternidad a mi carrera. Increíble cuestión que jamás cruzó por mi cabeza. Yo no siento que haya

constantly

el hecho de ser madre no es la experiencia esencial y constitutiva de la existencia femenina

sacrificado nada por mi profesión (aparte del mayor o menor sacrificio que siempre es trabajar), y eso menos que nada. Por otra parte, no veo la necesidad objetiva de hacerlo; muchas escritoras estupendas han sido madres, como Ana María Matute, Carmen Martín Gaite, Josefina Aldecoa, Elvira Lindo, Montserrat Roig o Nuria Amat, por citar tan sólo unas cuantas autoras españolas, y no creo que ello haya supuesto merma° alguna en su obra. Y no se trata sólo de los periodistas: cada vez que conoces a alguien, sea hombre o mujer, el asunto° suele aparecer al poco rato. Desde luego, estas preguntas no se les plantean habitualmente a los varones.

decrease
matter

Antes, de joven, contestar una y otra vez no me molestaba. Pero desde que he alcanzado cierta edad, una edad digamos irreversible (ya no tengo hijos ni tendré), he empezado a advertir que, cuando respondo que no, una especie de incomodidad flota en el aire, como si los interlocutores sintieran cierto malestar° por haber dicho algo inconveniente, como si tuvieran que hacer una especie de duelo por los hijos no tenidos de esta mujer sin hijos, como si hubieran nombrado la cojera en la casa de un cojo. Y debo decir que ese malestar lo manifiestan tanto los hombres como las mujeres, y que algunas de las mujeres, pobres mías, incluso añaden aturulladamente° y sin venir al caso° algo como: no importa, da lo mismo°, sin niños se puede vivir la vida igual de bien. Con lo cual revelan el enorme peso que siguen teniendo los modelos tradicionales en nuestra sociedad. Cosa extraordinaria, realmente, descubrir a estas alturas de la vida que los demás te consideran coja porque no eres madre. ■

in a state of confusion/ it's beside the point
it doesn't matter

Análisis

1 **Comprensión** Identifica el párrafo que mejor resume el relato.

1. Al haber llegado a una edad en la que ya no puede tener hijos, la autora se arrepiente por haber sacrificado la maternidad para dedicarse enteramente a su carrera, siguiendo el ejemplo de muchas otras escritoras españolas que no tuvieron hijos para lograr el éxito.

2. La autora reflexiona sobre la situación de presión social que sufren las mujeres que, como ella, no tienen hijos y deben soportar las preguntas y miradas de los demás, que las juzgan como si sufrieran una limitación física.

2 **Interpretación** En parejas, respondan las preguntas.

1. ¿En qué sentido no tener hijos es para Rosa Montero una "circunstancia"? ¿Cómo lo perciben los demás? ¿En qué lo nota ella?

2. ¿La autora siente que lo que le ocurre a ella es una situación única? ¿Por qué?

3. ¿Qué relación ve Montero entre la tradición en España e Italia con la merma de tasa de natalidad de los últimos años?

4. ¿Qué opina sobre la experiencia de la maternidad para cualquier mujer?

5. ¿Por qué antes no le molestaba la situación? ¿Qué le sucede ahora?

6. ¿Cómo llega ella a la conclusión de que los demás consideran coja a quien no es madre?

3 **Estadísticas** En parejas, analicen los siguientes datos y comparen las tasas de natalidad en España y Estados Unidos. ¿En qué se parecen? ¿En qué hay diferencias? ¿A qué puede deberse? Escriban una breve conclusión y luego compártanla con la clase.

	España	Estados Unidos
Número de hijos por mujer	1,38	1,9
Promedio de edad en la que las mujeres tienen su primer hijo	32 años	25 años
Hijos nacidos fuera del matrimonio	35%	41%
Edad promedio para el matrimonio	33 años para los hombres / 31 años para las mujeres	29 para los hombres / 27 para las mujeres

4 **Ni coja ni madre** En parejas, relean el artículo y respondan las preguntas.

1. ¿Les parece adecuado el título al tema? Sugieran un título alternativo.

2. Dos de las características del nuevo periodismo son el protagonismo que asume el escritor y que el reportaje se lee como un relato. Encuentren ejemplos de cada una en el texto. ¿Les parece que la autora logra trasmitir bien el tema con estos recursos? ¿Por qué?

3. El escritor Jean Paul Sartre dijo que "El infierno son los otros". ¿Qué clase de definición de la sociedad es ésa? ¿Creen que Rosa Montero estaría de acuerdo? ¿Y ustedes?

5 **Tabú** En parejas, lean la lista y marquen las cosas que su cultura considera peyorativas o tabú. Luego, expliquen por qué creen que lo son. ¿Cuáles creen que serían mal vistas en España? ¿Y en algún país de Latinoamérica? Agreguen un tabú que ustedes conocen de su cultura. Finalmente, comparen sus respuestas con el resto de la clase para ver qué coincidencias o diferencias surgen.

estar desempleado/a	no usar cuenta de Facebook	estar divorciado/a
ser una mujer soltera	beber alcohol	señalar con el dedo
escupir	no tener hijos	no tener teléfono celular
tener varias esposas	saludar con un beso	comer carne
dejar comida en el plato	preguntarle la edad a una mujer	

6 **Historias** En grupos, elijan dos de estas historias y debatan cuánto influyó la visión de la sociedad y el entorno familiar en el desenlace. Identifiquen qué clase de presión sufren los personajes (de grupo, de clase, etc.) y analicen cómo reaccionan frente a ella, y si logran superarla o no.

Romeo y Julieta   *Matar a un ruiseñor* (*To Kill a Mockingbird*)

Cenicienta (*Cinderella*)   *Orgullo y prejuicio* (*Pride and Prejudice*)

Shrek   *Qué bello es vivir* (*It's a Wonderful Life*)

7 **Entrevista** En parejas, preparen una entrevista sobre el tema que presenta Rosa Montero y entrevisten a una persona hispana y a otra estadounidense. Preparen un informe y preséntenlo a la clase. ¿Cuáles son los puntos en común de las distintas entrevistas e informes? Finalmente, la clase debatirá sobre los factores a favor y los factores en contra de la maternidad/paternidad actualmente.

Preguntas sugeridas

- ¿Tiene hijos? Si no, ¿quiere tener hijos? ¿Por qué?
- ¿Qué edad le parece ideal para convertirse en padre/madre?
- ¿Cuáles cree que son los beneficios y las dificultades de tener hijos?
- ¿Tuvo/Tendrá que renunciar a alguna cosa para ser madre/padre?
- ¿Qué influyó/influirá en sus decisiones sobre la maternidad/paternidad?

8 **Situaciones** En parejas, elijan una de las siguientes situaciones e improvisen un diálogo. Utilicen las palabras de la lista. Cuando estén listos, represéntenlo delante de la clase.

confabular	límites	renunciar
descortesía	molestarse	retrasar
entorno	plantear	soportar
herencia	rechazar	visión

A

Una tía ha comenzado a prepararle citas a su sobrino/a porque le preocupa que no tenga pareja. Su sobrino/a se enoja mucho y quiere hacerle entender a su tía que no debe meterse en su vida privada y que prefiere quedarse solo/a antes que aceptar ninguna de esas citas.

B

Un padre o una madre le comunica a su hijo/a que se ha enamorado de una persona que conoció por Internet, y que se va a vivir con ella. El hijo/a intenta razonar con su padre/madre para convencerlo/a de que no lo haga.

Preparación  Audio: Vocabulario

Sobre el autor

El escritor colombiano **Daniel Samper Pizano** nació en Bogotá en 1945. Comenzó a hacer periodismo a los diecinueve años en el diario *El Tiempo*. Estudió Derecho en la Universidad Javeriana y luego se dedicó a las Letras como editor, guionista, profesor, periodista y escritor de numerosos libros de humor, historia y música. Tiene una maestría en Periodismo de la Universidad de Kansas y es *Nieman Fellow* de la Universidad de Harvard. En su escritura utiliza como herramientas el humor, la ironía y la crítica social. Se le considera el padre del periodismo investigativo en Colombia y ha obtenido varios premios, entre ellos el Premio Rey de España y el Premio Internacional de Periodismo. Es también miembro correspondiente de la Academia Colombiana de la Lengua.

Vocabulario de la lectura		Vocabulario útil
acatar *to obey*	**el eje** *axis*	**atreverse** *to dare*
convertirse *to become*	**imperar** *to prevail*	**la costumbre** *habit*
la derrota *defeat*	**el mandamiento** *commandment*	**dirigirse a** *to address*
desaconsejar *to advise against*	**la queja** *complaint*	**la falta de respeto** *disrespect*
el dictamen *ruling*	**el reglamento** *rules, regulations*	**la fiesta** *holiday*
disgustado/a *displeased*	**solicitar** *to request*	**la reunión** *gathering*

1 **Reuniones familiares** Completa el siguiente texto con las formas apropiadas de las palabras del vocabulario.

Reglamento esencial para sobrevivir a las reuniones familiares

1. Para que _____ la paz en la familia, se _____ hablar más de la cuenta. A veces, según qué comentarios, pueden surgir malos entendidos.

2. No es recomendable _____ con sobrenombres bromistas a miembros de la familia porque pueden percibirlos como una _____.

3. Si el lugar resulta incómodo o la comida inconveniente, _____ amablemente el cambio necesario en vez de dar _____ y poner mala cara.

4. No intentes _____ en el alma de la fiesta: el _____ de la buena convivencia es que haya espacio para todos.

5. Finalmente, _____ a crear alguna nueva _____ familiar para renovar las _____.

Si _____ estos simples _____, podrás escapar con seguridad al estrés de las festividades.

2 **Padres** En parejas, respondan las siguientes preguntas. Luego, compartan sus respuestas con el resto de la clase.

1. ¿Qué palabras del español conoces para dirigirse al padre? ¿Y en inglés?

2. ¿Cómo llamas tú a tu padre? ¿Y tu padre y su padre cómo llamaban al suyo?

3. ¿Crees que algunas formas trasmiten más respeto que otras? ¿Cuáles serían una falta de respeto?

 Practice more at **vhlcentral.com**.

Daniel Samper Pizano

* Padre, papá, papi

el 'padre' = severa
↳ se refiere con 'usted'

¡Cómo era de bueno ser padre! Hasta hace cosa de un siglo, los hijos acataban el cuarto mandamiento como si no fuera dictamen de Dios sino reglamento de la Federación de Fútbol. Imperaban normas estrictas de educación: nadie se sentaba a la mesa antes que el padre; nadie hablaba sin permiso del padre; nadie se levantaba si el padre no se había levantado; nadie repetía almuerzo, porque el padre solía dar buena cuenta° de las bandejas: por algo era el padre…

eat up

La madre ha constituido siempre el eje sentimental de la casa, pero el padre era la autoridad suprema. A él no lo rechistaba nadie. Si el padre estaba disgustado, el hijo guardaba aterrado silencio. Y si denotaba el más mínimo gesto de queja, el padre le asestaba un par de correazos° porque el padre usaba cinturón, no calzonarias° de colores, como Darío Restrepo. Si, finalmente, lo ordenaba así el padre, el hijo díscolo° permanecía el fin de semana encadenado° en la buhardilla°.

blows with a belt
suspenders
unruly
chained/attic

Basta con releer Corazón, aquel libro de Amicis que el padre nos mandó leer a la fuerza, para entender lo que era un padre. Cuando el padre miraba fijamente a la hija, esta abandonaba al novio, volvía a vestir falda larga y se metía de monja. A una orden suya, los hijos varones cortaban leña°, alzaban bultos o se hacían matar en la guerra.

firewood

—Padre: ¿quiere usted que cargue las piedras en el carro y le dé de beber al buey?

¡Qué barraquera° era el padre!

awesome (Col.; colloquial)

Todo empezó a cambiar hace unas siete décadas, cuando el padre dejó de ser el padre y se convirtió en el papá. El mero sustantivo era una derrota. Padre es palabra sólida, rocosa; papá es apelativo para oso de felpa° o perro faldero°. Demasiada confiancita. Además —segunda derrota— "papá" es una invitación al infame tuteo°. Con el uso de "papá" el hijo se sintió autorizado para protestar, cosa que nunca había ocurrido cuando el padre era el padre:

teddy bear/ lapdog
use of "tú"

—¡Pero, papá, me parece el colmo° que no me prestes el carro…!

too much

A diferencia del padre, el papá era tolerante. Permitía al hijo que fumara en su presencia, en vez de arrancarle° de una bofetada° el cigarrillo y media jeta°, como hacía el padre en circunstancias parecidas. Los hijos empezaron a llevar amigos a casa y a organizar bailoteos y

slap/to snatch from someone
face

bebetas°, mientras papá y mamá se desvelaban° y comentaban:

drinking parties (Col.)/ couldn't sleep

—Bueno, tranquiliza saber que están tomándose unos traguitos° en casa y no en quién-sabe-dónde.

little drinks

El papá marcó un acercamiento generacional muy importante, algo que el padre desaconsejaba por completo. Los hijos empezaron a comer en la sala mirando el televisor, mientras papá y mamá lo hacían solos en la mesa. Y a coger el teléfono sin permiso, y a sustraer° billetes de la cartera de papá, y a usar sus mejores camisas. La hija, a salir con pretendientes° sin chaperón y a exigirle al papá que no hiciera mala cara al insoportable novio y en vez de "señor González", como habría hecho el padre, lo llamara "Tato".

to extract; to sneak
suitors

Papá seguía siendo la autoridad de la casa, pero bastante maltrecha°. Nada comparable a la figura procera° del padre. Era, en fin, un tipo querido, de lavar y planchar, a quien acudir en busca de consejo o plata prestada.

battered
high, eminent

Y entonces vino papi.

Papi es invento reciente, de los últimos 20 o 30 años.

Descendiente menguado° y raquítico de padre y de papá, ya ni siquiera se le consulta o se le solicita, sino que se le notifica.

diminished

—Papi, me llevo el carro, dame para gasolina…

A papi lo sacan de todo. Le ordenan que se vaya a cine con mami cuando los niños tienen fiesta y que entren en silencio por la puerta de atrás. Tiene prohibido preguntar a la nena quién es ese tipo despeinado° que desayuna descalzo° en la cocina. A papi le quitan todo: la tarjeta de crédito, la ropa, el turno para ducharse, la rasuradora eléctrica, el computador, las llaves…

dishevelled/ barefoot

Lo tutean, pero siempre en plan de regaño:

—Tú si eres la embarrada°, ¿no papi?

goof

—¡Papi, no me vuelvas a llamar "chiquita" delante de Jonathan!

Aquel respeto que inspiraba padre, con papá se transformó en confiancita y se ha vuelto franco abuso con papi:

—Oye, papi, me estás dejando acabar el whisky, marica°…

dude (Col.; colloquial)

No sé qué seguirá de papi hacia abajo. Supongo que la esclavitud o el destierro°. Yo estoy aterrado porque, después de haber sido nieto de padre, hijo de papá y papi de hijos, mis nietas han empezado a llamarme "bebé". ∎

exile

usa un hyperbole

Análisis

1 **Comprensión** Decide si las siguientes afirmaciones son ciertas o falsas. Corrige las falsas.

1. Antes, nadie se atrevía a cuestionar la autoridad del padre.
2. La figura de la madre no tiene importancia.
3. Las órdenes del padre se seguían siempre, aunque mandara a su hija al convento.
4. Existe otro tipo de padre que se llama "papá" y los dos conviven en la misma época.
5. La palabra "papá" habla de fuerza y solidez.
6. Al convertirse el padre en "papá", los hijos empezaron a cuestionar las cosas.
7. Con la aparición de "papi", los hijos hacen lo que quieren.
8. El autor cree que ya no se puede ir más lejos y que después de "papi" no cambiará la relación entre padres e hijos.

2 **Interpretación** En parejas, contesten las preguntas.

1. ¿En qué se basaba la autoridad suprema del padre según el autor?
2. ¿Qué clase de sentimientos despiertan un oso de felpa o un perro faldero? ¿En qué se parecen estos sentimientos a los que despierta un papá?
3. ¿Cuáles son las derrotas que implica "papá"? ¿Qué consecuencias tienen?
4. ¿Cómo se han cambiado los papeles entre los hijos y "papi"?
5. ¿Qué relación tuvo el autor con su padre? ¿Y con sus hijos? ¿Cómo es la relación con sus nietas?
6. Según él, ¿el camino del padre es hacia abajo o hacia arriba? ¿En qué se nota esto?

3 **Costumbres** En grupos, respondan las siguientes preguntas y luego compartan sus respuestas con el resto de la clase.

1. ¿Cuáles son las comidas más importantes en sus casas?
2. ¿Quién es el/la encargado/a habitualmente de preparar la comida? ¿Comen con el televisor encendido?
3. ¿Cómo cambiaron las comidas en familia desde la generación de sus padres?
4. ¿Qué diferencias encuentran entre la cultura hispana y la de Estados Unidos en cuanto a las costumbres de las comidas? ¿Qué consecuencias tienen estas costumbres en la salud? ¿Y en la comunicación familiar?

4 **Recursos** En grupos, relean el texto y completen las actividades.

1. Anoten las características que corresponden a cada uno de los estadios "padre", "papá" y "papi". ¿De qué manera se describe a cada una de esas figuras en el artículo? ¿Cómo es el proceso de cambio de una figura a otra?
2. A través del humor, el autor presenta situaciones en las que resalta el lado cómico de las cosas, lo que le sirve para reflexionar, enjuiciar y comentar. ¿Dónde encuentran ejemplos de esto en el relato? ¿Cómo consigue el autor este efecto?
3. El autor no sabe qué vendrá después de "papi", pero adelanta algunas suposiciones sobre cómo será. Escriban con el mismo tono del cuento un último párrafo que describa la situación y características de esa nueva figura paterna que vivirá en el futuro. Compartan su párrafo con el resto de la clase.

5 **De padres e hijos** En grupos pequeños, lean las siguientes citas, comenten su significado y expliquen con cuáles de ellas están de acuerdo y con cuáles no.

> "Por severo que sea un padre juzgando a su hijo, nunca es tan severo como un hijo juzgando a su padre". Enrique Jardiel Poncela

> "Es hermoso que los padres lleguen a ser amigos de sus hijos, desvaneciéndoles todo temor, pero inspirándoles un gran respeto". José Ingenieros

> "Hay que llegar a saber que los hijos, vivos o muertos, felices o desdichados, activos o pasivos, tienen lo que el padre no tiene. Son más que el padre y más que ellos mismos". Carlos Fuentes

6 **Fiestas y reuniones** En grupos, discutan sobre cómo se celebran estas reuniones sociales en las culturas hispana y estadounidense. Después conversen sobre cómo participan los padres en las fiestas.

- San Valentín
- Navidad
- Funerales
- Cumpleaños
- Pascua (*Easter*)
- *Baby Showers*

7 **Entrevista a la tercera edad**

A. En grupos, encuentren personas ancianas de origen hispano y entrevístenlas. Incluyan estas preguntas y otras.

- ¿Cómo era la relación con su padre?
- ¿Qué cambios notan en la actualidad con respecto a la figura del padre?
- ¿Qué opinan de la situación familiar actual, tanto entre los hispanos como entre los no hispanos?
- ¿Qué tradición les gustaría conservar con el paso del tiempo?

B. Creen un póster para presentar una campaña de concientización sobre la pérdida de tradiciones, los beneficios de modernizar las relaciones, etc. Utilicen fotos, estadísticas, las respuestas que obtuvieron y todo lo que pueda servirles para hacer la presentación. Inventen un eslogan y presenten su propuesta ante la clase.

8 **Situaciones** En parejas, elijan una de las siguientes situaciones e improvisen un diálogo. Utilicen las palabras de la lista. Cuando estén listos, represéntenlo delante de la clase.

acatar	costumbre	disgustado/a	imperar
atreverse	derrota	eje	queja
convertirse	desaconsejar	falta de respeto	solicitar

A
Una persona quiere cambiar la fiesta tradicional de Navidad y reúne a su familia para proponerles una nueva forma de celebrar. Su propuesta provoca diferentes reacciones.

B
Un padre decide recuperar la tradición de autoridad de su abuelo y les informa a sus hijos cuáles serán las nuevas reglas de ahora en adelante. Sus hijos no están conformes con el planteamiento.

Practice more at vhlcentral.com.

Preparación  Audio: Vocabulario

Sobre el autor

S egún sus propias palabras, **Bruno Aceves** nació "en 1972, de madrugada y algo oscuro de piel sin que nada de esto fuera su culpa". El humor y la frescura caracterizan la escritura de este licenciado en Letras que vive en la Ciudad de México. Allí colabora en numerosas revistas culturales, aunque sus cuentos, crónicas y ensayos se difunden (*spread*) también en Internet. Aunque parece escribir como si estuviera conversando, tras esa aparente simplicidad hay un estilo cuidado, divertido y eficaz.

Vocabulario de la lectura

la cartera *wallet (Mex.); bag, briefcase (Arg.)*
de repente *suddenly*
las medias *tights, panty-hose (Mex.); socks (Arg.)*
a la mera hora *when push comes to shove*
parecido/a *alike*

el/la pariente *relative*
pegado/a *stuck*
seguido *often*
tratar *to try; to treat*
las zapatillas *ballet shoes (Mex.); sneakers (Arg.)*

Vocabulario útil

arraigarse *to take root*
desorientado/a *disoriented*
echar de menos *to miss (someone or something)*
mudarse *to move*
pasarla bien *to have a good time*
transitoriamente *temporarily*

---

1 **Vocabulario** Completa las oraciones con la palabra o expresión correspondiente. Después, en parejas, elijan una de las oraciones y escriban una breve historia inspirándose en ella. Cuando terminen, compartan su historia con la clase.

1. Los turistas piensan que las dos ciudades son _parecidas_ porque tienen mucho en común. Sin embargo, …

2. No logró jamás _arraigarse_ en el nuevo país: nunca aprendió el idioma y nunca dejó de soñar con la familia que había abandonado. Por eso…

3. Ella escuchó sin decir nada y aceptó las críticas que le hacían los demás pero, _a la mera hora_, demostró que sabe defenderse. Abrió la boca y…

4. Cuando se dio cuenta de que no tenía _la cartera_, era demasiado tarde. No le quedaba dinero y los asaltantes ya estaban lejos…

5. Sé que mis padres van a _pasarla bien_ en sus vacaciones de aniversario. Reservaron el mejor hotel y van a ir a las mejores playas. También…

6. Tenemos un _pariente_ que casi no conocemos. Creo que es tío de nuestra madre. ¿O quizás de nuestro padre? El año pasado en la reunión familiar…

2 **Mudanzas y viajes** En parejas, entrevístense utilizando las siguientes preguntas e improvisen otras relacionadas. Después, compartan sus respuestas con la clase.

1. ¿Cuál ha sido el lugar o país más extraño que has visitado?

2. ¿Qué impresión te dio la gente allí? ¿De qué manera era diferente?

3. ¿Notaste algo especial en la manera en que se comunicaban? ¿Hablaban con algún acento extraño o en un idioma diferente?

4. ¿Cómo te sentías en ese sitio?

5. ¿Cómo sería tu vida ahora si te hubieras quedado a vivir en ese lugar?

 Practice more at **vhlcentral.com**.

Dos vidas

A Mariana

Mi madre es argentina de nacimiento° y de forma de hablar. Yo, se podría decir que hablo mexicano aunque sea sólo por el acento. Mamá siempre utiliza palabras que yo entiendo y creo normales en este país, en esta ciudad en la que a la mera hora resulta que nadie le dice a la cartera *cartera*, en esta la Ciudad de México que siento mía y es mía aunque no *debería ser*. Y no porque mi vida me parezca un error; soy feliz, pero como que no puedo olvidar lo que los míos no pueden olvidar. Aunque muchos no lo hayamos vivido, todos sabemos que de repente la historia obliga a la gente a hacer cosas que tal vez no se había propuesto° con calma. Y con calma vivo, viviendo mi vida sin pensar mucho en mi otra vida, la que podría tener de ser otra° la historia de La Historia.

Mi otra vida sería en la Argentina, seguro, con parte de mi familia y muy pero muy lejos de mis amigos, pero no

by birth

planned

if it had been another

179

lo sabría. No sabría que mis amigos de aquí me fueran simpáticos porque no los conocería como no conozco a todos los amigos argentinos que no he podido hacer al vivir en México. Sería mi vida, pero sería otra y ya. Mamá llamaría *cartera* a la cartera, igual que lo hace en México pensando en la Argentina, y en la escuela nadie diría que yo uso palabras raras°: esa sería una diferencia; yo me seguiría llamando Mariana o algo parecido (no importa dónde viva o dónde nazca°: jamás me hubieran puesto Pedro Juan por nombre). Yo Mariana, y casi todos, o la mayoría de los amigos de la mamá de Mariana, mi mamá, serían también argentinos. La familia, claro, sería más grande. Tal vez por eso se inventaron los tíos que no son tíos, para suplir° a otros que porque están tan lejos no los vemos muy seguido. Y porque estos tienen hijos y así nos conseguimos unos primos que nos quedan más cerca.

Dos. Dos son las vidas que tengo. Y siempre me da un poco la impresión de que una es y la otra vida *hubiera sido* o *casi es*. Tengo un mundo en México y otro, lejano° y querido, en la Argentina con tíos, tías, abuelos y tíos de los inventados, de los que no son parientes pero sí que lo parecen porque todos conocen y quieren a mamá y sobre todo porque todos dan consejos. Cuando voy a mi país, al que está cerca de Brasil, en serio que me gusta; veo muchos parientes que además de todo me tratan muy bien, y la verdad es que Buenos Aires es una linda ciudad; por lo menos mucho más tranquila que México, eso: allá no tengo que estar pegada a una falda o un pantalón, me puedo separar, puedo

strange

I might be born

to make up for

distant

caminar. Me gusta mucho. La otra es que allá sólo he ido en vacaciones y todos sabemos que las vacaciones se disfrutan. Para mí, estar en la Argentina ha sido familia y ha sido no ir a la escuela. No ir a la escuela y tener la atención de un mundo de gente, de todo un país que me llama *Nena*°. Y eso es bueno.

Por Argentina siento algo extraño. Me gusta como supongo que me gustaría cualquier país en el que no he vivido mucho tiempo, pero un poco más. Mucho más, porque es mío. Sí. Y es curioso, porque en casa siempre se habla de lo que fue Argentina y lo que es Argentina y estas cosas al parecer son muy distintas. Se habla de un antes y un después. También, en la comida, se habla de México, a lo que va o hacia dónde va. La Argentina se extraña, se extrañará por siempre, y México se vive, como poco a poco y para siempre, también. Y yo estoy en medio, estoy entre un país y el otro; entre una vida que vivo en México y otra que muero de curiosidad de conocer en la Argentina; estoy entre la ciudad que me vio dar mi primer paso, y la que me permite dar muchos, sin un mayor° que me cuide, desde *Flores* hasta *Devoto*°.

Pero quizá no se trate de una cosa o la otra: mis dos vidas se parecen mucho y pienso, mejor dicho estoy segura, que algún día podrán ser una sola. Finalmente, tanto en la Argentina como en México se habla español y existen las palabras "medias" y "zapatillas". Las diferencias son muy pequeñas, tanto, que si me vistiera con "zapatillas" y "medias", tal vez en la Argentina jugaría Fútbol y tal vez en México bailaría *Ballet*, pero seguiría siendo Mariana. ■

Darling (lit. girl)

grown-up

Buenos Aires neighborhoods

Análisis

1
Doble vida Lee cada par de resúmenes y selecciona el que mejor describe lo que narra el cuento *Dos vidas*.

1. a. Mariana vive en México, pero su madre es argentina. Mariana aprendió palabras de su madre que cuando se dicen en México significan cosas que ella no quiere decir.

   b. Mariana vive en México y su madre en Argentina. A Mariana a veces le da la impresión de que cuando se ven, hablan idiomas diferentes. Por ejemplo, para ella *cartera* significa una cosa y para su madre otra.

2. a. Mariana siente por Argentina un cariño especial. Lo considera el lugar al que deberá volver tarde o temprano, porque allí está su vida verdadera. A pesar de que lleva muchos años en México, ella siente que nunca se arraigó, sino que vive ahí transitoriamente.

   b. Mariana siente que Argentina es suya. Sin embargo, considera que su vida es la de México y que Argentina es el lugar de la nostalgia, un lugar para extrañar, pero no para vivir. Tiene mucha curiosidad por ese lugar tan distante.

2 **Charla de sobremesa** En grupos de tres, imaginen una conversación de sobremesa en casa de los tíos de Mariana. Contesten estas preguntas de contexto y contenido y luego entablen la conversación.

- ¿En qué ciudad están? ¿Qué época del año es?
- ¿Quiénes están sentados a la mesa? ¿Qué edades tienen?
- ¿Qué cosas le dicen a Mariana sus tíos? ¿Qué le dicen sus primos?
- ¿Cómo se siente Mariana? ¿Y su madre, si está allí?
- ¿Qué cosas se dicen de Argentina o de México?
- ¿Y de las historias personales?

3 **Vidas hipotéticas** A partir de las siguientes preguntas, imagina cómo serías si tus padres, abuelos o antepasados no hubieran venido a este país. Intercambia tus respuestas con un(a) compañero/a.

1. ¿Dónde vivirías?
2. ¿Cómo sería tu personalidad?
3. ¿Qué te gustaría hacer? ¿Qué no podrías hacer?
4. ¿Quiénes serían tus amigos? ¿Serían diferentes de tus amigos reales?
5. ¿Qué ambiciones tendrías?
6. ¿Qué opinarías de personas como tú?

4 **Vidas futuras** Piensa en tus planes de futuro respecto al español y contesta las siguientes preguntas. Después, comparte tus respuestas con la clase.

1. ¿Piensas seguir estudiando español?
2. ¿Cómo vas a emplear tus conocimientos del español?
3. ¿Piensas usar el español en tu ámbito de trabajo? ¿Y en tu vida diaria?
4. ¿Has considerado mudarte por un tiempo a algún país hispanohablante? ¿Cuál?
5. ¿Cómo crees que tus planes afectarán tu personalidad?

5 **Superhéroes** Superman, Batman y El hombre araña tienen dos vidas: son personas normales y también superhéroes. En grupos de tres, analícenlos e inventen un(a) nuevo/a superamigo/a de ellos. Primero, completen la tabla sobre tres superhéroes conocidos.

Superhéroe	Vida normal	Vida de superhéroe
Superman	periodista; _____ _____	_____ _____
Batman	_____ _____	_____ _____
El hombre araña	_____ _____	lanza telarañas; _____ _____

Ahora, imaginen y describan a un(a) nuevo/a superhéroe/superheroína a partir de estas preguntas.

1. ¿Cómo se llama en su vida normal? ¿Y como superhéroe/superheroína?
2. ¿Dónde vive? ¿Qué trabajo "normal" tiene?
3. ¿A qué edad empezó a utilizar sus superpoderes? ¿Viene de otra galaxia?
4. ¿Cómo se transforma en superhéroe/superheroína? ¿Es nocturno/a?
5. ¿Alguien conoce el secreto de su doble vida? ¿Quién(es)?
6. ¿Quiénes son sus superenemigos?

6 **Doble personalidad** La doble nacionalidad no es lo único que puede dividir la personalidad de un individuo. En grupos de tres, hablen de otros factores en nuestras vidas que pueden llevarnos a sentir una identidad dividida. Luego, compartan sus ideas con la clase.

- La presión de los/las compañeros/as contra la presión de la familia
- Las exigencias de la escuela contra las exigencias del trabajo
- Las responsabilidades académicas contra las actividades deportivas

7 **Situaciones** En parejas, elijan una situación e improvisen un diálogo. Utilicen al menos seis palabras o expresiones de la lista. Cuando estén listos/as, represéntenlo ante la clase.

a la mera hora	echar de menos	pegado/a
arraigarse	mudarse	seguido
de repente	parecido/a	transitoriamente
desorientado/a	pariente	tratar

A
Un(a) joven habla por primera vez con un(a) abuelo/a a quien dejó atrás de niño/a cuando sus padres se lo/la llevaron a vivir a otro país. El/La abuelo/a expresa su disgusto de que perdiera el contacto con su cultura y su familia. El/La nieto/a expone las ventajas.

B
Un(a) político/a con un pasado escandaloso habla con su asesor(a) (*consultant*) de imagen. Éste/a le explica cómo debe cambiar su comportamiento si desea ganar las próximas elecciones. El/La político/a responde que es difícil transformarse en una persona distinta.

Practice more at **vhlcentral.com**.

Preparación  Audio: Vocabulario

Sobre la autora

Maitena Burundarena (Buenos Aires, Argentina, 1962) es una artista autodidacta (*self-taught*) que empezó trabajando como ilustradora gráfica de diarios, revistas y textos escolares. Con el tiempo, se inclinó hacia la historieta. Sus personajes aparecieron en los diarios *Tiempo Argentino* y *El Cronista Comercial*. También tuvo una página semanal de humor en la revista *Para Ti*, cuyos trabajos fueron recopilados en los volúmenes *Mujeres alteradas 1, 2, 3, 4* y *5*.

Vocabulario de la tira cómica

alcanzar *to get, to bring*
apagado/a *switched off*
el brote *outbreak*
la cobertura *coverage*
la señal *signal*
el síndrome de abstinencia *withdrawal symptoms*

sonar *to ring*
tender a *to tend to*
el tercero *third party*

Vocabulario útil

dar rabia *infuriate*
estar localizable *to be available*
innecesario/a *unnecessary, needless*

inoportuno/a *untimely, inopportune*
irritante *irritating*
permitirse el lujo *to afford*
prescindir *to do without*
prolongado/a *long, lengthy*
el/la usuario/a *user*

1 **Encuesta** En parejas, háganse las preguntas.
1. ¿Consideras el teléfono celular un lujo o una necesidad? ¿Por qué?
2. ¿Podrías prescindir de tu celular? ¿Por qué?
3. ¿Hay algo que te moleste de otros usuarios de celular? ¿Qué?
4. ¿Es posible estar sin teléfono celular? ¿Por qué?

Análisis

1 **En serio** En grupos pequeños, contesten las preguntas y compartan sus experiencias.
1. ¿Les resultan familiares las situaciones de la tira cómica? ¿Qué reflejan? ¿Creen que son exageradas?
2. ¿Se sienten identificados/as con algún personaje de las viñetas o conocen a alguien que les recuerde a alguno de ellos?

2 **Incomunicación** En parejas, improvisen un diálogo entre las dos personas de la última viñeta, una vez que él termine su llamada, por supuesto. ¿Quién hablará primero? ¿Qué dirá? ¿Se cortará de nuevo la comunicación?

3 **Otra viñeta** En parejas, inventen otra situación que capte (*would capture*) con humor la dependencia del celular y su influencia en las relaciones personales. Después, compártanla con la clase y, por votación, decidan cuál es la mejor.

4 **Otra tira cómica** En grupos de tres, creen una tira cómica sobre la telefonía celular o las redes sociales. Incluyan una lista de preguntas respecto a la tira y su significado. Después, distribuyan las tiras a estudiantes de diferentes edades. ¿Están de acuerdo los estudiantes con lo que representan las tiras? ¿Cómo varía la percepción de la tecnología según las distintas generaciones? Compartan los resultados obtenidos con la clase y debatan sobre el tema.

Practice more at **vhlcentral.com**.

Encuentra la receta de la felicidad

No existe una receta infalible para alcanzar la felicidad. Sin embargo, siempre han existido elementos específicos que se asocian con la felicidad y la satisfacción. ¿Qué factores —históricos, políticos, sociales, geográficos, personales— influyen en la idea de felicidad de una generación?

Plan de redacción

Planea

1 **Elige el objetivo de tu composición** ¿Qué elementos forman parte de la receta de la felicidad de tu generación? ¿Y de tu receta en particular? ¿Son muy diferentes estos elementos de los que se consideraban una o dos generaciones atrás? ¿Tener una fórmula para la felicidad limita a la gente o le marca un camino? Usa estas sugerencias para elegir un objetivo para tu composición:

- Comparar la receta de la felicidad de mi generación con la de una generación anterior

- Comparar mi receta personal de la felicidad con la de mi generación en general

- Opinar sobre las ventajas o desventajas de tener un plan o una receta para la felicidad

- Otra

Escribe

2 **Introducción** Plantea el objetivo de tu composición.

3 **Argumentos y ejemplos** Da argumentos y ejemplos para ilustrar tu punto de vista.

4 **Conclusión** Resume brevemente tu opinión.

Comprueba y lee

5 **Revisa** Repasa tu composición.

- Evita las oraciones demasiado largas. Usa un estilo claro y sencillo.

- Utiliza frases y conjunciones para comparar o contrastar ideas: aunque / si bien / sin embargo / más, menos / al igual que / a diferencia de / tanto… como

- Verifica que los ejemplos y argumentos ilustren tu punto de vista.

6 **Lee** Lee tu composición a tus compañeros de clase. Ellos tomarán notas y luego te harán preguntas.

¿Cuáles son los efectos de la inmigración?

¿Qué efecto tiene el cambio de país en la cultura de los inmigrantes? ¿Cómo afecta la llegada de inmigrantes al estilo de vida del país que los recibe? ¿Cuáles son los efectos culturales, sociales, políticos y económicos?

1 La clase se divide en grupos pequeños. Cada grupo debe leer estas opiniones sobre la inmigración y elegir una con la que esté de acuerdo y una con la que esté en desacuerdo. Deben respaldar (*to support*) sus opiniones con experiencias familiares, de personas conocidas o de otras fuentes.

- Para los inmigrantes, aferrarse (*clinging*) a la tierra de origen crea un conflicto de intereses.

- Este país recibió con los brazos abiertos a nuestros abuelos. Sin embargo, es probable que los inmigrantes de hoy no puedan decir lo mismo.

- No se puede comparar la situación de hoy con la de nuestros antepasados.

- El dolor de abandonar el lugar de origen es muy fuerte. ¿Por qué empeorarlo exigiendo a los inmigrantes que abandonen su idioma y sus costumbres?

- No existe diversidad real si las personas de distintas culturas no comparten el salón de clase, el lugar de trabajo y el barrio donde viven.

2 Luego, los grupos comparten las citas elegidas y explican por qué las eligieron mientras la clase toma notas. Incluyan ejemplos en sus explicaciones. En el caso de que no todos estén de acuerdo, expliquen las distintas opiniones que hay dentro del grupo.

3 Cuando todos los grupos terminen sus presentaciones, toda la clase debate el tema haciendo preguntas y defendiendo sus opiniones.

Verb Conjugation Tables

Pages **192–206** contain verb conjugation patterns. Patterns 1 to 3 include the simple tenses of three model **-ar**, **-er**, and **-ir** regular verbs. Patterns 4 to 80 include verbs with stem changes, spelling changes, and irregular verbs. Three charts are also provided for the formation of compound tenses (**p. 192**) and progressive tenses (**p. 193**).

Verbs with stem changes, spelling changes, and irregular verbs

In patterns 4 to 80, the superscript numbers in parentheses identify the type of irregularity:

(1) Stem-changing verbs (**p**e**nsar** → **p**ie**nso**)

(2) Verbs with spelling changes (**recoger** → **reco**j**o**)

(3) Verbs with accent changes or verbs that require replacing u with **ü** (**re**u**nir** → **re**ú**no**; **averig**u**ar** → **averig**ü**e**)

(4) Verbs with unique irregularities (sometimes in addition to stem or spelling changes) (**poner** → **puse**)

Note: Any form that deviates from the regular verb patterns is indicated in **bold** font.

Voseo

Voseo conjugations are included in the present indicative and in the second person singular informal imperative.

tú/vos   hablas/hablás   habla/hablá

Nomenclature

The Spanish names of the verb tenses used in this book correspond to the names used in the *Nueva gramática de la lengua española*, published by the Real Academia Española.

English terminology used in this book	Spanish terminology used in this book	Traditional Spanish terminology
Simple present	Presente	Presente
Imperfect	Pretérito imperfecto	Pretérito imperfecto
Preterite	Pretérito perfecto simple	Pretérito indefinido
Present perfect	Pretérito perfecto compuesto	Pretérito perfecto
Past perfect	Pretérito pluscuamperfecto	Pretérito pluscuamperfecto
Simple future	Futuro (simple)	Futuro (simple)
Future perfect	Futuro compuesto	Futuro compuesto/perfecto
Present conditional	Condicional (simple)	Condicional (simple)
Conditional perfect	Condicional compuesto	Condicional compuesto/perfecto

Tenses not included in the charts

The following tenses are rarely used in contemporary Spanish. They have been excluded from the verb tables.

Pretérito anterior (indicativo)	Cuando **hubo terminado** la fiesta, fuimos a casa.
Futuro simple (subjuntivo)	Adonde **fueres**, haz lo que vieres.
Futuro compuesto (subjuntivo)	"Será proclamado Alcalde el concejal que **hubiere obtenido** más votos..."

Negative imperative

The verb forms for the negative imperative are not included in the verb charts. They coincide with the forms of the present subjunctive.

Verbs with stem changes, spelling changes, and irregular verbs

The list below includes common verbs with stem changes, verbs with spelling changes, and irregular verbs, as well as the verbs used as models/patterns in the charts on **pp. 192–206**. The number in brackets indicates where in the verb tables you can find the conjugated form of the model verb.

abastecer (*conocer* [15])
aborrecer (*conocer* [15])
abstenerse (*tener* [69])
abstraer (*traer* [73])
acaecer (*conocer* [15])
acentuar (*graduar* [37])
acercar (*tocar* [71])
acoger (*proteger* [54])
acontecer (*conocer* [15])
acordar (*contar* [16])
acostar (*contar* [16])
acrecentar (*pensar* [49])
actuar (*graduar* [37])
aderezar (*cruzar* [18])
adherir (*sentir* [65])
adolecer (*conocer* [15])
adormecer (*conocer* [15])
adquirir [4]
aducir (*conducir* [14])
advertir (*sentir* [65])
afligir (*exigir* [35])
ahumar (*rehusar* [57])
airar (*aislar* [5])
aislar [5]
alentar (*pensar* [49])
almorzar [6]
amanecer (*conocer* [15])
amoblar (*contar* [16])
amortiguar (*averiguar* [10])
ampliar (*enviar* [29])
andar [7]
anegar (*negar* [45])
anochecer (*conocer* [15])
apaciguar (*averiguar* [10])
aparecer (*conocer* [15])
apetecer (*conocer* [15])
apretar (*pensar* [49])
aprobar (*contar* [16])
arrepentirse (*sentir* [65])
arriesgar (*llegar* [42])
ascender (*entender* [28])
asentar (*pensar* [49])
asentir (*sentir* [65])
asir [8]
atañer (*tañer* [68])
atardecer (*conocer* [15])

atender (*entender* [28])
atenerse (*tener* [69])
atestiguar (*averiguar* [10])
atraer (*traer* [73])
atravesar (*pensar* [49])
atreverse (*tener* [69])
atribuir (*destruir* [23])
aullar (*rehusar* [57])
aunar (*rehusar* [57])
avanzar (*cruzar* [18])
avergonzar [9]
averiguar [10]
balbucir (*lucir* [43])
bendecir [11]
caber [12]
caer [13]
calentar (*pensar* [49])
cegar (*negar* [45])
ceñir (*teñir* [70])
cerrar (*pensar* [49])
cimentar (*pensar* [49])
cocer (*torcer* [72])
coercer (*vencer* [75])
coger (*proteger* [54])
cohibir (*prohibir* [53])
colgar (*rogar* [61])
comenzar (*empezar* [27])
comer [2]
compadecer (*conocer* [15])
comparecer (*conocer* [15])
competir (*pedir* [48])
complacer (*conocer* [15])
comprobar (*contar* [16])
concebir (*pedir* [48])
concernir (*discernir* [24])
concluir (*destruir* [23])
concordar (*contar* [16])
conducir [14]
confesar (*pensar* [49])
confiar (*enviar* [29])
congregar (*llegar* [42])
conmover (*mover* [44])
conocer [15]
conseguir (*seguir* [64])
consentir (*sentir* [65])
consolar (*contar* [16])

constituir (*destruir* [23])
construir (*destruir* [23])
contar [16]
contener (*tener* [69])
continuar (*graduar* [37])
contradecir (*predecir* [52])
contraer (*traer* [73])
contrariar (*enviar* [29])
convalecer (*conocer* [15])
convencer (*vencer* [75])
convenir (*venir* [76])
converger (*proteger* [54])
convertir (*sentir* [65])
corregir (*elegir* [26])
corroer (*roer* [60])
costar (*contar* [16])
creer [17]
criar (*enviar* [29])
cruzar [18]
dar [19]
decaer (*caer* [13])
decir [20]
deducir (*conducir* [14])
defender (*entender* [28])
degollar [21]
delinquir [22]
demoler (*mover* [44])
demostrar (*contar* [16])
denegar (*negar* [45])
derretir (*pedir* [48])
desafiar (*enviar* [29])
desaguar (*averiguar* [10])
desalentar (*pensar* [49])
desandar (*andar* [7])
desaparecer (*conocer* [15])
desasir (*asir* [8])
descafeinar (*aislar* [5])
descolgar (*rogar* [61])
desconsolar (*contar* [16])
descubrir (*conducir* [14])
desdecir (*predecir* [52])
desentenderse (*entender* [28])
desfallecer (*conocer* [15])
desfavorecer (*conocer* [15])
deshacer (*hacer* [39])
deslucir (*lucir* [43])

desmerecer (*conocer* [15])
desoír (*oír* [46])
despedir (*pedir* [48])
desperezarse (*cruzar* [18])
despertar (*pensar* [49])
desplegar (*negar* [45])
desteñir (*teñir* [70])
destruir [23]
desvestir (*pedir* [48])
detener (*tener* [69])
diferir (*sentir* [65])
digerir (*sentir* [65])
diluir (*destruir* [23])
dirigir (*exigir* [35])
discernir [24]
disentir (*sentir* [65])
disminuir (*destruir* [23])
distender (*entender* [28])
distinguir (*extinguir* [36])
distraer (*traer* [73])
distribuir (*destruir* [23])
divertir (*sentir* [65])
doler (*mover* [44])
dormir [25]
efectuar (*graduar* [37])
ejercer (*vencer* [75])
elegir [26]
embellecer (*conocer* [15])
embestir (*pedir* [48])
emboscar (*tocar* [71])
emerger (*proteger* [54])
empalidecer (*conocer* [15])
emparentar (*pensar* [49])
empequeñecer (*conocer* [15])
empezar [27]
empobrecer (*conocer* [15])
encarecer (*conocer* [15])
encargar (*llegar* [42])
enceguecer (*conocer* [15])
encender (*entender* [28])
encerrar (*pensar* [49])
encontrar (*contar* [16])
endurecer (*conocer* [15])
enfriar (*enviar* [29])
enfurecer (*conocer* [15])
engullir (*zambullir* [80])
enloquecer (*conocer* [15])
enmendar (*pensar* [49])
enmudecer (*conocer* [15])
enriquecer (*conocer* [15])
ensordecer (*conocer* [15])
entender [28]

enterrar (*pensar* [49])
entorpecer (*conocer* [15])
entrelucir (*lucir* [43])
entreoír (*oír* [46])
entretener (*tener* [69])
entristecer (*conocer* [15])
envejecer (*conocer* [15])
enviar [29]
equivaler (*valer* [74])
erguir [30]
errar [31]
escarmentar (*pensar* [49])
esclavizar (*cruzar* [18])
escoger (*proteger* [54])
esforzar (*almorzar* [6])
esparcir [32]
espiar (*enviar* [29])
establecer (*conocer* [15])
estar [33]
estremecer (*conocer* [15])
estreñir (*teñir* [70])
europeizar [34]
evaluar (*graduar* [37])
exceptuar (*graduar* [37])
excluir (*destruir* [23])
exigir [35]
expedir (*pedir* [48])
extender (*entender* [28])
extinguir [36]
extraer (*traer* [73])
fallecer (*conocer* [15])
favorecer (*conocer* [15])
fingir (*exigir* [35])
florecer (*conocer* [15])
fluir (*destruir* [23])
fortalecer (*conocer* [15])
forzar (*almorzar* [6])
fotografiar (*enviar* [29])
fraguar (*averiguar* [10])
fregar (*negar* [45])
freír (*reír* [58])
gobernar (*pensar* [49])
graduar [37]
gruñir (*zambullir* [80])
guiar (*enviar* [29])
haber [38]
habituar (*graduar* [37])
hablar [1]
hacer [39]
helar (*pensar* [49])
hendir (*discernir* [24])
herir (*sentir* [65])

herrar (*pensar* [49])
hervir (*sentir* [65])
homogeneizar (*europeizar* [34])
humedecer (*conocer* [15])
impedir (*pedir* [48])
incluir (*destruir* [23])
inducir (*conducir* [14])
infligir (*exigir* [35])
influir (*destruir* [23])
ingerir (*sentir* [65])
inquirir (*adquirir* [4])
insinuar (*graduar* [37])
instituir (*destruir* [23])
instruir (*destruir* [23])
interferir (*sentir* [65])
introducir (*conducir* [14])
invernar (*pensar* [49])
invertir (*sentir* [65])
investir (*pedir* [48])
ir [40]
judaizar (*europeizar* [34])
jugar [41]
leer (*creer* [17])
liar (*enviar* [29])
llegar [42]
llover (*mover* [44])
lucir [43]
malcriar (*enviar* [29])
maldecir (*bendecir* [11])
malentender (*entender* [28])
malherir (*sentir* [65])
maltraer (*traer* [73])
manifestar (*pensar* [49])
mantener (*tener* [69])
mascar (*tocar* [71])
maullar (*rehusar* [57])
mecer (*vencer* [75])
medir (*pedir* [48])
mentir (*sentir* [65])
merecer (*conocer* [15])
merendar (*pensar* [49])
moler (*mover* [44])
morder (*mover* [44])
morir (p.p. muerto) (*dormir* [25])
mostrar (*contar* [16])
mover [44]
mugir (*exigir* [35])
mullir (*zambullir* [80])
nacer (*conocer* [15])
negar [45]
nevar (*pensar* [49])
obedecer (*conocer* [15])

obstruir (*destruir* [23])
obtener (*tener* [69])
ofrecer (*conocer* [15])
oír [46]
oler [47]
oscurecer (*conocer* [15])
padecer (*conocer* [15])
palidecer (*conocer* [15])
parecer (*conocer* [15])
realizar (*cruzar* [18])
pedir [48]
pensar [49]
perder (*entender* [28])
permanecer (*conocer* [15])
perpetuar (*graduar* [37])
perseguir (*seguir* [64])
plegar (*negar* [45])
poblar (*contar* [16])
poder [50]
poner [51]
poseer (*creer* [17])
predecir [52]
preferir (*sentir* [65])
presentir (*sentir* [65])
prevaler (*valer* [74])
prever (*ver* [77])
probar (*contar* [16])
producir (*conducir* [14])
prohibir [53]
promover (*mover* [44])
proseguir (*seguir* [64])
proteger [54]
proveer (*creer* [17])
provenir (*venir* [76])
provocar (*tocar* [71])
pudrir/podrir [55]
quebrar (*pensar* [49])
querer [56]
recaer (*caer* [13])
rechazar (*cruzar* [18])
recoger (*proteger* [54])
recomendar (*pensar* [49])
recomenzar (*empezar* [27])
reconducir (*conducir* [14])
recordar (*contar* [16])
recostar (*contar* [16])
reducir (*conducir* [14])
reforzar (*almorzar* [6])
refregar (*negar* [45])
regir (*elegir* [26])
rehusar [57]
reír [58]

releer (*creer* [17])
relucir (*lucir* [43])
remendar (*pensar* [49])
remover (*mover* [44])
rendir (*pedir* [48])
renegar (*negar* [45])
reñir (*teñir* [70])
renovar (*contar* [16])
repetir (*pedir* [48])
replegar (*negar* [45])
reproducir (*conducir* [14])
requerir (*sentir* [65])
resarcir (*esparcir* [32])
resolver (p.p. resuelto) (mover [44])
restringir (*exigir* [35])
resurgir (*exigir* [35])
retorcer (*torcer* [72])
retrotraer (*traer* [73])
reunir [59]
reventar (*pensar* [49])
revertir (*sentir* [65])
revolcar (*volcar* [78])
robustecer (*conocer* [15])
rociar (*enviar* [29])
rodar (*contar* [16])
roer [60]
rogar [61]
ruborizar (*cruzar* [18])
saber [62]
salir [63]
salpicar (*tocar* [71])
salpimentar (*pensar* [49])
satisfacer (*hacer* [39])
seducir (*conducir* [14])
seguir [64]
sembrar (*pensar* [49])
sentar (*pensar* [49])
sentir [65]
ser [66]
servir (*pedir* [48])
situar (*graduar* [37])
sobrecoger (*proteger* [54])
sobresalir (*salir* [63])
sobreseer (*creer* [17])
sofreír (*reír* [58])
soler [67]
soltar (*contar* [16])
sonar (*contar* [16])
sonreír (*reír* [58])
soñar (*contar* [16])
sosegar (*negar* [45])

sostener (*tener* [69])
subyacer (*yacer* [79])
sugerir (*sentir* [65])
sumergir (*exigir* [35])
suplicar (*tocar* [71])
surgir (*exigir* [35])
sustituir (*destruir* [23])
sustraer (*traer* [73])
tañer [68]
tatuar (*graduar* [37])
temblar (*pensar* [49])
tener [69]
tentar (*pensar* [49])
teñir [70]
tocar [71]
torcer [72]
tostar (*contar* [16])
traducir (*conducir* [14])
traer [73]
transferir (*sentir* [65])
trascender (*entender* [28])
traslucirse (*lucir* [43])
trastocar (*volcar* [78])
trastrocar (*volcar* [78])
trocar (*volcar* [78])
tropezar (*empezar* [27])
uncir (*esparcir* [32])
urgir (*exigir* [35])
valer [74]
valuar (*graduar* [37])
variar (*enviar* [29])
vencer [75]
venir [76]
ver [77]
verter (*entender* [28])
vestir (*pedir* [48])
vivificar (*tocar* [71])
vivir [3]
volar (*contar* [16])
volcar [78]
volver (p.p. vuelto) (*mover* [44])
yacer [79]
zambullir [80]
zurcir (*esparcir* [32])

Verb conjugation tables

Regular verbs: simple tenses

Infinitivo / Gerundio / Participio	Pronombres personales	INDICATIVO					SUBJUNTIVO		IMPERATIVO
		Presente	Pretérito imperfecto	Pretérito perfecto simple	Futuro simple	Condicional simple	Presente	Pretérito imperfecto	
1 hablar / hablando / hablado	yo	hablo	hablaba	hablé	hablaré	hablaría	hable	hablara *o* hablase	
	tú/vos	hablas/hablás	hablabas	hablaste	hablarás	hablarías	hables	hablaras *o* hablases	habla/hablá
	Ud., él, ella	habla	hablaba	habló	hablará	hablaría	hable	hablara *o* hablase	hable
	nosotros/as	hablamos	hablábamos	hablamos	hablaremos	hablaríamos	hablemos	habláramos *o* hablásemos	hablemos
	vosotros/as	habláis	hablabais	hablasteis	hablaréis	hablaríais	habléis	hablarais *o* hablaseis	hablad
	Uds., ellos/as	hablan	hablaban	hablaron	hablarán	hablarían	hablen	hablaran *o* hablasen	hablen
2 comer / comiendo / comido	yo	como	comía	comí	comeré	comería	coma	comiera *o* comiese	
	tú/vos	comes/comés	comías	comiste	comerás	comerías	comas	comieras *o* comieses	come/comé
	Ud., él, ella	come	comía	comió	comerá	comería	coma	comiera *o* comiese	coma
	nosotros/as	comemos	comíamos	comimos	comeremos	comeríamos	comamos	comiéramos *o* comiésemos	comamos
	vosotros/as	coméis	comíais	comisteis	comeréis	comeríais	comáis	comierais *o* comieseis	comed
	Uds., ellos/as	comen	comían	comieron	comerán	comerían	coman	comieran *o* comiesen	coman
3 vivir / viviendo / vivido	yo	vivo	vivía	viví	viviré	viviría	viva	viviera *o* viviese	
	tú/vos	vives/vivís	vivías	viviste	vivirás	vivirías	vivas	vivieras *o* vivieses	vive/viví
	Ud., él, ella	vive	vivía	vivió	vivirá	viviría	viva	viviera *o* viviese	viva
	nosotros/as	vivimos	vivíamos	vivimos	viviremos	viviríamos	vivamos	viviéramos *o* viviésemos	vivamos
	vosotros/as	vivís	vivíais	vivisteis	viviréis	viviríais	viváis	vivierais *o* vivieseis	vivid
	Uds., ellos/as	viven	vivían	vivieron	vivirán	vivirían	vivan	vivieran *o* viviesen	vivan

Compound tenses

INDICATIVO				SUBJUNTIVO	
Pretérito perfecto compuesto	Pretérito pluscuamperfecto	Futuro compuesto	Condicional compuesto	Pretérito perfecto compuesto	Pretérito pluscuamperfecto
he	había	habré	habría	haya	hubiera *o* hubiese
has	habías	habrás	habrías	hayas	hubieras *o* hubieses
ha hablado	había hablado	habrá hablado	habría hablado	haya hablado	hubiera *o* hubiese hablado
hemos comido	habíamos comido	habremos comido	habríamos comido	hayamos comido	hubiéramos *o* hubiésemos comido
habéis vivido	habíais vivido	habréis vivido	habríais vivido	hayáis vivido	hubierais *o* hubieseis vivido
han	habían	habrán	habrían	hayan	hubieran *o* hubiesen

Estar + gerundio (Progressive tenses)

INDICATIVO

	Presente	Pretérito imperfecto	Pretérito perfecto simple	Futuro simple	Condicional simple
	estoy	estaba	estuve	estaré	estaría
	estás	estabas	estuviste	estarás	estarías
hablando	está	estaba	estuvo	estará	estaría
comiendo	estamos	estábamos	estuvimos	estaremos	estaríamos
viviendo	estáis	estabais	estuvisteis	estaréis	estaríais
	están	estaban	estuvieron	estarán	estarían

(hablando / comiendo / viviendo follows each of the above)

SUBJUNTIVO

	Pretérito perfecto	Pretérito imperfecto
	esté	estuviera o estuviese
	estés	estuvieras o estuvieses
hablando	esté	estuviera o estuviese
comiendo	estemos	estuviéramos o estuviésemos
viviendo	estéis	estuvierais o estuvieseis
	estén	estuvieran o estuviesen

(hablando / comiendo / viviendo follows each of the above)

Perfect progressive tenses are formed using a conjugated form of **haber** + **estado** + *gerundio,* as in **he estado comiendo, hubiera estado corriendo,** etc.

Verbs with stem changes, spelling changes, and irregular verbs

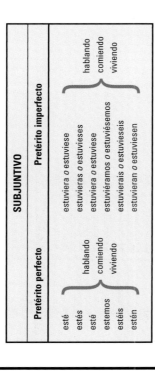

Infinitivo — Gerundio / Participio	Pronombres personales	INDICATIVO Presente	Pretérito imperfecto	Pretérito perfecto simple	Futuro simple	Condicional simple	SUBJUNTIVO Presente	Pretérito imperfecto	IMPERATIVO
4 adquirir (1) (i:ie)	yo	**adquiero**	adquiría	adquirí	adquiriré	adquiriría	**adquiera**	adquiriera o adquiriese	
	tú/vos	**adquieres/adquirís**	adquirías	adquiriste	adquirirás	adquirirías	**adquieras**	adquirieras o adquirieses	**adquiere/adquirí**
	Ud., él, ella	**adquiere**	adquiría	adquirió	adquirirá	adquiriría	**adquiera**	adquiriera o adquiriese	**adquiera**
adquiriendo	nosotros/as	adquirimos	adquiríamos	adquirimos	adquiriremos	adquiriríamos	adquiramos	adquiriéramos o adquiriésemos	adquiramos
adquirido	vosotros/as	adquirís	adquiríais	adquiristeis	adquiriréis	adquiriríais	adquiráis	adquirierais o adquirieseis	adquirid
	Uds., ellos/as	**adquieren**	adquirían	adquirieron	adquirirán	adquirirían	**adquieran**	adquirieran o adquiriesen	**adquieran**
5 aislar (3) (i:í)	yo	**aíslo**	aislaba	aislé	aislaré	aislaría	**aísle**	aislara o aislase	
	tú/vos	**aíslas/aislás**	aislabas	aislaste	aislarás	aislarías	**aísles**	aislaras o aislases	**aísla/aislá**
	Ud., él, ella	**aísla**	aislaba	aisló	aislará	aislaría	**aísle**	aislara o aislase	**aísle**
aislando	nosotros/as	aislamos	aislábamos	aislamos	aislaremos	aislaríamos	aislemos	aisláramos o aislásemos	aislemos
aislado	vosotros/as	aisláis	aislabais	aislasteis	aislaréis	aislaríais	aisléis	aislarais o aislaseis	aislad
	Uds., ellos/as	**aíslan**	aislaban	aislaron	aislarán	aislarían	**aíslen**	aislaran o aislasen	**aíslen**

6 almorzar (1,2) (o:ue) (z:c)
Gerundio: almorzando — Participio: almorzado

Pronombres personales	INDICATIVO Presente	Pretérito imperfecto	Pretérito perfecto simple	Futuro simple	Condicional simple	SUBJUNTIVO Presente	Pretérito imperfecto	IMPERATIVO
yo	**almuerzo**	almorzaba	**almorcé**	almorzaré	almorzaría	**almuerce**	almorzara o almorzase	
tú/vos	**almuerzas**/almorzás	almorzabas	almorzaste	almorzarás	almorzarías	**almuerces**	almorzaras o almorzases	**almuerza**/almorzá
Ud., él, ella	**almuerza**	almorzaba	almorzó	almorzará	almorzaría	**almuerce**	almorzara o almorzase	**almuerce**
nosotros/as	almorzamos	almorzábamos	almorzamos	almorzaremos	almorzaríamos	**almorcemos**	almorzáramos o almorzásemos	**almorcemos**
vosotros/as	almorzáis	almorzabais	almorzasteis	almorzaréis	almorzaríais	**almorcéis**	almorzarais o almorzaseis	almorzad
Uds., ellos/as	**almuerzan**	almorzaban	almorzaron	almorzarán	almorzarían	**almuercen**	almorzaran o almorzasen	**almuercen**

7 andar (4)
Gerundio: andando — Participio: andado

Pronombres personales	INDICATIVO Presente	Pretérito imperfecto	Pretérito perfecto simple	Futuro simple	Condicional simple	SUBJUNTIVO Presente	Pretérito imperfecto	IMPERATIVO
yo	ando	andaba	**anduve**	andaré	andaría	ande	**anduviera** o **anduviese**	
tú/vos	andas/andás	andabas	**anduviste**	andarás	andarías	andes	**anduvieras** o **anduvieses**	anda/andá
Ud., él, ella	anda	andaba	**anduvo**	andará	andaría	ande	**anduviera** o **anduviese**	ande
nosotros/as	andamos	andábamos	**anduvimos**	andaremos	andaríamos	andemos	**anduviéramos** o **anduviésemos**	andemos
vosotros/as	andáis	andabais	**anduvisteis**	andaréis	andaríais	andéis	**anduvierais** o **anduvieseis**	andad
Uds., ellos/as	andan	andaban	**anduvieron**	andarán	andarían	anden	**anduvieran** o **anduviesen**	anden

8 asir (4)
Gerundio: asiendo — Participio: asido

Pronombres personales	INDICATIVO Presente	Pretérito imperfecto	Pretérito perfecto simple	Futuro simple	Condicional simple	SUBJUNTIVO Presente	Pretérito imperfecto	IMPERATIVO
yo	**asgo**	asia	así	asiré	asiría	**asga**	asiera o asiese	
tú/vos	ases/asís	asias	asiste	asirás	asirías	**asgas**	asieras o asieses	ase/así
Ud., él, ella	ase	asia	asió	asirá	asiría	**asga**	asiera o asiese	**asga**
nosotros/as	asimos	asíamos	asimos	asiremos	asiríamos	**asgamos**	asiéramos o asiésemos	**asgamos**
vosotros/as	asís	asíais	asisteis	asiréis	asiríais	**asgáis**	asierais o asieseis	asid
Uds., ellos/as	asen	asian	asieron	asirán	asirían	**asgan**	asieran o asiesen	**asgan**

9 avergonzar (1,2) (o:üe) (z:c)
Gerundio: avergonzando — Participio: avergonzado

Pronombres personales	INDICATIVO Presente	Pretérito imperfecto	Pretérito perfecto simple	Futuro simple	Condicional simple	SUBJUNTIVO Presente	Pretérito imperfecto	IMPERATIVO
yo	**avergüenzo**	avergonzaba	**avergoncé**	avergonzaré	avergonzaría	**avergüence**	avergonzara o avergonzase	
tú/vos	**avergüenzas**/avergonzás	avergonzabas	avergonzaste	avergonzarás	avergonzarías	**avergüences**	avergonzaras o avergonzases	**avergüenza**/avergonzá
Ud., él, ella	**avergüenza**	avergonzaba	avergonzó	avergonzará	avergonzaría	**avergüence**	avergonzara o avergonzase	**avergüence**
nosotros/as	avergonzamos	avergonzábamos	avergonzamos	avergonzaremos	avergonzaríamos	**avergoncemos**	avergonzáramos o avergonzásemos	**avergoncemos**
vosotros/as	avergonzáis	avergonzabais	avergonzasteis	avergonzaréis	avergonzaríais	**avergoncéis**	avergonzarais o avergonzaseis	avergonzad
Uds., ellos/as	**avergüenzan**	avergonzaban	avergonzaron	avergonzarán	avergonzarían	**avergüencen**	avergonzaran o avergonzasen	**avergüencen**

10 averiguar (3) (u:ü)
Gerundio: averiguando — Participio: averiguado

Pronombres personales	INDICATIVO Presente	Pretérito imperfecto	Pretérito perfecto simple	Futuro simple	Condicional simple	SUBJUNTIVO Presente	Pretérito imperfecto	IMPERATIVO
yo	averiguo	averiguaba	**averigüé**	averiguaré	averiguaría	**averigüe**	averiguara o averiguase	
tú/vos	averiguas/averiguás	averiguabas	averiguaste	averiguarás	averiguarías	**averigües**	averiguaras o averiguases	averigua/averiguá
Ud., él, ella	averigua	averiguaba	averiguó	averiguará	averiguaría	**averigüe**	averiguara o averiguase	**averigüe**
nosotros/as	averiguamos	averiguábamos	averiguamos	averiguaremos	averiguaríamos	**averigüemos**	averiguáramos o averiguásemos	**averigüemos**
vosotros/as	averiguáis	averiguabais	averiguasteis	averiguaréis	averiguaríais	**averigüéis**	averiguarais o averiguaseis	averiguad
Uds., ellos/as	averiguan	averiguaban	averiguaron	averiguarán	averiguarían	**averigüen**	averiguaran o averiguasen	**averigüen**

11 bendecir (4)
Gerundio: bendiciendo — Participio: bendecido o bendito

Pronombres personales	INDICATIVO Presente	Pretérito imperfecto	Pretérito perfecto simple	Futuro simple	Condicional simple	SUBJUNTIVO Presente	Pretérito imperfecto	IMPERATIVO
yo	**bendigo**	bendecía	**bendije**	bendeciré	bendeciría	**bendiga**	bendijera o bendijese	
tú/vos	**bendices**/bendecís	bendecías	**bendijiste**	bendecirás	bendecirías	**bendigas**	bendijeras o bendijeses	**bendice**/bendecí
Ud., él, ella	**bendice**	bendecía	**bendijo**	bendecirá	bendeciría	**bendiga**	bendijera o bendijese	**bendiga**
nosotros/as	bendecimos	bendecíamos	**bendijimos**	bendeciremos	bendeciríamos	**bendigamos**	bendijéramos o bendijésemos	**bendigamos**
vosotros/as	bendecís	bendecíais	**bendijisteis**	bendeciréis	bendeciríais	**bendigáis**	bendijerais o bendijeseis	bendecid
Uds., ellos/as	**bendicen**	bendecían	**bendijeron**	bendecirán	bendecirían	**bendigan**	bendijeran o bendijesen	**bendigan**

Infinitivo / Gerundio Participio	Pronombres personales	INDICATIVO Presente	Pretérito imperfecto	Pretérito perfecto simple	Futuro simple	Condicional simple	SUBJUNTIVO Presente	Pretérito imperfecto	IMPERATIVO
12 caber (4)	yo	**quepo**	cabía	**cupe**	**cabré**	**cabría**	**quepa**	**cupiera** o **cupiese**	
cabiendo	tú/vos	cabes/cabés	cabías	**cupiste**	**cabrás**	**cabrías**	**quepas**	**cupieras** o **cupieses**	cabe/cabé
cabido	Ud., él, ella	cabe	cabía	**cupo**	**cabrá**	**cabría**	**quepa**	**cupiera** o **cupiese**	**quepa**
	nosotros/as	cabemos	cabíamos	**cupimos**	**cabremos**	**cabríamos**	**quepamos**	**cupiéramos** o **cupiésemos**	**quepamos**
	vosotros/as	cabéis	cabíais	**cupisteis**	**cabréis**	**cabríais**	**quepáis**	**cupierais** o **cupieseis**	cabed
	Uds., ellos/as	caben	cabían	**cupieron**	**cabrán**	**cabrían**	**quepan**	**cupieran** o **cupiesen**	**quepan**
13 caer (3, 4) (y)	yo	**caigo**	caía	caí	caeré	caería	**caiga**	**cayera** o **cayese**	
cayendo	tú/vos	caes/caés	caías	**caíste**	caerás	caerías	**caigas**	**cayeras** o **cayeses**	cae/caé
caído	Ud., él, ella	cae	caía	**cayó**	caerá	caería	**caiga**	**cayera** o **cayese**	**caiga**
	nosotros/as	caemos	caíamos	**caímos**	caeremos	caeríamos	**caigamos**	**cayéramos** o **cayésemos**	**caigamos**
	vosotros/as	caéis	caíais	**caísteis**	caeréis	caeríais	**caigáis**	**cayerais** o **cayeseis**	caed
	Uds., ellos/as	caen	caían	**cayeron**	caerán	caerían	**caigan**	**cayeran** o **cayesen**	**caigan**
14 conducir (2, 4) (c:zc)	yo	**conduzco**	conducía	**conduje**	conduciré	conduciría	**conduzca**	**condujera** o **condujese**	
conduciendo	tú/vos	conduces/conducís	conducías	**condujiste**	conducirás	conducirías	**conduzcas**	**condujeras** o **condujeses**	conduce/conducí
conducido	Ud., él, ella	conduce	conducía	**condujo**	conducirá	conduciría	**conduzca**	**condujera** o **condujese**	**conduzca**
	nosotros/as	conducimos	conducíamos	**condujimos**	conduciremos	conduciríamos	**conduzcamos**	**condujéramos** o **condujésemos**	**conduzcamos**
	vosotros/as	conducís	conducíais	**condujisteis**	conduciréis	conduciríais	**conduzcáis**	**condujerais** o **condujeseis**	conducid
	Uds., ellos/as	conducen	conducían	**condujeron**	conducirán	conducirían	**conduzcan**	**condujeran** o **condujesen**	**conduzcan**
15 conocer (1) (c:zc)	yo	**conozco**	conocía	conocí	conoceré	conocería	**conozca**	conociera o conociese	
conociendo	tú/vos	conoces/conocés	conocías	conociste	conocerás	conocerías	**conozcas**	conocieras o conocieses	conoce/conocé
conocido	Ud., él, ella	conoce	conocía	conoció	conocerá	conocería	**conozca**	conociera o conociese	**conozca**
	nosotros/as	conocemos	conocíamos	conocimos	conoceremos	conoceríamos	**conozcamos**	conociéramos o conociésemos	**conozcamos**
	vosotros/as	conocéis	conocíais	conocisteis	conoceréis	conoceríais	**conozcáis**	conocierais o conocieseis	conoced
	Uds., ellos/as	conocen	conocían	conocieron	conocerán	conocerían	**conozcan**	conocieran o conociesen	**conozcan**
16 contar (1) (o:ue)	yo	**cuento**	contaba	conté	contaré	contaría	**cuente**	contara o contase	
contando	tú/vos	**cuentas**/contás	contabas	contaste	contarás	contarías	**cuentes**	contaras o contases	**cuenta**/contá
contado	Ud., él, ella	**cuenta**	contaba	contó	contará	contaría	**cuente**	contara o contase	**cuente**
	nosotros/as	contamos	contábamos	contamos	contaremos	contaríamos	contemos	contáramos o contásemos	contemos
	vosotros/as	contáis	contabais	contasteis	contaréis	contaríais	contéis	contarais o contaseis	contad
	Uds., ellos/as	**cuentan**	contaban	contaron	contarán	contarían	**cuenten**	contaran o contasen	**cuenten**
17 creer (3, 4) (y)	yo	creo	creía	creí	creeré	creería	crea	**creyera** o **creyese**	
creyendo	tú/vos	crees/creés	creías	**creíste**	creerás	creerías	creas	**creyeras** o **creyeses**	cree/creé
creído	Ud., él, ella	cree	creía	**creyó**	creerá	creería	crea	**creyera** o **creyese**	crea
	nosotros/as	creemos	creíamos	**creímos**	creeremos	creeríamos	creamos	**creyéramos** o **creyésemos**	creamos
	vosotros/as	creéis	creíais	**creísteis**	creeréis	creeríais	creáis	**creyerais** o **creyeseis**	creed
	Uds., ellos/as	creen	creían	**creyeron**	creerán	creerían	crean	**creyeran** o **creyesen**	crean

Infinitivo / Gerundio Participio	Pronombres personales	INDICATIVO Presente	Pretérito imperfecto	Pretérito perfecto simple	Futuro simple	Condicional simple	SUBJUNTIVO Presente	Pretérito imperfecto	IMPERATIVO
18 cruzar (1) (z:c) cruzando cruzado	yo	cruzo	cruzaba	**crucé**	cruzaré	cruzaría	**cruce**	cruzara o cruzase	
	tú/vos	cruzas/cruzás	cruzabas	cruzaste	cruzarás	cruzarías	**cruces**	cruzaras o cruzases	cruza/cruzá
	Ud., él, ella	cruza	cruzaba	cruzó	cruzará	cruzaría	**cruce**	cruzara o cruzase	**cruce**
	nosotros/as	cruzamos	cruzábamos	cruzamos	cruzaremos	cruzaríamos	**crucemos**	cruzáramos o cruzásemos	**crucemos**
	vosotros/as	cruzáis	cruzabais	cruzasteis	cruzaréis	cruzaríais	**crucéis**	cruzarais o cruzaseis	cruzad
	Uds., ellos/as	cruzan	cruzaban	cruzaron	cruzarán	cruzarían	**crucen**	cruzaran o cruzasen	**crucen**
19 dar (4) dando dado	yo	**doy**	daba	**di**	daré	daría	**dé**	diera o diese	
	tú/vos	das	dabas	**diste**	darás	darías	des	dieras o dieses	da
	Ud., él, ella	da	daba	**dio**	dará	daría	**dé**	diera o diese	**dé**
	nosotros/as	damos	dábamos	**dimos**	daremos	daríamos	demos	diéramos o diésemos	demos
	vosotros/as	**dais**	dabais	**disteis**	daréis	daríais	**deis**	dierais o dieseis	dad
	Uds., ellos/as	dan	daban	**dieron**	darán	darían	den	dieran o diesen	den
20 decir (1, 4) (e:i) **diciendo** **dicho**	yo	**digo**	decía	**dije**	**diré**	**diría**	**diga**	dijera o dijese	
	tú/vos	**dices**/decís	decías	**dijiste**	**dirás**	**dirías**	**digas**	dijeras o dijeses	**di**/decí
	Ud., él, ella	**dice**	decía	**dijo**	**dirá**	**diría**	**diga**	dijera o dijese	**diga**
	nosotros/as	decimos	decíamos	**dijimos**	**diremos**	**diríamos**	**digamos**	dijéramos o dijésemos	**digamos**
	vosotros/as	decís	decíais	**dijisteis**	**diréis**	**diríais**	**digáis**	dijerais o dijeseis	decid
	Uds., ellos/as	**dicen**	decían	**dijeron**	**dirán**	**dirían**	**digan**	dijeran o dijesen	**digan**
21 degollar (1, 3) (go:güe) degollando degollado	yo	**degüello**	degollaba	degollé	degollaré	degollaría	**degüelle**	degollara o degollase	
	tú/vos	**degüellas**/degollás	degollabas	degollaste	degollarás	degollarías	**degüelles**	degollaras o degollases	**degüella**/degollá
	Ud., él, ella	**degüella**	degollaba	degolló	degollará	degollaría	**degüelle**	degollara o degollase	**degüelle**
	nosotros/as	degollamos	degollábamos	degollamos	degollaremos	degollaríamos	degollemos	degolláramos o degollásemos	degollemos
	vosotros/as	degolláis	degollabais	degollasteis	degollaréis	degollaríais	degolléis	degollarais o degollaseis	degollad
	Uds., ellos/as	**degüellan**	degollaban	degollaron	degollarán	degollarían	**degüellen**	degollaran o degollasen	**degüellen**
22 delinquir (2) (qu:c) delinquiendo delinquido	yo	**delinco**	delinquía	delinquí	delinquiré	delinquiría	**delinca**	delinquiera o delinquiese	
	tú/vos	delinques/delinquís	delinquías	delinquiste	delinquirás	delinquirías	**delincas**	delinquieras o delinquieses	delinque/delinquí
	Ud., él, ella	delinque	delinquía	delinquió	delinquirá	delinquiría	**delinca**	delinquiera o delinquiese	**delinca**
	nosotros/as	delinquimos	delinquíamos	delinquimos	delinquiremos	delinquiríamos	**delincamos**	delinquiéramos o delinquiésemos	**delincamos**
	vosotros/as	delinquís	delinquíais	delinquisteis	delinquiréis	delinquiríais	**delincáis**	delinquierais o delinquieseis	delinquid
	Uds., ellos/as	delinquen	delinquían	delinquieron	delinquirán	delinquirían	**delincan**	delinquieran o delinquiesen	**delincan**
23 destruir (4) (y) **destruyendo** destruido	yo	**destruyo**	destruía	destruí	destruiré	destruiría	**destruya**	destruyera o destruyese	
	tú/vos	**destruyes**/destruís	destruías	destruiste	destruirás	destruirías	**destruyas**	destruyeras o destruyeses	**destruye**/destruí
	Ud., él, ella	**destruye**	destruía	**destruyó**	destruirá	destruiría	**destruya**	destruyera o destruyese	**destruya**
	nosotros/as	destruimos	destruíamos	destruimos	destruiremos	destruiríamos	**destruyamos**	destruyéramos o destruyésemos	**destruyamos**
	vosotros/as	destruís	destruíais	destruisteis	destruiréis	destruiríais	**destruyáis**	destruyerais o destruyeseis	destruid
	Uds., ellos/as	**destruyen**	destruían	**destruyeron**	destruirán	destruirían	**destruyan**	destruyeran o destruyesen	**destruyan**

Infinitivo / Gerundio / Participio	Pronombres personales	INDICATIVO Presente	Pretérito imperfecto	Pretérito perfecto simple	Futuro simple	Condicional simple	SUBJUNTIVO Presente	Pretérito imperfecto	IMPERATIVO
24 discernir (1) (e:ie)	yo	**discierno**	discernía	discerní	discerniré	discerniría	**discierna**	discerniera o discerniese	
	tú/vos	**disciernes**/discernís	discernías	discerniste	discernirás	discernirías	**disciernas**	discernieras o discernieses	**discierne**/discerní
discerniendo	Ud., él, ella	**discierne**	discernía	discernió	discernirá	discerniría	**discierna**	discerniera o discerniese	**discierna**
discernido	nosotros/as	discernimos	discerníamos	discernimos	discerniremos	discerniríamos	discernamos	discerniéramos o discerniésemos	discernamos
	vosotros/as	discernís	discerníais	discernisteis	discerniréis	discerniríais	discernáis	discernierais o discernieseis	discernid
	Uds., ellos/as	**disciernen**	discernían	discernieron	discernirán	discernirían	**disciernan**	discernieran o discerniesen	**disciernan**
25 dormir (1) (o:ue)	yo	**duermo**	dormía	dormí	dormiré	dormiría	**duerma**	durmiera o durmiese	
	tú/vos	**duermes**/dormís	dormías	dormiste	dormirás	dormirías	**duermas**	durmieras o durmieses	**duerme**/dormí
durmiendo	Ud., él, ella	**duerme**	dormía	**durmió**	dormirá	dormiría	**duerma**	durmiera o durmiese	**duerma**
dormido	nosotros/as	dormimos	dormíamos	dormimos	dormiremos	dormiríamos	**durmamos**	**durmiéramos** o **durmiésemos**	**durmamos**
	vosotros/as	dormís	dormíais	dormisteis	dormiréis	dormiríais	**durmáis**	**durmierais** o **durmieseis**	dormid
	Uds., ellos/as	**duermen**	dormían	**durmieron**	dormirán	dormirían	**duerman**	**durmieran** o **durmiesen**	**duerman**
26 elegir (1, 2) (e:i) (g:j)	yo	**elijo**	elegía	elegí	elegiré	elegiría	**elija**	eligiera o eligiese	
	tú/vos	**eliges**/elegís	elegías	elegiste	elegirás	elegirías	**elijas**	eligieras o eligieses	**elige**/elegí
eligiendo	Ud., él, ella	**elige**	elegía	**eligió**	elegirá	elegiría	**elija**	eligiera o eligiese	**elija**
elegido o **electo**	nosotros/as	elegimos	elegíamos	elegimos	elegiremos	elegiríamos	**elijamos**	**eligiéramos** o **eligiésemos**	**elijamos**
	vosotros/as	elegís	elegíais	elegisteis	elegiréis	elegiríais	**elijáis**	**eligierais** o **eligieseis**	elegid
	Uds., ellos/as	**eligen**	elegían	**eligieron**	elegirán	elegirían	**elijan**	**eligieran** o **eligiesen**	**elijan**
27 empezar (1, 2) (e:ie) (z:c)	yo	**empiezo**	empezaba	**empecé**	empezaré	empezaría	**empiece**	empezara o empezase	
	tú/vos	**empiezas**/empezás	empezabas	empezaste	empezarás	empezarías	**empieces**	empezaras o empezases	**empieza**/empezá
empezando	Ud., él, ella	**empieza**	empezaba	empezó	empezará	empezaría	**empiece**	empezara o empezase	**empiece**
empezado	nosotros/as	empezamos	empezábamos	empezamos	empezaremos	empezaríamos	**empecemos**	empezáramos o empezásemos	**empecemos**
	vosotros/as	empezáis	empezabais	empezasteis	empezaréis	empezaríais	**empecéis**	empezarais o empezaseis	empezad
	Uds., ellos/as	**empiezan**	empezaban	empezaron	empezarán	empezarían	**empiecen**	empezaran o empezasen	**empiecen**
28 entender (1) (e:ie)	yo	**entiendo**	entendía	entendí	entenderé	entendería	**entienda**	entendiera o entendiese	
	tú/vos	**entiendes**/entendés	entendías	entendiste	entenderás	entenderías	**entiendas**	entendieras o entendieses	**entiende**/entendé
entendiendo	Ud., él, ella	**entiende**	entendía	entendió	entenderá	entendería	**entienda**	entendiera o entendiese	**entienda**
entendido	nosotros/as	entendemos	entendíamos	entendimos	entenderemos	entenderíamos	entendamos	entendiéramos o entendiésemos	entendamos
	vosotros/as	entendéis	entendíais	entendisteis	entenderéis	entenderíais	entendáis	entendierais o entendieseis	entended
	Uds., ellos/as	**entienden**	entendían	entendieron	entenderán	entenderían	**entiendan**	entendieran o entendiesen	**entiendan**
29 enviar (3) (i:í)	yo	**envío**	enviaba	envié	enviaré	enviaría	**envíe**	enviara o enviase	
	tú/vos	**envías**/enviás	enviabas	enviaste	enviarás	enviarías	**envíes**	enviaras o enviases	**envía**/enviá
	Ud., él, ella	**envía**	enviaba	envió	enviará	enviaría	**envíe**	enviara o enviase	**envíe**
enviando	nosotros/as	enviamos	enviábamos	enviamos	enviaremos	enviaríamos	enviemos	enviáramos o enviásemos	enviemos
enviado	vosotros/as	enviáis	enviabais	enviasteis	enviaréis	enviaríais	enviéis	enviarais o enviaseis	enviad
	Uds., ellos/as	**envían**	enviaban	enviaron	enviarán	enviarían	**envíen**	enviaran o enviasen	**envíen**

30 erguir [4]

Gerundio: irguiendo — Participio: erguido

Pronombres personales	INDICATIVO Presente	Pretérito imperfecto	Pretérito perfecto simple	Futuro simple	Condicional simple	SUBJUNTIVO Presente	Pretérito imperfecto	IMPERATIVO
yo	irgo o yergo	erguía	erguí	erguiré	erguiría	irga o yerga	irguiera o irguiese	
tú/vos	irgues o yergues/erguís	erguías	erguiste	erguirás	erguirías	irgas o yergas	irguieras o irguieses	irgue o yergue/erguí
Ud., él, ella	irgue o yergue	erguía	irguió	erguirá	erguiría	irga o yerga	irguiera o irguiese	irga o yerga
nosotros/as	erguimos	erguíamos	erguimos	erguiremos	erguiríamos	irgamos o yergamos	irguiéramos o irguiésemos	irgamos o yergamos
vosotros/as	erguís	erguíais	erguisteis	erguiréis	erguiríais	irgáis o yergáis	irguierais o irguieseis	erguid
Uds., ellos/as	irguen o yerguen	erguían	irguieron	erguirán	erguirían	irgan o yergan	irguieran o irguiesen	irgan o yergan

31 errar [4] (y)

Gerundio: errando — Participio: errado

Pronombres personales	INDICATIVO Presente	Pretérito imperfecto	Pretérito perfecto simple	Futuro simple	Condicional simple	SUBJUNTIVO Presente	Pretérito imperfecto	IMPERATIVO
yo	yerro	erraba	erré	erraré	erraría	yerre o erre	errara o errase	
tú/vos	yerras o erras/errás	errabas	erraste	errarás	errarías	yerres o erres	erraras o errases	yerra o erras/errá
Ud., él, ella	yerra o erra	erraba	erró	errará	erraría	yerre o erre	errara o errase	yerre o erre
nosotros/as	erramos	errábamos	erramos	erraremos	erraríamos	erremos	erráramos o errásemos	erremos
vosotros/as	erráis	errabais	errasteis	erraréis	erraríais	erréis	errarais o erraseis	errad
Uds., ellos/as	yerran o erran	erraban	erraron	errarán	errarían	yerren o erren	erraran o errasen	yerren o erren

32 esparcir [2] (c:z)

Gerundio: esparciendo — Participio: esparcido

Pronombres personales	INDICATIVO Presente	Pretérito imperfecto	Pretérito perfecto simple	Futuro simple	Condicional simple	SUBJUNTIVO Presente	Pretérito imperfecto	IMPERATIVO
yo	esparzo	esparcía	esparcí	esparciré	esparciría	esparza	esparciera o esparciese	
tú/vos	esparces/esparcís	esparcías	esparciste	esparcirás	esparcirías	esparzas	esparcieras o esparcieses	esparce/esparcí
Ud., él, ella	esparce	esparcía	esparció	esparcirá	esparciría	esparza	esparciera o esparciese	esparza
nosotros/as	esparcimos	esparcíamos	esparcimos	esparciremos	esparciríamos	esparzamos	esparciéramos o esparciésemos	esparzamos
vosotros/as	esparcís	esparcíais	esparcisteis	esparciréis	esparciríais	esparzáis	esparcierais o esparcieseis	esparcid
Uds., ellos/as	esparcen	esparcían	esparcieron	esparcirán	esparcirían	esparzan	esparcieran o esparciesen	esparzan

33 estar [4]

Gerundio: estando — Participio: estado

Pronombres personales	INDICATIVO Presente	Pretérito imperfecto	Pretérito perfecto simple	Futuro simple	Condicional simple	SUBJUNTIVO Presente	Pretérito imperfecto	IMPERATIVO
yo	estoy	estaba	estuve	estaré	estaría	esté	estuviera o estuviese	
tú/vos	estás	estabas	estuviste	estarás	estarías	estés	estuvieras o estuvieses	está
Ud., él, ella	está	estaba	estuvo	estará	estaría	esté	estuviera o estuviese	esté
nosotros/as	estamos	estábamos	estuvimos	estaremos	estaríamos	estemos	estuviéramos o estuviésemos	estemos
vosotros/as	estáis	estabais	estuvisteis	estaréis	estaríais	estéis	estuvierais o estuvieseis	estad
Uds., ellos/as	están	estaban	estuvieron	estarán	estarían	estén	estuvieran o estuviesen	estén

34 europeizar [2, 3] (z:c) (i:í)

Gerundio: europeizando — Participio: europeizado

Pronombres personales	INDICATIVO Presente	Pretérito imperfecto	Pretérito perfecto simple	Futuro simple	Condicional simple	SUBJUNTIVO Presente	Pretérito imperfecto	IMPERATIVO
yo	europeizo	europeizaba	europeicé	europeizaré	europeizaría	europeíce	europeizara o europeizase	
tú/vos	europeizas/europeizás	europeizabas	europeizaste	europeizarás	europeizarías	europeíces	europeizaras o europeizases	europeiza/europeizá
Ud., él, ella	europeiza	europeizaba	europeizó	europeizará	europeizaría	europeíce	europeizara o europeizase	europeice
nosotros/as	europeizamos	europeizábamos	europeizamos	europeizaremos	europeizaríamos	europeicemos	europeizáramos o europeizásemos	europeicemos
vosotros/as	europeizáis	europeizabais	europeizasteis	europeizaréis	europeizaríais	europeicéis	europeizarais o europeizaseis	europeizad
Uds., ellos/as	europeízan	europeizaban	europeizaron	europeizarán	europeizarían	europeícen	europeizaran o europeizasen	europeicen

35 exigir [2] (g:j)

Gerundio: exigiendo — Participio: exigido

Pronombres personales	INDICATIVO Presente	Pretérito imperfecto	Pretérito perfecto simple	Futuro simple	Condicional simple	SUBJUNTIVO Presente	Pretérito imperfecto	IMPERATIVO
yo	exijo	exigía	exigí	exigiré	exigiría	exija	exigiera o exigiese	
tú/vos	exiges/exigís	exigías	exigiste	exigirás	exigirías	exijas	exigieras o exigieses	exige/exigí
Ud., él, ella	exige	exigía	exigió	exigirá	exigiría	exija	exigiera o exigiese	exija
nosotros/as	exigimos	exigíamos	exigimos	exigiremos	exigiríamos	exijamos	exigiéramos o exigiésemos	exijamos
vosotros/as	exigís	exigíais	exigisteis	exigiréis	exigiríais	exijáis	exigierais o exigieseis	exigid
Uds., ellos/as	exigen	exigían	exigieron	exigirán	exigirían	exijan	exigieran o exigiesen	exijan

Infinitivo / Gerundio Participio	Pronombres personales	INDICATIVO					SUBJUNTIVO		IMPERATIVO
		Presente	Pretérito imperfecto	Pretérito perfecto simple	Futuro simple	Condicional simple	Presente	Pretérito imperfecto	
36 extinguir (2) (gu:g) / extinguiendo / extinguido	yo	**extingo**	extinguía	extinguí	extinguiré	extinguiría	**extinga**	extinguiera o extinguiese	
	tú/vos	**extingues/extinguís**	extinguías	extinguiste	extinguirás	extinguirías	**extingas**	extinguieras o extinguieses	extingue/extinguí
	Ud., él, ella	extingue	extinguía	extinguió	extinguirá	extinguiría	extinga	extinguiera o extinguiese	**extinga**
	nosotros/as	extinguimos	extinguíamos	extinguimos	extinguiremos	extinguiríamos	**extingamos**	extinguiéramos o extinguiésemos	**extingamos**
	vosotros/as	extinguís	extinguíais	extinguisteis	extinguiréis	extinguiríais	**extingáis**	extinguierais o extinguieseis	extinguid
	Uds., ellos/as	extinguen	extinguían	extinguieron	extinguirán	extinguirían	**extingan**	extinguieran o extinguiesen	**extingan**
37 graduar (3) (u:ú) / graduando / graduado	yo	**gradúo**	graduaba	gradué	graduaré	graduaría	**gradúe**	graduara o graduase	
	tú/vos	**gradúas/graduás**	graduabas	graduaste	graduarás	graduarías	**gradúes**	graduaras o graduases	**gradúa/graduá**
	Ud., él, ella	**gradúa**	graduaba	graduó	graduará	graduaría	**gradúe**	graduara o graduase	**gradúe**
	nosotros/as	graduamos	graduábamos	graduamos	graduaremos	graduaríamos	graduemos	graduáramos o graduásemos	graduemos
	vosotros/as	graduáis	graduabais	graduasteis	graduaréis	graduaríais	graduéis	graduarais o graduaseis	graduad
	Uds., ellos/as	**gradúan**	graduaban	graduaron	graduarán	graduarían	**gradúen**	graduaran o graduasen	**gradúen**
38 haber (4) / habiendo / habido	yo	**he**	había	**hube**	**habré**	**habría**	**haya**	**hubiera** o **hubiese**	
	tú/vos	**has**	habías	**hubiste**	**habrás**	**habrías**	**hayas**	**hubieras** o **hubieses**	
	Ud., él, ella	**ha**	había	**hubo**	**habrá**	**habría**	**haya**	**hubiera** o **hubiese**	
	nosotros/as	**hemos**	habíamos	**hubimos**	**habremos**	**habríamos**	**hayamos**	**hubiéramos** o **hubiésemos**	
	vosotros/as	**habéis**	habíais	**hubisteis**	**habréis**	**habríais**	**hayáis**	**hubierais** o **hubieseis**	
	Uds., ellos/as	**han**	habían	**hubieron**	**habrán**	**habrían**	**hayan**	**hubieran** o **hubiesen**	
39 hacer (4) / haciendo / hecho	yo	**hago**	hacía	**hice**	**haré**	**haría**	**haga**	**hiciera** o **hiciese**	
	tú/vos	haces/hacés	hacías	**hiciste**	**harás**	**harías**	**hagas**	**hicieras** o **hicieses**	**haz/hacé**
	Ud., él, ella	hace	hacía	**hizo**	**hará**	**haría**	**haga**	**hiciera** o **hiciese**	**haga**
	nosotros/as	hacemos	hacíamos	**hicimos**	**haremos**	**haríamos**	**hagamos**	**hiciéramos** o **hiciésemos**	**hagamos**
	vosotros/as	hacéis	hacíais	**hicisteis**	**haréis**	**haríais**	**hagáis**	**hicierais** o **hicieseis**	haced
	Uds., ellos/as	hacen	hacían	**hicieron**	**harán**	**harían**	**hagan**	**hicieran** o **hiciesen**	**hagan**
40 ir (4) / yendo / ido	yo	**voy**	iba	**fui**	iré	iría	**vaya**	fuera o fuese	
	tú/vos	**vas**	ibas	fuiste	irás	irías	**vayas**	fueras o fueses	**ve/andá**
	Ud., él, ella	**va**	iba	fue	irá	iría	**vaya**	fuera o fuese	**vaya**
	nosotros/as	**vamos**	íbamos	fuimos	iremos	iríamos	**vayamos**	fuéramos o fuésemos	**vamos**
	vosotros/as	**vais**	ibais	fuisteis	iréis	iríais	**vayáis**	fuerais o fueseis	id
	Uds., ellos/as	**van**	iban	fueron	irán	irían	**vayan**	fueran o fuesen	**vayan**
41 jugar (1,2) (u:ue) (g:gu) / jugando / jugado	yo	**juego**	jugaba	**jugué**	jugaré	jugaría	**juegue**	jugara o jugase	
	tú/vos	**juegas/jugás**	jugabas	jugaste	jugarás	jugarías	**juegues**	jugaras o jugases	**juega/jugá**
	Ud., él, ella	**juega**	jugaba	jugó	jugará	jugaría	**juegue**	jugara o jugase	**juegue**
	nosotros/as	jugamos	jugábamos	jugamos	jugaremos	jugaríamos	**juguemos**	jugáramos o jugásemos	**juguemos**
	vosotros/as	jugáis	jugabais	jugasteis	jugaréis	jugaríais	**juguéis**	jugarais o jugaseis	jugad
	Uds., ellos/as	**juegan**	jugaban	jugaron	jugarán	jugarían	**jueguen**	jugaran o jugasen	**jueguen**

Infinitivo / Gerundio / Participio	Pronombres personales	INDICATIVO Presente	Pretérito imperfecto	Pretérito perfecto simple	Futuro simple	Condicional simple	SUBJUNTIVO Presente	Pretérito imperfecto	IMPERATIVO
42 llegar (2) (g:gu) — llegando, llegado	yo	llego	llegaba	**llegué**	llegaré	llegaría	**llegue**	llegara o llegase	
	tú/vos	llegas/llegás	llegabas	llegaste	llegarás	llegarías	**llegues**	llegaras o llegases	llega/llegá
	Ud., él, ella	llega	llegaba	llegó	llegará	llegaría	**llegue**	llegara o llegase	**llegue**
	nosotros/as	llegamos	llegábamos	llegamos	llegaremos	llegaríamos	**lleguemos**	llegáramos o llegásemos	**lleguemos**
	vosotros/as	llegáis	llegabais	llegasteis	llegaréis	llegaríais	**lleguéis**	llegarais o llegaseis	llegad
	Uds., ellos/as	llegan	llegaban	llegaron	llegarán	llegarían	**lleguen**	llegaran o llegasen	**lleguen**
43 lucir (1) (c:zc) — luciendo, lucido	yo	**luzco**	lucía	lucí	luciré	luciría	**luzca**	luciera o luciese	
	tú/vos	luces/lucís	lucías	luciste	lucirás	lucirías	**luzcas**	lucieras o lucieses	luce/lucí
	Ud., él, ella	luce	lucía	lució	lucirá	luciría	**luzca**	luciera o luciese	**luzca**
	nosotros/as	lucimos	lucíamos	lucimos	luciremos	luciríamos	**luzcamos**	luciéramos o luciésemos	**luzcamos**
	vosotros/as	lucís	lucíais	lucisteis	luciréis	luciríais	**luzcáis**	lucierais o lucieseis	lucid
	Uds., ellos/as	lucen	lucían	lucieron	lucirán	lucirían	**luzcan**	lucieran o luciesen	**luzcan**
44 mover (1) (o:ue) — moviendo, movido	yo	**muevo**	movía	moví	moveré	movería	**mueva**	moviera o moviese	
	tú/vos	**mueves**/movés	movías	moviste	moverás	moverías	**muevas**	movieras o movieses	**mueve**/mové
	Ud., él, ella	**mueve**	movía	movió	moverá	movería	**mueva**	moviera o moviese	**mueva**
	nosotros/as	movemos	movíamos	movimos	moveremos	moveríamos	movamos	moviéramos o moviésemos	movamos
	vosotros/as	movéis	movíais	movisteis	moveréis	moveríais	mováis	movierais o movieseis	moved
	Uds., ellos/as	**mueven**	movían	movieron	moverán	moverían	**muevan**	movieran o moviesen	**muevan**
45 negar (1,2) (e:ie) (g:gu) — negando, negado	yo	**niego**	negaba	**negué**	negaré	negaría	**niegue**	negara o negase	
	tú/vos	**niegas**/negás	negabas	negaste	negarás	negarías	**niegues**	negaras o negases	**niega**/negá
	Ud., él, ella	**niega**	negaba	negó	negará	negaría	**niegue**	negara o negase	**niegue**
	nosotros/as	negamos	negábamos	negamos	negaremos	negaríamos	**neguemos**	negáramos o negásemos	**neguemos**
	vosotros/as	negáis	negabais	negasteis	negaréis	negaríais	**neguéis**	negarais o negaseis	negad
	Uds., ellos/as	**niegan**	negaban	negaron	negarán	negarían	**nieguen**	negaran o negasen	**nieguen**
46 oír (3,4) (y) — **oyendo**, **oído**	yo	**oigo**	oía	oí	oiré	oiría	**oiga**	oyera u oyese	
	tú/vos	**oyes**/oís	oías	**oíste**	oirás	oirías	**oigas**	**oyeras u oyeses**	oye/oí
	Ud., él, ella	**oye**	oía	**oyó**	oirá	oiría	**oiga**	**oyera u oyese**	oiga
	nosotros/as	**oímos**	oíamos	**oímos**	oiremos	oiríamos	**oigamos**	**oyéramos u oyésemos**	**oigamos**
	vosotros/as	oís	oíais	**oísteis**	oiréis	oiríais	**oigáis**	**oyerais u oyeseis**	oíd
	Uds., ellos/as	**oyen**	oían	**oyeron**	oirán	oirían	**oigan**	**oyeran u oyesen**	oigan
47 oler (1) (o:hue) — oliendo, olido	yo	**huelo**	olía	olí	oleré	olería	**huela**	oliera u oliese	
	tú/vos	**hueles**/olés	olías	oliste	olerás	olerías	**huelas**	olieras u olieses	**huele**/olé
	Ud., él, ella	**huele**	olía	olió	olerá	olería	**huela**	oliera u oliese	**huela**
	nosotros/as	olemos	olíamos	olimos	oleremos	oleríamos	olamos	oliéramos u oliésemos	olamos
	vosotros/as	oléis	olíais	olisteis	oleréis	oleríais	oláis	olierais u olieseis	oled
	Uds., ellos/as	**huelen**	olían	olieron	olerán	olerían	**huelan**	olieran u oliesen	**huelan**

Infinitivo Gerundio Participio	Pronombres personales	INDICATIVO Presente	Pretérito imperfecto	Pretérito perfecto simple	Futuro simple	Condicional simple	SUBJUNTIVO Presente	Pretérito imperfecto	IMPERATIVO
48 pedir (1) (e:i)	yo	**pido**	pedía	pedí	pediré	pediría	**pida**	**pidiera** o **pidiese**	
	tú/vos	**pides**/pedís	pedías	pediste	pedirás	pedirías	**pidas**	**pidieras** o **pidieses**	**pide**/pedí
	Ud., él, ella	**pide**	pedía	**pidió**	pedirá	pediría	**pida**	**pidiera** o **pidiese**	**pida**
pidiendo	nosotros/as	pedimos	pedíamos	pedimos	pediremos	pediríamos	**pidamos**	**pidiéramos** o **pidiésemos**	**pidamos**
pedido	vosotros/as	pedís	pedíais	pedisteis	pediréis	pediríais	**pidáis**	**pidierais** o **pidieseis**	pedid
	Uds., ellos/as	**piden**	pedían	**pidieron**	pedirán	pedirían	**pidan**	**pidieran** o **pidiesen**	**pidan**
49 pensar (1) (e:ie)	yo	**pienso**	pensaba	pensé	pensaré	pensaría	**piense**	pensara o pensase	
	tú/vos	**piensas**/pensás	pensabas	pensaste	pensarás	pensarías	**pienses**	pensaras o pensases	**piensa**/pensá
	Ud., él, ella	**piensa**	pensaba	pensó	pensará	pensaría	**piense**	pensara o pensase	**piense**
pensando	nosotros/as	pensamos	pensábamos	pensamos	pensaremos	pensaríamos	pensemos	pensáramos o pensásemos	pensemos
pensado	vosotros/as	pensáis	pensabais	pensasteis	pensaréis	pensaríais	penséis	pensarais o pensaseis	pensad
	Uds., ellos/as	**piensan**	pensaban	pensaron	pensarán	pensarían	**piensen**	pensaran o pensasen	**piensen**
50 poder (1, 4) (o:ue)	yo	**puedo**	podía	**pude**	**podré**	**podría**	**pueda**	**pudiera** o **pudiese**	
	tú/vos	**puedes**/podés	podías	**pudiste**	**podrás**	**podrías**	**puedas**	**pudieras** o **pudieses**	**puede**/podé
	Ud., él, ella	**puede**	podía	**pudo**	**podrá**	**podría**	**pueda**	**pudiera** o **pudiese**	**pueda**
pudiendo	nosotros/as	podemos	podíamos	**pudimos**	**podremos**	**podríamos**	podamos	**pudiéramos** o **pudiésemos**	podamos
podido	vosotros/as	podéis	podíais	**pudisteis**	**podréis**	**podríais**	podáis	**pudierais** o **pudieseis**	poded
	Uds., ellos/as	**pueden**	podían	**pudieron**	**podrán**	**podrían**	**puedan**	**pudieran** o **pudiesen**	**puedan**
51 poner (4)	yo	**pongo**	ponía	**puse**	**pondré**	**pondría**	**ponga**	**pusiera** o **pusiese**	
	tú/vos	pones/ponés	ponías	**pusiste**	**pondrás**	**pondrías**	**pongas**	**pusieras** o **pusieses**	**pon**/poné
	Ud., él, ella	pone	ponía	**puso**	**pondrá**	**pondría**	**ponga**	**pusiera** o **pusiese**	**ponga**
poniendo	nosotros/as	ponemos	poníamos	**pusimos**	**pondremos**	**pondríamos**	**pongamos**	**pusiéramos** o **pusiésemos**	**pongamos**
puesto	vosotros/as	ponéis	poníais	**pusisteis**	**pondréis**	**pondríais**	**pongáis**	**pusierais** o **pusieseis**	poned
	Uds., ellos/as	ponen	ponían	**pusieron**	**pondrán**	**pondrían**	**pongan**	**pusieran** o **pusiesen**	**pongan**
52 predecir (1, 4) (e:i)	yo	**predigo**	predecía	predije	predeciré o prediré	predeciría o prediría	**prediga**	predijera o predijese	
	tú/vos	**predices**/predecís	predecías	**predijiste**	predecirás o predirás	predecirías o predirías	predigas	predijeras o predijeses	**predice**/predecí
	Ud., él, ella	**predice**	predecía	**predijo**	predecirá o predirá	predeciría o prediría	prediga	predijera o predijese	prediga
prediciendo	nosotros/as	predecimos	predecíamos	**predijimos**	predeciremos o prediremos	predeciríamos o prediríamos	**predigamos**	predijéramos o predijésemos	predigamos
predicho	vosotros/as	predecís	predecíais	**predijisteis**	predeciréis o prediréis	predeciríais o prediríais	predigáis	predijerais o predijeseis	predecid
	Uds., ellos/as	**predicen**	predecían	**predijeron**	predecirán o predirán	predecirían o predirían	predigan	predijeran o predijesen	predigan
53 prohibir (3) (i:í)	yo	**prohíbo**	prohibía	prohibí	prohibiré	prohibiría	**prohíba**	prohibiera o prohibiese	
	tú/vos	**prohíbes**/prohibís	prohibías	prohibiste	prohibirás	prohibirías	**prohíbas**	prohibieras o prohibieses	**prohíbe**/prohibí
	Ud., él, ella	**prohíbe**	prohibía	prohibió	prohibirá	prohibiría	**prohíba**	prohibiera o prohibiese	**prohíba**
prohibiendo	nosotros/as	prohibimos	prohibíamos	prohibimos	prohibiremos	prohibiríamos	prohibamos	prohibiéramos o prohibiésemos	prohibamos
prohibido	vosotros/as	prohibís	prohibíais	prohibisteis	prohibiréis	prohibiríais	prohibáis	prohibierais o prohibieseis	prohibid
	Uds., ellos/as	**prohíben**	prohibían	prohibieron	prohibirán	prohibirían	**prohíban**	prohibieran o prohibiesen	**prohíban**

Infinitivo / Gerundio / Participio	Pronombres personales	INDICATIVO Presente	Pretérito imperfecto	Pretérito perfecto simple	Futuro simple	Condicional simple	SUBJUNTIVO Presente	Pretérito imperfecto	IMPERATIVO
54 proteger (2) (g:j) / protegiendo / protegido	yo	**protejo**	protegía	protegí	protegeré	protegería	**proteja**	protegiera o protegiese	
	tú/vos	proteges/protegés	protegías	protegiste	protegerás	protegerías	**protejas**	protegieras o protegieses	protege/protegé
	Ud., él, ella	protege	protegía	protegió	protegerá	protegería	**proteja**	protegiera o protegiese	**proteja**
	nosotros/as	protegemos	protegíamos	protegimos	protegeremos	protegeríamos	**protejamos**	protegiéramos o protegiésemos	**protejamos**
	vosotros/as	protegéis	protegíais	protegisteis	protegeréis	protegeríais	**protejáis**	protegierais o protegieseis	proteged
	Uds., ellos/as	protegen	protegían	protegieron	protegerán	protegerían	**protejan**	protegieran o protegiesen	**protejan**
55 pudrir/podrir (4) / pudriendo / podrido	yo	pudro	pudría o podría	pudrí o podrí	pudriré o podriré	pudriría o podriría	pudra	pudriera o pudriese	
	tú/vos	pudres/pudrís	pudrías o podrías	pudriste o podriste	pudrirás o podrirás	pudrirías o podrirías	pudras	pudrieras o pudrieses	pudre/pudrí o podrí
	Ud., él, ella	pudre	pudría o podría	pudrió o podrió	pudrirá o podrirá	pudriría o podriría	pudra	pudriera o pudriese	pudra
	nosotros/as	pudrimos o podrimos	pudríamos o podríamos	pudrimos o podrimos	pudriremos o podriremos	pudriríamos o podriríamos	pudramos	pudriéramos o pudriésemos	pudramos
	vosotros/as	pudrís o podrís	pudríais o podríais	pudristeis o podristeis	pudriréis o podriréis	pudriríais o podriríais	pudráis	pudrierais o pudrieseis	pudrid o podrid
	Uds., ellos/as	pudren	pudrían o podrían	pudrieron o podrieron	pudrirán o podrirán	pudrirían o podrirían	pudran	pudrieran o pudriesen	pudran
56 querer (1, 4) (e:ie) / queriendo / querido	yo	**quiero**	quería	**quise**	**querré**	**querría**	**quiera**	**quisiera o quisiese**	
	tú/vos	**quieres/querés**	querías	**quisiste**	**querrás**	**querrías**	**quieras**	**quisieras o quisieses**	**quiere/queré**
	Ud., él, ella	**quiere**	quería	**quiso**	**querrá**	**querría**	**quiera**	**quisiera o quisiese**	**quiera**
	nosotros/as	queremos	queríamos	**quisimos**	**querremos**	**querríamos**	queramos	**quisiéramos o quisiésemos**	queramos
	vosotros/as	queréis	queríais	**quisisteis**	**querréis**	**querríais**	queráis	**quisierais o quisieseis**	quered
	Uds., ellos/as	**quieren**	querían	**quisieron**	**querrán**	**querrían**	**quieran**	**quisieran o quisiesen**	**quieran**
57 rehusar (3) (u:ú) / rehusando / rehusado	yo	**rehúso**	rehusaba	rehusé	rehusaré	rehusaría	**rehúse**	rehusara o rehusase	
	tú/vos	**rehúsas/rehusás**	rehusabas	rehusaste	rehusarás	rehusarías	**rehúses**	rehusaras o rehusases	**rehúsa/rehusá**
	Ud., él, ella	**rehúsa**	rehusaba	rehusó	rehusará	rehusaría	**rehúse**	rehusara o rehusase	**rehúse**
	nosotros/as	rehusamos	rehusábamos	rehusamos	rehusaremos	rehusaríamos	rehusemos	rehusáramos o rehusásemos	rehusemos
	vosotros/as	rehusáis	rehusabais	rehusasteis	rehusaréis	rehusaríais	rehuséis	rehusarais o rehusaseis	rehusad
	Uds., ellos/as	**rehúsan**	rehusaban	rehusaron	rehusarán	rehusarían	**rehúsen**	rehusaran o rehusasen	**rehúsen**
58 reír (1) (e:i) / riendo / reído	yo	**río**	reía	reí	reiré	reiría	**ría**	riera o riese	
	tú/vos	**ríes/reís**	reías	**reíste**	reirás	reirías	**rías**	**rieras o rieses**	**ríe/rei**
	Ud., él, ella	**ríe**	reía	**rio**	reirá	reiría	**ría**	**riera o riese**	**ría**
	nosotros/as	**reímos**	reíamos	**reímos**	reiremos	reiríamos	**riamos**	**riéramos o riésemos**	**riamos**
	vosotros/as	reís	reíais	**reísteis**	reiréis	reiríais	**riais**	**rierais o rieseis**	reíd
	Uds., ellos/as	**ríen**	reían	**rieron**	reirán	reirían	**rían**	**rieran o riesen**	**rían**

Infinitivo Gerundio Participio	Pronombres personales	INDICATIVO Presente	Pretérito imperfecto	Pretérito perfecto simple	Futuro simple	Condicional simple	SUBJUNTIVO Presente	Pretérito imperfecto	IMPERATIVO
59 reunir (3) (u:ú) reuniendo reunido	yo	**reúno**	reunía	reuní	reuniré	reuniría	**reúna**	reuniera o reuniese	
	tú/vos	**reúnes**/reunís	reunías	reuniste	reunirás	reunirías	**reúnas**	reunieras o reunieses	**reúne**/reuní
	Ud., él, ella	**reúne**	reunía	reunió	reunirá	reuniría	**reúna**	reuniera o reuniese	**reúna**
	nosotros/as	reunimos	reuníamos	reunimos	reuniremos	reuniríamos	reunamos	reuniéramos o reuniésemos	reunamos
	vosotros/as	reunís	reuníais	reunisteis	reuniréis	reuniríais	reunáis	reunierais o reunieseis	reunid
	Uds., ellos/as	**reúnen**	reunían	reunieron	reunirán	reunirían	**reúnan**	reunieran o reuniesen	**reúnan**
60 roer (3, 4) (y) **royendo** roído	yo	roo o **roigo** o **royo**	roía	roí	roeré	roería	**roa** o **roiga** o **roya**	**royera** o **royese**	
	tú/vos	roes/roés	roías	**roíste**	roerás	roerías	**roas** o **roigas** o **royas**	**royeras** o **royeses**	roe/roé
	Ud., él, ella	roe	roía	**royó**	roerá	roería	**roa** o **roiga** o **roya**	**royera** o **royese**	roa o **roiga** o **roya**
	nosotros/as	roemos	roíamos	**roímos**	roeremos	roeríamos	roamos o **roigamos** o **royamos**	**royéramos** o **royésemos**	roamos o **roiga** o **royamos**
	vosotros/as	roéis	roíais	**roísteis**	roeréis	roeríais	roáis o **roigáis** o **royáis**	**royerais** o **royeseis**	roed
	Uds., ellos/as	roen	roían	**royeron**	roerán	roerían	roan o **roigan** o **royan**	**royeran** o **royesen**	roan o **roigan** o **royan**
61 rogar (1, 2) (o:ue) (g:gu) rogando rogado	yo	**ruego**	rogaba	**rogué**	rogaré	rogaría	**ruegue**	rogara o rogase	
	tú/vos	**ruegas**/rogás	rogabas	rogaste	rogarás	rogarías	**ruegues**	rogaras o rogases	**ruega**/rogá
	Ud., él, ella	**ruega**	rogaba	rogó	rogará	rogaría	**ruegue**	rogara o rogase	**ruegue**
	nosotros/as	rogamos	rogábamos	rogamos	rogaremos	rogaríamos	**roguemos**	rogáramos o rogásemos	**roguemos**
	vosotros/as	rogáis	rogabais	rogasteis	rogaréis	rogaríais	**roguéis**	rogarais o rogaseis	rogad
	Uds., ellos/as	**ruegan**	rogaban	rogaron	rogarán	rogarían	**rueguen**	rogaran o rogasen	**rueguen**
62 saber (4) sabiendo sabido	yo	**sé**	sabía	**supe**	**sabré**	**sabría**	**sepa**	**supiera** o **supiese**	
	tú/vos	sabes/sabés	sabías	**supiste**	**sabrás**	**sabrías**	**sepas**	**supieras** o **supieses**	sabe/sabé
	Ud., él, ella	sabe	sabía	**supo**	**sabrá**	**sabria**	**sepa**	**supiera** o **supiese**	**sepa**
	nosotros/as	sabemos	sabíamos	**supimos**	**sabremos**	**sabríamos**	**sepamos**	**supiéramos** o **supiésemos**	**sepamos**
	vosotros/as	sabéis	sabíais	**supisteis**	**sabréis**	**sabríais**	**sepáis**	**supierais** o **supieseis**	sabed
	Uds., ellos/as	saben	sabían	**supieron**	**sabrán**	**sabrían**	**sepan**	**supieran** o **supiesen**	**sepan**
63 salir (4) saliendo salido	yo	**salgo**	salía	salí	**saldré**	**saldría**	**salga**	saliera o saliese	
	tú/vos	sales/salís	salías	saliste	**saldrás**	**saldrías**	**salgas**	salieras o salieses	**sal**/salí
	Ud., él, ella	sale	salía	salió	**saldrá**	**saldría**	**salga**	saliera o saliese	**salga**
	nosotros/as	salimos	salíamos	salimos	**saldremos**	**saldríamos**	**salgamos**	saliéramos o saliésemos	**salgamos**
	vosotros/as	salís	salíais	salisteis	**saldréis**	**saldríais**	**salgáis**	salierais o salieseis	salid
	Uds., ellos/as	salen	salían	salieron	**saldrán**	**saldrían**	**salgan**	salieran o saliesen	**salgan**

Infinitivo / Gerundio / Participio	Pronombres personales	INDICATIVO Presente	Pretérito imperfecto	Pretérito perfecto simple	Futuro simple	Condicional simple	SUBJUNTIVO Presente	Pretérito imperfecto	IMPERATIVO
64 seguir (1, 2) (e:i) (gu:g) / **siguiendo** / seguido	yo	sigo	seguía	seguí	seguiré	seguiría	siga	siguiera o siguiese	
	tú/vos	sigues/seguís	seguías	seguiste	seguirás	seguirías	sigas	siguieras o siguieses	sigue/seguí
	Ud., él, ella	sigue	seguía	siguió	seguirá	seguiría	siga	siguiera o siguiese	siga
	nosotros/as	seguimos	seguíamos	seguimos	seguiremos	seguiríamos	sigamos	siguiéramos o siguiésemos	sigamos
	vosotros/as	seguís	seguíais	seguisteis	seguiréis	seguiríais	sigáis	siguierais o siguieseis	seguid
	Uds., ellos/as	siguen	seguían	siguieron	seguirán	seguirían	sigan	siguieran o siguiesen	sigan
65 sentir (1, 4) (e:ie) / **sintiendo** / sentido	yo	siento	sentía	sentí	sentiré	sentiría	sienta	sintiera o sintiese	
	tú/vos	sientes/sentís	sentías	sentiste	sentirás	sentirías	sientas	sintieras o sintieses	siente/sentí
	Ud., él, ella	siente	sentía	sintió	sentirá	sentiría	sienta	sintiera o sintiese	sienta
	nosotros/as	sentimos	sentíamos	sentimos	sentiremos	sentiríamos	sintamos	sintiéramos o sintiésemos	sintamos
	vosotros/as	sentís	sentíais	sentisteis	sentiréis	sentiríais	sintáis	sintierais o sintieseis	sentid
	Uds., ellos/as	sienten	sentían	sintieron	sentirán	sentirían	sientan	sintieran o sintiesen	sientan
66 ser (4) / siendo / sido	yo	soy	era	fui	seré	sería	sea	fuera o fuese	
	tú/vos	eres/sos	eras	fuiste	serás	serías	seas	fueras o fueses	sé
	Ud., él, ella	es	era	fue	será	sería	sea	fuera o fuese	sea
	nosotros/as	somos	éramos	fuimos	seremos	seríamos	seamos	fuéramos o fuésemos	seamos
	vosotros/as	sois	erais	fuisteis	seréis	seríais	seáis	fuerais o fueseis	sed
	Uds., ellos/as	son	eran	fueron	serán	serían	sean	fueran o fuesen	sean
67 soler (1) (o:ue) / soliendo / solido	yo	suelo	solía	*soler is a defective verb (it does not exist in certain tenses)			suela		
	tú/vos	sueles/solés	solías				suelas		
	Ud., él, ella	suele	solía				suela		
	nosotros/as	solemos	solíamos				solamos		
	vosotros/as	soléis	solíais				soláis		
	Uds., ellos/as	suelen	solían				suelan		
68 tañer (4) / **tañendo** / tañido	yo	taño	tañía	tañí	tañeré	tañería	taña	tañera o tañese	
	tú/vos	tañes/tañés	tañías	tañiste	tañerás	tañerías	tañas	tañeras o tañeses	tañe/tañé
	Ud., él, ella	tañe	tañía	tañó	tañerá	tañería	taña	tañera o tañese	taña
	nosotros/as	tañemos	tañíamos	tañimos	tañeremos	tañeríamos	tañamos	tañéramos o tañésemos	tañamos
	vosotros/as	tañéis	tañíais	tañisteis	tañeréis	tañeríais	tañáis	tañerais o tañeseis	tañed
	Uds., ellos/as	tañen	tañían	tañeron	tañerán	tañerían	tañan	tañeran o tañesen	tañan
69 tener (1, 4) (e:ie) / teniendo / tenido	yo	tengo	tenía	tuve	tendré	tendría	tenga	tuviera o tuviese	
	tú/vos	tienes/tenés	tenías	tuviste	tendrás	tendrías	tengas	tuvieras o tuvieses	ten/tené
	Ud., él, ella	tiene	tenía	tuvo	tendrá	tendría	tenga	tuviera o tuviese	tenga
	nosotros/as	tenemos	teníamos	tuvimos	tendremos	tendríamos	tengamos	tuviéramos o tuviésemos	tengamos
	vosotros/as	tenéis	teníais	tuvisteis	tendréis	tendríais	tengáis	tuvierais o tuvieseis	tened
	Uds., ellos/as	tienen	tenían	tuvieron	tendrán	tendrían	tengan	tuvieran o tuviesen	tengan

Infinitivo / Gerundio / Participio	Pronombres personales	INDICATIVO Presente	Pretérito imperfecto	Pretérito perfecto simple	Futuro simple	Condicional simple	SUBJUNTIVO Presente	Pretérito imperfecto	IMPERATIVO
70 teñir (1) (e:i)	yo	**tiño**	teñía	teñí	teñiré	teñiría	**tiña**	**tiñera** o **tiñese**	
	tú/vos	**tiñes**/**teñís**	teñías	teñiste	teñirás	teñirías	**tiñas**	**tiñeras** o **tiñeses**	**tiñe**/**teñí**
	Ud., él, ella	**tiñe**	teñía	**tiñó**	teñirá	teñiría	**tiña**	**tiñera** o **tiñese**	**tiña**
teñiendo	nosotros/as	teñimos	teñíamos	teñimos	teñiremos	teñiríamos	**tiñamos**	**tiñéramos** o **tiñésemos**	**tiñamos**
teñido	vosotros/as	teñís	teñíais	teñisteis	teñiréis	teñiríais	**tiñáis**	**tiñerais** o **tiñeseis**	teñid
	Uds., ellos/as	**tiñen**	teñían	**tiñeron**	teñirán	teñirían	**tiñan**	**tiñeran** o **tiñesen**	**tiñan**
71 tocar (2) (c:qu)	yo	toco	tocaba	**toqué**	tocaré	tocaría	**toque**	tocara o tocase	
	tú/vos	tocas/tocás	tocabas	tocaste	tocarás	tocarías	**toques**	tocaras o tocases	toca/tocá
	Ud., él, ella	toca	tocaba	tocó	tocará	tocaría	**toque**	tocara o tocase	**toque**
tocando	nosotros/as	tocamos	tocábamos	tocamos	tocaremos	tocaríamos	**toquemos**	tocáramos o tocásemos	**toquemos**
tocado	vosotros/as	tocáis	tocabais	tocasteis	tocaréis	tocaríais	**toquéis**	tocarais o tocaseis	tocad
	Uds., ellos/as	tocan	tocaban	tocaron	tocarán	tocarían	**toquen**	tocaran o tocasen	**toquen**
72 torcer (1, 2) (o:ue) (c:z)	yo	**tuerzo**	torcía	torcí	torceré	torcería	**tuerza**	torciera o torciese	
	tú/vos	**tuerces**/torcés	torcías	torciste	torcerás	torcerías	**tuerzas**	torcieras o torcieses	**tuerce**/torcé
	Ud., él, ella	**tuerce**	torcía	torció	torcerá	torcería	**tuerza**	torciera o torciese	**tuerza**
torciendo	nosotros/as	torcemos	torcíamos	torcimos	torceremos	torceríamos	**torzamos**	torciéramos o torciésemos	**torzamos**
torcido o **tuerto**	vosotros/as	torcéis	torcíais	torcisteis	torceréis	torceríais	**torzáis**	torcierais o torcieseis	torced
	Uds., ellos/as	**tuercen**	torcían	torcieron	torcerán	torcerían	**tuerzan**	torcieran o torciesen	**tuerzan**
73 traer (4)	yo	**traigo**	traía	**traje**	traeré	traería	**traiga**	**trajera** o **trajese**	
	tú/vos	traes/traés	traías	**trajiste**	traerás	traerías	**traigas**	**trajeras** o **trajeses**	trae/traé
	Ud., él, ella	trae	traía	**trajo**	traerá	traería	**traiga**	**trajera** o **trajese**	**traiga**
trayendo	nosotros/as	traemos	traíamos	**trajimos**	traeremos	traeríamos	**traigamos**	**trajéramos** o **trajésemos**	**traigamos**
traído	vosotros/as	traéis	traíais	**trajisteis**	traeréis	traeríais	**traigáis**	**trajerais** o **trajeseis**	traed
	Uds., ellos/as	traen	traían	**trajeron**	traerán	traerían	**traigan**	**trajeran** o **trajesen**	**traigan**
74 valer (4)	yo	**valgo**	valía	valí	**valdré**	**valdría**	**valga**	valiera o valiese	
	tú/vos	vales/valés	valías	valiste	**valdrás**	**valdrías**	**valgas**	valieras o valieses	vale/valga
	Ud., él, ella	vale	valía	valió	**valdrá**	**valdría**	**valga**	valiera o valiese	**valga**
valiendo	nosotros/as	valemos	valíamos	valimos	**valdremos**	**valdríamos**	**valgamos**	valiéramos o valiésemos	**valgamos**
valido	vosotros/as	valéis	valíais	valisteis	**valdréis**	**valdríais**	**valgáis**	valierais o valieseis	valed
	Uds., ellos/as	valen	valían	valieron	**valdrán**	**valdrían**	**valgan**	valieran o valiesen	**valgan**
75 vencer (2) (c:z)	yo	**venzo**	vencía	vencí	venceré	vencería	**venza**	venciera o venciese	
	tú/vos	vences/vencés	vencías	venciste	vencerás	vencerías	**venzas**	vencieras o vencieses	vence/vencé
	Ud., él, ella	vence	vencía	venció	vencerá	vencería	**venza**	venciera o venciese	**venza**
venciendo	nosotros/as	vencemos	vencíamos	vencimos	venceremos	venceríamos	**venzamos**	venciéramos o venciésemos	**venzamos**
vencido	vosotros/as	vencéis	vencíais	vencisteis	venceréis	venceríais	**venzáis**	vencierais o vencieseis	venced
	Uds., ellos/as	vencen	vencían	vencieron	vencerán	vencerían	**venzan**	vencieran o venciesen	**venzan**

Infinitivo / Gerundio / Participio	Pronombres personales	INDICATIVO Presente	Pretérito imperfecto	Pretérito perfecto simple	Futuro simple	Condicional simple	SUBJUNTIVO Presente	Pretérito imperfecto	IMPERATIVO
76 venir [1,4] (e:ie) **viniendo** venido	yo	**vengo**	venía	**vine**	**vendré**	**vendría**	**venga**	**viniera** o **viniese**	
	tú/vos	**vienes**/venís	venías	**viniste**	**vendrás**	**vendrías**	**vengas**	**vinieras** o **vinieses**	**ven**/vení
	Ud., él, ella	**viene**	venía	**vino**	**vendrá**	**vendría**	**venga**	**viniera** o **viniese**	**venga Ud.**
	nosotros/as	venimos	veníamos	**vinimos**	**vendremos**	**vendríamos**	**vengamos**	**viniéramos** o **viniésemos**	**vengamos**
	vosotros/as	venís	veníais	**vinisteis**	**vendréis**	**vendríais**	**vengáis**	**vinierais** o **vinieseis**	**venid (no vengáis)**
	Uds., ellos/as	**vienen**	venían	**vinieron**	**vendrán**	**vendrían**	**vengan**	**vinieran** o **viniesen**	**vengan Uds.**
77 ver [4] viendo **visto**	yo	**veo**	**veía**	**vi**	veré	vería	**vea**	**viera** o **viese**	
	tú/vos	ves	**veías**	viste	verás	verías	**veas**	viera o vieses	ve
	Ud., él, ella	ve	**veía**	**vio**	verá	vería	**vea**	viera o viese	**vea**
	nosotros/as	vemos	**veíamos**	vimos	veremos	veríamos	**veamos**	**viéramos** o **viésemos**	**veamos**
	vosotros/as	**veis**	**veíais**	visteis	veréis	veríais	**veáis**	vierais o vieseis	ved
	Uds., ellos/as	ven	**veían**	vieron	verán	verían	**vean**	vieran o viesen	**vean**
78 volcar [1,2] (o:ue) (c:qu) volcando volcado	yo	**vuelco**	volcaba	**volqué**	volcaré	volcaría	**vuelque**	volcara o volcase	
	tú/vos	**vuelcas**/volcás	volcabas	volcaste	volcarás	volcarías	**vuelques**	volcaras o volcases	**vuelca**/volcá
	Ud., él, ella	**vuelca**	volcaba	volcó	volcará	volcaría	**vuelque**	volcara o volcase	**vuelque**
	nosotros/as	volcamos	volcábamos	volcamos	volcaremos	volcaríamos	**volquemos**	volcáramos o volcásemos	**volquemos**
	vosotros/as	volcáis	volcabais	volcasteis	volcaréis	volcaríais	**volquéis**	volcarais o volcaseis	volcad
	Uds., ellos/as	**vuelcan**	volcaban	volcaron	volcarán	volcarían	**vuelquen**	volcaran o volcasen	**vuelquen**
79 yacer [4] yaciendo yacido	yo	**yazco** o **yazgo** o **yago**	yacía	yací	yaceré	yacería	**yazca** o **yazga** o **yaga**	yaciera o yaciese	
	tú/vos	yaces/yacés	yacías	yaciste	yacerás	yacerías	**yazcas** o **yazgas** o **yagas**	yacieras o yacieses	**yace** o **yaz**/**yacé**
	Ud., él, ella	yace	yacía	yació	yacerá	yacería	**yazca** o **yazga** o **yaga**	yaciera o yaciese	**yazca** o **yazga** o **yaga**
	nosotros/as	yacemos	yacíamos	yacimos	yaceremos	yaceríamos	**yazcamos** o **yazgamos** o **yagamos**	yaciéramos o yaciésemos	**yazcamos** o **yazgamos** o **yagamos**
	vosotros/as	yacéis	yacíais	yacisteis	yaceréis	yaceríais	**yazcáis** o **yazgáis** o **yagáis**	yacierais o yacieseis	yaced
	Uds., ellos/as	yacen	yacían	yacieron	yacerán	yacerían	**yazcan** o **yazgan** o **yagan**	yacieran o yaciesen	**yazcan** o **yazgan** o **yagan**
80 zambullir [4] **zambullendo** zambullido	yo	zambullo	zambullía	zambullí	zambulliré	zambulliría	zambulla	**zambullera** o **zambullese**	
	tú/vos	zambulles/ zambullís	zambullías	zambulliste	zambullirás	zambullirías	zambullas	**zambulleras** o **zambulleses**	zambulle/zambullí
	Ud., él, ella	zambulle	zambullía	**zambulló**	zambullirá	zambulliría	zambulla	**zambullera** o **zambullese**	zambulla
	nosotros/as	zambullimos	zambullíamos	zambullimos	zambulliremos	zambulliríamos	zambullamos	**zambulléramos** o **zambullésemos**	zambullamos
	vosotros/as	zambullís	zambullíais	zambullisteis	zambulliréis	zambulliríais	zambulláis	**zambullerais** o **zambulleseis**	zambullid
	Uds., ellos/as	zambullen	zambullían	**zambulleron**	zambullirán	zambullirían	zambullan	**zambulleran** o **zambullesen**	zambullan

Introducción al vocabulario

Vocabulario activo

Este glosario contiene las palabras y expresiones que se presentan como vocabulario activo en **REVISTA**. Los números indican la lección en la que se presenta dicha palabra o expresión.

Sobre el alfabeto español

En el alfabeto español la **ñ** es una letra independiente que sigue a la **n**.

Abreviaturas empleadas en este glosario

adj.	adjetivo	*interj.*	interjección	*pl.*	plural		
adv.	adverbio	*loc.*	locución	*sing.*	singular		
f.	femenino	*m.*	masculino	*v.*	verbo		

Español-Inglés

A

a cuestas *adv.* on one's back **5**
a la mera hora *adv.* when push comes to shove **6**
a regañadientes *adv.* reluctantly **6**
abandonar *v.* to leave **2; 5**
abuso de poder *m.* abuse of power **4**
acatar *v.* to obey **6**
acertado/a *adj.* right, correct **1**
acobardarse *v.* to be daunted by **3**
aconsejable *adj.* advisable **5**
acontecimiento *m.* event **1**
acosador(a) *m., f.* stalker **3**
acosar *v.* to stalk **3**
acusado/a *m., f.* accused **4**
adivinar *v.* to guess **2; 5**
advertir *v.* to warn **5**
aguantar *v.* to hold back, to resist **5**
agudizar *v.* to intensify **3**
agujero *m.* hole **4**
aislamiento *m.* isolation **3**
alcanzar *v.* to get, to bring **6**
alimentar *v.* to feed **2**
alterarse *v.* to get upset **3**
altura *f.* height **5**
amabilidad *f.* kindness **2**
amargura *f.* bitterness **1**
ambición *f.* ambition **2**
amenazante *adj.* threatening **2**
amenazar *v.* to threaten **4**
anillo de compromiso *m.* engagement ring **2**
animar *v.* to cheer up **1**; to encourage **3**
anonadado/a *adj.* overwhelmed **3**
anunciar *v.* to foreshadow **1**
anuncio (de televisión) *m.* (TV) commercial **2**
apagado/a *adj.* switched off **6**

aparentar *v.* to feign **2**
aparición (de un fantasma) *f.* apparition (of a ghost) **1**
apartar *v.* to pull someone away **4**
apartarse *v.* to stray **4**
apasionante *adj.* exciting; thrilling **1**
apatía *f.* apathy, listlessness **3**
apetecer *v.* to feel like **5**
aplastar *v.* to squash **1**
apoderarse *v.* to take possession **4**
aportar *v.* to contribute **3**
apreciar *v.* to appreciate **2**
aprovechar *v.* to make the most of **3**
arder *v.* to burn **4**
arma de fuego *f.* firearm **2**
arraigarse *v.* to take root **6**
arrebatar *v.* to snatch **1**
arrebato *m.* fit **3**
arrepentirse *v.* to regret **2; 5**
arrojar *v.* to throw **4**
asaltar *v.* to storm **4**
asequible *adj.* attainable **2**
asesinar *v.* to murder **4**
aspecto *m.* appearance **1; 3**
aspirante a *adj.* aspiring to **3**
asqueroso/a *adj.* disgusting **6**
astronauta *m., f.* astronaut **1**
asustar *v.* to frighten **1**
asustarse *v.* to be frightened **1**
atacar *v.* to attack **1**
ataúd *m.* coffin **4**
aterrizaje *m.* landing **1**
aterrizar *v.* to land **1**
atrasar *v.* to run late/be slow **1**
atreverse *v.* to dare **4**
atropellar *v.* to run over **2**
atropello *m.* outrage **4**
autoestima *f.* self-esteem **2**
autopista *f.* highway **5**
avergonzado/a *adj.* ashamed; embarrassed **3**
avergonzarse *v.* to be ashamed **3**
azotea *f.* flat roof **4**

B

batir *v.* to beat **4**
batirse en duelo *v.* to fight a duel **4**
besar *v.* to kiss **5**
bichos *m.* creatures, bugs; animals **1; 6**
bienestar *m.* well-being **2**
billetera *f.* wallet **4**
bombero/a *m., f.* firefighter **2**
bostezar *v.* to yawn **3**
brillo *m.* sparkle **4**
brote *m.* outbreak **6**
burla *f.* mockery, joke **5**
burlarse de *v.* to make fun of **1**
butaca *f.* seat **3**

C

cajón *m.* drawer **2**
camino: de camino a *loc.* on the way to **3**
camioneta *f.* pickup truck **1**
campaña *f.* campaign **4**
capítulo *m.* chapter **1**
capricho *m.* whim **2**
carretera *f.* road **5**
cartera *f.* wallet (Mex.); bag, briefcase (Arg.) **6**
casarse *v.* to get married **2**
casco *m.* helmet **4**
castigo *m.* punishment **4**
cásting *m.* audition **3**
celoso/a *adj.* jealous **3**
cercanía *f.* closeness **5**
certidumbre *f.* certainty **5**
chispa *f.* spark **3**
choque *m.* crash **1**
cicatriz *f.* scar **1**
circula el rumor *loc.* rumor has it **3**
cita *f.* date **5**
clavar *v.* to drive something into something **3**

clave *f.* key 2
cobertura *f.* coverage 6
cobrar *v.* to gain (importance, etc.) 5
cohete *m.* rocket 1
cojera *f.* limp, lameness 6
cola de conejo *f.* rabbit's foot 3
colmillo *m.* canine (tooth), fang 5
comediante *m., f.* comedian 3
cometer *v.* to commit 4
compartir *v.* to share 5
complacer *v.* to please 2
cómplice *m., f.* accomplice 4
comportarse *v.* to behave 2
comprensión *f.* understanding 2
concebir *v.* to conceive 1
confabular *v.* to plot, to conspire 6
conjeturar *v.* to speculate, to conjecture 4
conmover *v.* to move (emotionally) 2
conmovido/a *adj.* (emotionally) moved 1
conquistar *v.* to win the heart of 2
conseguir *v.* to attain; to achieve 3
consejo *m.* advice 3
consumismo *m.* consumerism 5
consulta *f.* question 2
convertirse *v.* to become 6
correrse la voz *v.* to spread news 1
cortejar *v.* to court, to woo 2
costumbre *f.* habit 6
creer *v.* to believe 1
criterio *m.* discernment 1
cueva *f.* cave 1
cuidar *v.* to take care of, to look after 6
culpa *f.* fault; guilt 5
culpable *m., f.* guilty one 4

D

dar a luz *v.* to give birth 4
dar rabia *v.* to infuriate 6
darse cuenta *v.* to become aware of something, to realize 2
datos personales *m. pl.* personal information 2
de buenas a primeras *loc.* suddenly 1
de repente *adv.* suddenly 6
decepción *f.* disappointment 1
declaración *f.* statement 4
dedicar *v.* to dedicate 5
dedicatoria *f.* dedication 5
defraudado/a *adj.* disappointed 3
delito *m.* crime 4
demostrar *v.* to show 2
denunciar *v.* to report 4
depresión *f.* depression 2
derogar (una ley) *v.* to abolish (a law) 4
derrota *f.* defeat 6
desafiar *v.* to challenge 3
desaconsejar *v.* to advise against 6
desaparecido/a *m., f.* missing person 4

desaprovechar *v.* to waste 3
descartar *v.* to discard 4
desconfianza *f.* distrust 5
descortesía *f.* rudeness 6
descubrimiento *m.* discovery 2
descuidado/a *adj.* careless 1
desechable *adj.* disposable 5
desempleado/a *adj.* unemployed 6
desengañado/a *adj.* disillusioned 3
desenlace *m.* ending 3
desesperar(se) *v.* to become exasperated 2
desgraciado/a *adj.* unhappy, unfortunate 2
deshabitado/a *adj.* uninhabited 1
deshacerse *v.* to get rid of 6
desilusionado/a *adj.* disappointed 3
desilusionar *v.* to disappoint 2
desistir *v.* to give up 2
deslumbrante *adj.* dazzling 2
desorden *m.* mess, untidiness 6
desorientado/a *adj.* disoriented 6
despegue *m.* launch, lift-off 1
despreciar *v.* to despise 2
desprotegido/a *adj.* unprotected, vulnerable 4
destino *m.* fate 5
destrozar *v.* to ruin 4
desvincular *v.* to separate 5
dictadura *f.* dictatorship 4
dictamen *m.* ruling 6
dilatar *v.* to prolong 1
dirigirse a *v.* to address 6
discurso *m.* speech 4
disfrutar *v.* to enjoy 5
disgustado/a *adj.* displeased 6
disiparse *v.* to clear 1
disparar *v.* to shoot 4
disparate *m.* nonsense 1
disparo *m.* shot 2
DNI (Documento Nacional de Identidad) *m.* ID 2
doler *v.* to hurt 5
duelo *m.* duel 4; mourning 6
dulcemente *adv.* sweetly 2
duradero/a *adj.* lasting 2
durar *v.* to last 5
duro/a *adj.* harsh 4

E

echar de menos *v.* to miss (someone or something) 6
echar *v.* to throw out 6
ecuación *f.* equation 2
edad madura *f.* middle age 6
eje *m.* axis 6
elección *f.* choice 6
elegir *v.* to choose 3; 5
elenco *m.* cast 3
embestida *f.* charge, onslaught 5
embotellamiento *m.* traffic jam 3
embrujo *m.* spell 2
encargado/a *m., f.* supervisor 5
encuentro *m.* meeting 1

enfermedad mental *f.* mental illness 3
enfrentamiento *m.* confrontation 4
engañar *v.* to cheat 2
engaño *m.* deception 4
engañoso/a *adj.* deceiving 3
ensayar *v.* to rehearse 3
enterarse *v.* to find out 1
entorno *m.* social milieu/ environment 6
entrenamiento *m.* training 1
entristecerse *v.* to become sad 2
entusiasmo *m.* enthusiasm 2
envidia *f.* envy 3
época *f.* time (period) 2
equivocarse *v.* to make a mistake; to be mistaken 5
escalera *f.* stairway 5
escándalo *m.* racket 1
escéptico/a *adj.* skeptical 1; *m., f.* skeptic 1
escoba *f.* broom 1
escoger *v.* to choose 2; 6
esperanza *f.* hope 2
estafador(a) *m., f.* con man/woman 4
estafar *v.* to swindle 4
estar localizable *v.* to be available 6
estrella *f.* star 3
estreno *m.* premiere 3
estupidez *f.* stupidity 2
evadirse *v.* to escape 2
exigir *v.* to demand 1
exiliado/a *adj.* exiled, in exile 4
exilio *m.* exile 4
expectativa *f.* expectation 2
extrañar *v.* to miss 2; 5
extraterrestre *m., f.* alien 1

F

facha *m., f.* fascist (*slang*) 3
facilitar *v.* to provide 2
factura *f.* bill 2
falla *f.* flaw 4
falta de respeto *f.* disrespect 6
fama *f.* fame 3
fan *m., f.* fan 3
fantasma *m.* ghost 1
favorecer *v.* to suit; to fit well 5
fiarse de (alguien) *v.* to trust (someone) 3
fiesta *f.* holiday 6
fingir *v.* to pretend 2
fomentar *v.* to promote 3
formarse *v.* to be trained 3
fortuito/a *adj.* fortuitous 3
fuerza *f.* strength 3

G

galán *m.* heartthrob 3
garra *f.* claw 1
gastar *v.* to spend 6
generosidad *f.* generosity 2
gobernar *v.* to govern 4

gorra *f.* cap **3**
gritar *v.* to shout **5**
gritos *pl. m.* shouts **6**
grúa *f.* tow truck **1**
guapo/a *adj.* good-looking **5**
guardia de seguridad *m., f.* security guard **5**
guardia urbano/a *m., f.* city police **3**
guerra *f.* war **4**
guiñar *v.* to wink **5**

H

harto/a *adj.* fed up **4; 6**
hechizo *m.* spell **2**
hediondo/a *adj.* stinking **6**
hendido/a *adj.* cleft, split **1**
herencia *f.* inheritance **4**; legacy **6**
herramienta *f.* tool **3**
hito *m.* milestone **1**
hogar *m.* home, household **6**
hogareño/a *adj.* domestic **3**
hueco/a *adj.* hollow **2**
huir *v.* to flee **5**
humildad *f.* humility **2**
humor gráfico *m.* graphic humor (comics) **3**
humorista *m., f.* humorist, cartoonist **3**
hundirse *v.* to sink **4**

I

ignorar *v.* to be unaware of **3**
igual *adj.* same **4**
imperar *v.* to prevail **6**
imprevisto/a *adj.* unexpected **1**
impune *adj.* unpunished **4**
impunidad *f.* impunity **4**
inasible *adj.* elusive **2**
incómodo/a *adj.* uncomfortable; awkward **3**
incomprensión *f.* lack of understanding **2**
inducir *v.* to lead to **1**
inercia *f.* inertia **3**
infelicidad *f.* unhappiness **2**
influjo *m.* influence **6**
ingenuo/a *adj.* naive **1**
ingrato/a *adj.* ungrateful **5**
injusto/a *adj.* unfair **4**
inmaduro/a *adj.* immature **2**
inmortal *adj.* immortal **1**
inmutable *adj.* unchanging **5**
innecesario/a *adj.* unnecessary, needless **6**
inoportuno/a *adj.* untimely, inopportune **6**
inquietante *adj.* disturbing **5**
inseguro/a *adj.* uncertain **5**
insólito/a *adj.* unusual **1**
insultar *v.* to insult **5**
integridad *f.* integrity **2**
intentar *v.* to try **5**

interrumpir *v.* to stop **4**
intransigente *adj.* unyielding **2**
investigador(a) *m., f.* researcher **2**
ironía *f.* irony **3**
irritante *adj.* irritating **6**

J

jubilación *f.* retirement **5**
juez(a) *m., f.* judge **4**
jugar a ser *v.* to play make-believe **1**
juicio *m.* trial **4**
justificación *f.* justification **5**
justo/a *adj.* fair **4**
juzgado *m.* court(house) **4**
juzgado/a *adj.* tried (legally) **4**

L

lapso *m.* lapse (of time) **5**
lealtad *f.* loyalty **2**
lentitud *f.* slowness **1**
letargo *m.* lethargy **3**
liberarse *v.* to free oneself **4**
librepensador(a) *m., f.* freethinker **3**
límites *pl. m.* boundaries **6**
linterna *f.* flashlight **1**
lío *m.* mess **5**
llevar a cabo *v.* to carry out **4**
llevar razón *v.* to be right **5**
locamente *adv.* madly **2**
locura *f.* madness **1; 5**
lucha *f.* struggle **4**
luchar por *v.* to fight for **2**

M

maduro/a *adj.* mature **2**
magia *f.* magic **1**
magnate *m.* mogul **4**
malestar *m.* discomfort **6**
malvado/a *adj.* evil **3**
mandamiento *m.* commandment **6**
manga de *f.* a bunch of **4**
manía *f.* obsession **1**
manifestación *f.* demonstration **4**
marca *f.* brand **6**
marciano *m.* Martian **1**
Marte Mars **1**
mascota *f.* pet **6**
matar *v.* to kill **1**
medias *f., pl.* stockings, panty-hose (Mex.); socks (Arg.) **6**
medios *m. pl.* means **2**
mejorar *v.* to improve **4; 5**
mentira *f.* lie **1**
merecer(se) *v.* to deserve **4**
meta *f.* goal **2**
miedo *m.* fear **1**
mimado/a *adj.* spoiled **5**
moda *f.* fashion **3**
moderación *f.* restraint **3**
molestarse *v.* to get upset **6**
monstruo *m.* monster **1**

moribundo/a *adj.* dying **1**
(teléfono) móvil (Esp.) *m.* cell (phone) **2**
mudarse *v.* to move **6**
multa *f.* fine **3**
muñeca *f.* wrist **1**
muro *m.* wall **4**

N

nada *f.* nothingness **1**
natalidad *f.* birthrate **6**
nave *f.* (space)ship **1**
novelero/a *adj.* fickle **3**
noviazgo *m.* dating **5**
nota *f.* grade **1**
nuca *f.* nape **4**

O

objetos de valor *pl. m.* valuables **4**
obligar *v.* to oblige (to do something), to force **4**
obsesionado/a *adj.* obsessed **3**
ocultar *v.* to conceal, to hide **2**
odiar *v.* to hate **2**
olor *m.* smell **6**
olvidar *v.* to forget **5**
olvido *m.* oblivion **2**
oportunidad *f.* chance, opportunity **5**
ordenador (Esp.) *m.* computer **2**
oscuro/a *adj.* dark **4**
otorgar *v.* to grant **4**

P

pantalla *f.* screen **3**
papel *m.* role **3**
parecido/a *adj.* alike **6**
pareja *f.* couple, partner **2; 5**
pariente *m., f.* relative **6**
pasadizo *m.* passage **1**
pasarla bien *v.* to have a good time **6**
pasividad *f.* passivity **3**
pecado *m.* sin **4**
pegado/a *adj.* stuck **6**
pena *f.* grief, sorrow **5**
perder *v.* to lose **3; 5**
perder(se) *v.* to miss (out) **1**
perdón *m.* forgiveness **5**
pereza *f.* laziness **3**
perezoso/a *adj.* lazy **3**
perjudicar *v.* to harm **1**
permanecer *v.* to remain **2**
permitirse el lujo *v.* to afford **6**
pícaro/a *adj.* mischievous **4**
plantear *v.* to pose **6**
plata *f.* money **6**
platillo volador *m.* flying saucer **1**
pobreza *f.* poverty **1**
podrido/a *adj.* fed up **1**
predecir *v.* to foretell, to predict **5**
preguntarse *v.* to wonder **4**
premio *m.* award **3**

preocupante *adj.* worrying, alarming **3**
preocupar(se) *v.* to worry **3**
presagio *m.* omen **1**
prescindir *v.* to do without **3; 6**
presenciar *v.* to witness **4**
preso/a *m., f.* prisoner, captive **4**
pretensión *f.* aim, aspiration **1**
prevenir *v.* to prevent **5**
principiante *m., f.* beginner **3**
prodigio *m.* wonder **1**
prolongado/a *adj.* long, lengthy **6**
provecho *m.* benefit **3**
puñado *m.* handful **5**
puñalada *f.* stab **3**

Q

queja *f.* complaint **4; 6**
quejumbroso/a *adj.* whiny **4**

R

rabia *f.* anger, rage **4**
rascacielos *m. sing.* skyscraper **5**
ratón, ratona *m., f.* mouse **1**
rebuscado/a *adj.* roundabout **1**
rechazar *v.* to reject **3; 6**
recogedor *m.* dustpan **1**
recuerdo *m.* souvenir **1**
recursos *m. pl.* resources **3**
régimen *m.* political regime **4**
reglamento *m.* rules, regulations **6**
relámpago *m.* lightning **1**
rencor *m.* resentment **4**
renombrado/a *adj.* renowned **3**
renovar *v.* to renew **5**
renunciar *v.* to give up **6**
requisar *v.* to confiscate **4**
restos *m. pl.* remains **4**
retar a duelo *v.* to challenge to a duel **4**
retrasar *v.* to postpone, to delay **6**
reunión *f.* gathering **6**
rico/a *adj.* wealthy **4**
riguroso/a *adj.* thorough, rigorous **1**
robar *v.* to steal **4**
rodear *v.* to surround **1**
rollo *m.* roll **3**
rompimiento *m.* break-up **5**
rutina diaria *f.* daily routine **2**

S

saborear *v.* to savor **2**
sacar el mejor partido de *v.* to make the most of **3**
sacar una foto *v.* to take a picture **6**
sala *f.* movie theater **3**
salida de emergencia *f.* emergency exit **5**
salir perjudicado/a *v.* to lose out **3**

sangre *f.* blood **1**
sátira *f.* satire **3**
secuestrar *v.* to kidnap **4**
seguido *adv.* often **6**
seguridad *f.* safety **2**
señal *f.* sign **3**; signal **6**
sesión (cinematográfica) *f.* (movie) showing **3**
síndrome de abstinencia *m.* withdrawal symptoms **6**
sobreponerse *v.* to overcome **3; 6**
sobrevivir *v.* to survive **2**
soledad *f.* loneliness **4; 5**
solicitar *v.* to request **6**
sombrío/a *adj.* gloomy **4**
sonar *v.* to ring **6**
soñar con *v.* to dream of **1**
soportar *v.* to put up with **6**
sospechar *v.* to suspect **5**
sucumbir *v.* to succumb **5**
suelo *m.* ground **1**
sueño *m.* dream
sumar *v.* to add **2**
superar *v.* to exceed **2**
suplicar *v.* to plead **2**
surgir *v.* to arise **3**

T

tanto *adj.* so much **2**
taquillero/a *adj.* box-office hit **3**
tasa de natalidad *f.* birth rate **6**
telediario *m.* television news **4**
tembloroso/a *adj.* trembling **4**
temer *v.* to fear **1**
tender a *v.* to tend to **6**
tener celos *v.* to be jealous **2**
tener pinta de *v.* to look like **5**
tercero *m.* third party **6**
tergiversar *v.* to distort, to twist **1**
tolerar *v.* to tolerate **2**
tomarse la molestia *v.* to take the trouble **3**
tormenta *f.* storm **1**
tortilla *f.* omelet **4**
tragarse *v.* to swallow **4**
transitoriamente *adv.* temporarily **6**
trasladar *v.* to move **4**
trastornado/a *adj.* disturbed, deranged **3**
tratar *v.* to care for, to treat **6**
tratar a (alguien) *v.* to treat (someone) **3**
treta *f.* ploy, trick **4**
tribunal *m.* court **4**
tristeza *f.* sadness **4**

U

unir *v.* to unite, to join **5**
usuario/a *m., f.* customer **2**; user **6**

V

vaciar *v.* to empty **2**
valorar *v.* to value **2**
varón *m.* man **4**
velocidad *f.* speed **1**
vencer *v.* to expire **5**
venganza *f.* revenge **1; 4**
vengar(se) *v.* to avenge (oneself) **4**
ventaja *f.* advantage **3**
veredicto *m.* verdict **4**
vínculo *m.* bond **5**
viñeta *f.* vignette **1**
visión *f.* view **6**

Z

zapatillas *f., pl.* ballet shoes (Mex.); sneakers (Arg.) **6**

Inglés-Español

A

abolish (a law) derogar *v.* (una ley) **4**
abuse of power abuso *m.* de poder **4**
accomplice cómplice *m., f.* **4**
accused acusado/a *m., f* **4**
add sumar *v.* **2**
address dirigirse a *v.* **6**
advantage ventaja *f.* **3**
advice consejo *m.* **3**
advisable aconsejable *adj.* **5**
advise against desaconsejar *v.* **6**
afford permitirse *v.* el lujo **6**
alien extraterrestre *m., f.* **1**
alike parecido/a *adj.* **6**
ambition ambición *f.* **2**
animal bicho *m.* **6**
apathy apatía *f.* **3**
apparition (of a ghost) aparición *f.* (de un fantasma) **1**
appearance aspecto *m.* **1; 3**
appreciate apreciar *v.* **2**
arise surgir *v.* **3**
ashamed (be) avergonzarse *v.* **3**; avergonzado/a *adj.* **3**
aspiration pretensión *f.* **1**
aspiring to aspirante a *adj.* **3**
astronaut astronauta *m., f.* **1**
attack atacar *v.* **1**
attain conseguir *v.* **3**
attainable asequible *adj.* **2**
audition cásting *m.* **3**
(be) available estar *v.* localizable **6**
avenge (oneself) vengar(se) *v.* **4**
(become) aware of something darse cuenta *v.* **2**
award premio *m.* **3**
awkward incómodo/a *adj.* **3**
axis eje *m.* **6**

B

back: on one's back a cuestas *adv.* **5**
bag cartera *f.* (Arg.) **6**
ballet shoes zapatillas *f., pl.* (Mex.) **6**
beat batir *v.* **4**
become convertirse *v.* **6**
beginner principiante *m., f.* **3**
behave comportarse *v.* **2**
believe creer *v.* **1**
benefit provecho *m.* **3**
bill factura *f.* **2**
birth rate tasa de natalidad *f.* **6**
bitterness amargura *f.* **1**
blood sangre *f.* **1**
bond vínculo *m.* **5**
boundaries límites *pl. m.* **6**
box-office hit taquillero/a *adj.* **3**
brand marca *f.* **2**
break-up rompimiento *m.* **5**
briefcase cartera *f.* (Arg.) **6**
bring alcanzar *v.* **6**

broom escoba *f.* **1**
bugs bichos *m.* **1**
bunch of manga de *f.* **4**
burn arder *v.* **4**

C

campaign campaña *f.* **4**
canine (tooth) colmillo *m.* **5**
cap gorra *f.* **3**
careless descuidado/a *adj.* **1**
carry out llevar *v.* a cabo **4**
cartoonist humorista *m., f.* **3**
cast elenco *m.* **3**
cave cueva *f.* **1**
cell (phone) (teléfono) móvil (Esp.) *m.* **2**
certainty certidumbre *f.* **5**
challenge desafiar *v.* **3**
challenge to a duel retar *v.* a duelo **4**
chance oportunidad *f.* **5**
chapter capítulo *m.* **1**
charge embestida *f.* **5**
cheat engañar *v.* **2**
cheer up animar *v.* **1**
choice elección *f.* **6**
choose elegir *v.* **3; 5**; escoger *v.* **2; 6**
city police guardia *m., f.* urbano/a **3**
claw garra *f.* **1**
clear disiparse *v.* **1**
cleft hendido/a *adj.* **1**
closeness cercanía *f.* **5**
coffin ataúd *m.* **4**
comedian comediante *m., f.* **3**
commandment mandamiento *m.* **6**
(TV) commercial anuncio (de televisión) *m.* **2**
commit cometer *v.* **4**
complaint queja *f.* **4; 6**
computer ordenador (Esp.) *m.* **2**
con man/woman estafador(a) *m., f.* **4**
conceive concebir *v.* **1**
confiscate requisar *v.* **4**
confrontation enfrentamiento *m.* **4**
conjecture conjeturar *v.* **4**
consumerism consumismo *m.* **5**
contribute aportar *v.* **3**
correct acertado/a *adj.* **1**
couple pareja *f.* **2; 5**
court cortejar *v.* **2**; tribunal *m.* **4**
court(house) juzgado *m.* **4**
coverage cobertura *f.* **6**
crash choque *m.* **1**
creatures bichos *m.* **1**
crime delito *m.* **4**
customer usuario/a *m., f.* **2**

D

daily routine rutina diaria *f.* **2**
dare atreverse *v.* **6**
dark oscuro/a *adj.* **4**
date cita *f.* **5**

dating noviazgo *m.* **5**
daunted: be daunted by acobardarse *v.* **3**
dazzling deslumbrante *adj.* **2**
deceiving engañoso/a *adj.* **3**
deception engaño *m.* **4**
dedicate dedicar *v.* **5**
dedication dedicatoria *f.* **5**
defeat derrota *f.* **6**
delay retrasar *v.* **6**
demand exigir *v.* **1**
demonstration manifestación *f.* **4**
depression depresión *f.* **2**
deserve merecer(se) *v.* **4**
despise despreciar *v.* **2**
dictatorship dictadura *f.* **4**
disappoint desilusionar *v.* **2**
disappointed defraudado/a *adj.* **3**; desilusionado/a *adj.* **3**
disappointment decepción *f.* **1**
discard descartar *v.* **4**
discernment criterio *m.* **1**
discomfort malestar *m.* **6**
discovery descubrimiento *m.* **2**
disgusting asqueroso/a *adj.* **6**
disillusioned desengañado/a *adj.* **3**
disoriented desorientado/a *adj.* **6**
displeased disgustado/a *adj.* **6**
disposable desechable *adj.* **5**
disrespect falta de respeto *f.* **6**
distort tergiversar *v.* **1**
distrust desconfianza *f.* **5**
disturbed trastornado/a *adj.* **3**
disturbing inquietante *adj.* **5**
do without prescindir *v.* **3; 6**
domestic hogareño/a *adj.* **3**
drawer cajón *m.* **2**
dream sueño *m.* **1**
dream of soñar con *v.* **1**
drive something into something clavar *v.* **3**
duel duelo *m.* **4**
dustpan recogedor *m.* **1**
dying moribundo/a *adj.* **1**

E

elusive inasible *adj.* **2**
emergency exit salida *f.* de emergencia **5**
empty vaciar *v.* **2**
encourage animar *v.* **3**
ending desenlace *m.* **3**
engagement ring anillo *m.* de compromiso **2**
enjoy disfrutar *v.* **5**
enthusiasm entusiasmo *m.* **2**
environment entorno *m.* **6**
envy envidia *f.* **3**
equation ecuación *f.* **2**
escape evadirse *v.* **2**
event acontecimiento *m.* **1**
evil malvado/a *adj.* **3**
exasperated (become) desesperar(se) *v.* **2**

exceed superar *v* 2
exciting apasionante *adj.* 1
exile exilio *m.* 4
exiled, in exile exiliado/a *adj.* 4
expectation expectativa *f.* 2
expire vencer *v.* 5

F

fair justo/a *adj.* 4
fame fama *f.* 3
fan fan *m., f.* 3
fascist (*slang*) facha *m., f.* 3
fashion moda *f.* 3
fate destino *m.* 5
fault culpa *f.* 5
fear miedo *m.* 1; temer *v.* 1
fed up podrido/a *adj.* 1;
  harto/a *adj.* 4; 6
feed alimentar *v.* 2
feel like apetecer *v.* 5
feign aparentar *v.* 2
fickle novelero/a *adj.* 3
fight a duel batirse *v.* en duelo 4
fight for luchar por *v.* 2
find out enterarse *v.* 1
fine multa *f.* 3
firearm el arma *f.* de fuego 2
firefighter bombero/a *m., f.* 2
fit arrebato *m.* 3
fit well favorecer *v.* 5
flashlight linterna *f.* 1
flat roof azotea *f.* 4
flaw falla *f.* 4
flee huir *v.* 5
flying saucer platillo *m.* volador 1
force obligar *v.* 4
foreshadow anunciar *v.* 1
foretell predecir *v.* 5
forget olvidar *v.* 5
forgiveness perdón *m.* 5
fortuitous fortuito/a *adj.* 3
free oneself liberarse *v.* 4
freethinker librepensador(a) *m., f.* 3
frighten asustar *v.* 1
frightened (be) asustarse *v.* 1

G

gain (importance, etc.) cobrar *v.* 5
gathering reunión *f.* 6
generosity generosidad *f.* 2
get alcanzar *v.* 6
get rid of deshacerse *v.* 6
get upset alterarse *v.* 3
ghost fantasma *m.* 1
give birth dar a luz *v.* 4
give up desistir *v.* 2; renunciar *v.* 6
gloomy sombrío/a *adj.* 4
goal meta *f.* 2
good-looking guapo/a *adj.* 5
govern gobernar *v.* 4
grade nota *f.* 1
grant otorgar *v.* 4

graphic humor (*comics*) humor *m.*
  gráfico 3
grief pena *f.* 5
ground suelo *m.* 1
guess adivinar *v.* 2; 5
guilty one culpable *m., f.* 4

H

habit costumbre *f.* 6
handful puñado *m.* 5
harm perjudicar *v.* 1
harsh duro/a *adj.* 4
hate odiar *v.* 2
have a good time pasarla *v.* bien 6
heartthrob galán *m.* 3
height altura *f.* 5
helmet casco *m.* 1
hide ocultar *v.* 2
highway autopista *f.* 5
hole agujero *m.* 4
holiday fiesta *f.* 6
hollow hueco/a *adj.* 2
home hogar *m.* 6
hope esperanza *f.* 2
humility humildad *f.* 2
humorist humorista *m., f.* 3
hurt doler *v.* 5

I

ID DNI *m.* (Documento Nacional
  de Identidad) 2
immature inmaduro/a *adj.* 2
immortal inmortal *adj.* 1
improve mejorar *v.* 4; 5
impunity impunidad *f.* 4
inertia inercia *f.* 3
influence influjo *m.* 6
infuriate dar rabia *v.* 6
inheritance herencia *f.* 4
inopportune inoportuno/a *adj.* 6
insult insultar *v.* 5
integrity integridad *f.* 2
intensify agudizar *v.* 3
irony ironía *f.* 3
irritating irritante *adj.* 6
isolation aislamiento *m.* 3

J

jealous (be) tener *v.* celos 2; celoso/a
  adj. 3
join unir *v.* 5
judge juez(a) *m., f.* 4
justification justificación *f.* 5

K

key clave *f.* 2
kidnap secuestrar *v.* 4
kill matar *v.* 1
kindness amabilidad *f.* 2
kiss besar *v.* 5

L

lack of understanding
  incomprensión *f.* 2
land aterrizar *v.* 1
landing aterrizaje *m.* 1
lapse (of time) lapso *m.* 5
last durar *v.* 5
lasting duradero/a *adj.* 2
launch despegue *m.* 1
laziness pereza *f.* 3
lazy perezoso/a *adj.* 3
lead to inducir *v.* 1
leave abandonar *v.* 2; 5
legacy herencia *f.* 6
lengthy prolongado/a *adj.* 6
lethargy letargo *m.* 3
lie mentira *f.* 1
lightning relámpago *m.* 1
limp cojera *f.* 6
listlessness apatía *f.* 3
loneliness soledad *f.* 4; 5
long prolongado/a *adj.* 6
look like tener *v.* pinta de 5
lose out salir *v.* perjudicado/a 3
lose perder *v.* 3; 5
loyalty lealtad *f.* 2

M

madly locamente *adv.* 2
madness locura *f.* 1; 5
magic magia *f.* 1
make a mistake equivocarse *v.* 5
make fun of burlarse de *v.* 1
make the most of aprovechar *v.*,
  sacar *v.* el mejor partido de 3
man varón *m.* 4
married (get) casarse *v.* 2
Mars Marte 1
Martian marciano/a *m., f.* 1
mature maduro/a *adj.* 2
means medios *m. pl.* 2
meeting encuentro *m.* 1
mental illness enfermedad *f.*
  mental 3
mess lío *m.* 5; desorden *m.* 6
middle age edad *f.* madura 6
milestone hito *m.* 1
mischievous pícaro/a *adj.* 4
miss extrañar *v.* 2; 5; **(someone or
  something)** echar *v.* de menos 6
miss (out) perder(se) *v.* 1
missing person desaparecido/a
  m., f. 4
mockery burla *f.* 5
mogul magnate *m.* 4
money plata *f.* 6
monster monstruo *m.* 1
mourning duelo *m.* 6
mouse ratón, ratona *m., f.* 1
move (*emotionally*) conmover *v.* 2;
  trasladar *v.* 4; mudarse *v.* 6

moved (*emotionally*) conmovido/a *adj.* 1
movie theater sala *f.* 3
murder asesinar *v.* 4

N

naive ingenuo/a *adj.* 1
nape nuca *f.* 4
needless innecesario/a *adj.* 6
nonsense disparate *m.* 1
nothingness nada *f.* 1

O

obey acatar *v.* 6
oblige (to do something) obligar *v.* 4
oblivion olvido *m.* 2
obsessed obsesionado/a *adj.* 3
obsession manía *f.* 1
often seguido *adv.* 6
omelet tortilla *f.* 4
omen presagio *m.* 1
opportunity oportunidad *f.* 5
outbreak brote *m.* 6
outrage atropello *m.* 4
overcome sobreponerse *v.* 3; 6
overwhelmed anonadado/a *adj.* 3
overwhelming apabullante *adj.* 2

P

panty-hose medias *f., pl.* (Mex.) 6
partner pareja *f.* 2; 5
passage pasadizo *m.* 1
passivity pasividad *f.* 3
personal information datos *m. pl.* personales 2
pet mascota *f.* 6
pickup truck camioneta *f.* 1
play make-believe jugar a ser *v.* 1
plead suplicar *v.* 2
please complacer *v.* 2
plot confabular *v.* 6
ploy treta *f.* 4
political regime régimen *m.* 4
pose plantear *v.* 6
poverty pobreza *f.* 1
predict predecir *v.* 5
premiere estreno *m.* 3
pretend fingir *v.* 2
prevail imperar *v.* 6
prevent prevenir *v.* 5
prisoner preso/a *m., f.* 4
prolong dilatar *v.* 1
promote fomentar *v.* 3
provide facilitar *v.* 2
pull someone away apartar *v.* 4
punishment castigo *m.* 4
put up with soportar *v.* 6

Q

question consulta *f.* 2

R

rabbit's foot cola *f.* de conejo 3
racket escándalo *m.* 1
rage rabia *f.* 4
realize darse cuenta *v.* 2
regret arrepentirse *v.* 2; 5
regulations reglamento *m.* 6
rehearse ensayar *v.* 3
reject rechazar *v.* 3; 6
relative pariente *m., f.* 6
reluctantly a regañadientes *adv.* 6
remain permanecer *v.* 2
remains restos *m. pl.* 4
renew renovar *v.* 5
renowned renombrado/a *adj.* 3
report denunciar *v.* 4
request solicitar *v.* 6
researcher investigador(a) *m., f.* 2
resentment rencor *m.* 4
resist aguantar *v.* 5
resources recursos *m. pl.* 3
restraint moderación *f.* 3
retirement jubilación *f.* 5
revenge venganza *f.* 1; 4
right (be) llevar *v.* razón 5
rigorous riguroso/a *adj.* 1
ring sonar *v.* 6
road carretera *f.* 5
rocket cohete *m.* 1
role papel *m.* 3
roll rollo *m.* 3
roundabout rebuscado/a *adj.* 1
rudeness descortesía *f.* 6
ruin destrozar *v.* 4
rules reglamento *m.* 6
ruling dictamen *m.* 6
rumor has it circula el rumor *loc.* 3
run late atrasar *v.* 1
run over atropellar *v.* 2

S

sad (become) entristecerse *v.* 2
sadness tristeza *f.* 4
safety seguridad *f.* 2
same igual *adj.* 4
satire sátira *f.* 3
savor saborear *v.* 2
scar cicatriz *f.* 1
screen pantalla *f.* 3
seat butaca *f.* 3
security guard guardia *m., f.* de seguridad 5
self-esteem autoestima *f.* 2
separate desvincular *v.* 5
share compartir *v.* 5
(space)ship nave *f.* 1
shoot disparar *v.* 4
shot disparo *m.* 4
shout gritar *v.* 5
shouts gritos *pl. m.* 6
show demostrar *v.* 2

(movie) showing sesión (cinematográfica) *f.* 3
sign señal *f.* 3
signal señal *f.* 6
sin pecado *m.* 4
sink hundirse *v.* 4
skeptic(al) escéptico/a *adj.; m., f.* 1
skyscraper rascacielos *m. sing.* 5
slowness lentitud *f.* 1
smell olor *m.* 6
snatch arrebatar *v.* 1
sneakers zapatillas *f., pl.* (Arg.) 6
so much tanto *adj.* 2
social milieu entorno *m.* 6
socks medias *f., pl.* (Arg.) 6
sorrow pena *f.* 5
souvenir recuerdo *m.* 1
spaceship nave *f.* 1
spark chispa *f.* 3
sparkle brillo *m.* 4
speculate conjeturar *v.* 4
speech discurso *m.* 4
speed velocidad *f.* 1
spell embrujo *m.*; hechizo *m.* 2
spend gastar *v.* 6
spoiled mimado/a *adj.* 5
spray apartarse *v.* 4
spread news correrse *v.* la voz 1
squash aplastar *v.* 1
stab puñalada *f.* 3
stairway escalera *f.* 5
stalk acosar *v.* 3
stalker acosador(a) *m., f.* 3
star estrella *f.* 3
statement declaración *f.* 4
steal robar *v.* 4
stinking hediondo/a *adj.* 6
stockings medias *f., pl.* (Mex.) 6
stop interrumpir *v.* 4
storm asaltar *v.* 1
storm tormenta *f.* 1
strength fuerza *f.* 3
struggle lucha *f.* 4
stuck pegado/a *adj.* 6
stupidity estupidez *f.* 2
succumb sucumbir *v.* 5
suddenly de buenas a primeras *loc.* 1; de repente *adv.* 6
supervisor encargado/a *m., f.* 5
surround rodear *v.* 1
survive sobrevivir *v.* 2
suspect sospechar *v.* 5
swallow tragarse *v.* 4
sweetly dulcemente *adv.* 2
swindle estafar *v.* 4
switched off apagado/a *adj.* 6

T

take a picture sacar *v.* una foto 6
take care of cuidar *v.* 6
take possession apoderarse *v.* 4
take root arraigarse *v.* 6

take the trouble tomarse *v.* la
   molestia **3**
television news telediario *m.* **4**
temporarily transitoriamente *adv.* **6**
tend to tender a *v.* **6**
third party tercero *m.* **6**
thorough riguroso/a *adj.* **1**
threaten amenazar *v.* **4**
threatening amenazante *adj.* **2**
throw arrojar *v.* **4**
throw out echar *v.* **6**
time (period) época *f.* **2**
tolerate tolerar *v.* **2**
tool herramienta *f.* **3**
tow truck grúa *f.* **1**
traffic jam embotellamiento *m.* **3**
trained (be) formarse *v.* **3**
training entrenamiento *m.* **1**
treat (*someone*) tratar (a alguien) *v.*
   3; tratar *v.* **6**
trembling tembloroso/a *adj.* **4**
trial juicio *m.* **4**
tried (*legally*) juzgado/a *adj.* **4**
trust (someone) fiarse de
   (alguien) *v.* **3**
try intentar *v.* **5**

U

unaware of (be) ignorar *v.* **3**
uncertain inseguro/a *adj.* **5**
unchanging inmutable *adj.* **5**
uncomfortable incómodo/a *adj.* **3**
understanding comprensión *f.* **2**
unemployed desempleado/a *adj.* **6**
unexpected imprevisto/a *adj.* **1**
unfair injusto/a *adj.* **4**
unfortunate desgraciado/a *adj.* **2**
ungrateful ingrato/a *adj.* **5**
unhappiness infelicidad *f.* **2**
unhappy desgraciado/a *adj.* **2**
uninhabited deshabitado/a *adj.* **1**
unite unir *v.* **5**
unnecessary innecesario/a *adj.* **6**
unpunished impune *adj.* **4**
untimely inoportuno/a *adj.* **6**
unusual insólito/a *adj.* **1**
unyielding intransigente *adj.* **2**
upset (get) molestarse *v.* **6**
user usuario/a *m., f.* **6**

V

valuables objetos de valor *pl. m.* **4**
value valorar *v.* **2**
verdict veredicto *m.* **4**
view visión *f.* **6**
vignette viñeta *f.* **1**
vulnerable desprotegido/a *adj.* **4**

W

wall muro *m.* **4**
wallet billetera *f.* **4**;
   cartera *f.* (Mex.) **6**
war guerra *f.* **4**
warn advertir *v.* **5**
waste desaprovechar *v.* **3**
way: on the way to de
   camino a *loc.* **3**
wealthy rico/a *adj.* **4**
well-being bienestar *m.* **2**
when push comes to shove a la
   mera hora *adv.* **6**
whim capricho *m.* **2**
whiny quejumbroso/a *adj.* **4**
win the heart of conquistar *v.* **2**
wink guiñar *v.* **5**
withdrawal symptoms síndrome *m.*
   de abstinencia **6**
witness presenciar *v.* **4**
wonder prodigio *m.* **1**;
   preguntarse *v.* **4**
woo cortejar *v.* **2**
worry preocupar(se) *v.* **3**
worrying preocupante *adj.* **3**
wrist muñeca *f.* **1**

Y

yawn bostezar *v.* **3**

Text Credits

15   "Celebración de la fantasía" © Eduardo Galeano.

19–22   "El otro círculo" © Luis R. Santos.

26–27   "La poesía al…" Gabriel García Márquez. "La poesía al alcance de los niños" NOTAS DE PRENSA. Obra periodística 5 (1961-1984) © Gabriel García Márquez, 1999.

52–53   "Inevitable, Los tiempos…" Inevitable – Un Vestido Rojo (2004) Ed. La Serpiente Emplumada, Bogotá – Colombia pág. 166; Los Tiempos Cambian – Cuento de Amor en Cinco Actos (2003) Ed. La Serpiente Emplumada pág. 38; Decepción – Un Vestido Rojo y Otros Cuentos (2008), Editorial La Serpiente Emplumada, Bogotá, Colombia pág. 189.

56–57   "No hay que complicar…" © Denevi, Marco, *Falsificaciones*, Buenos Aires, Corregidor, 1999.

87–89   "Cine Prado" By permission of Elena Poniatowska, author of *The Heart of the Artichoke*.

109   "La tortilla" © Manuel Vicent / El País S.L.

113–114   "Carta abierta a…" By permission of the author.

118–119   "Oda a un millonario…" Pablo Neruda. "Oda a un millonario muerto", TERCER LIBRO DE LAS ODAS © Fundación Pablo Neruda, 2012.

139   "Drácula y los niños" © Juan José Millás.

143–144   "Lo que dure el amor" By permission of La Nación.

148–149   "Cine y malabarismo" © Ángeles Mastretta, 2007.

169–170   "Ni coja ni madre" © Rosa Montero / El País S.L.

174–175   "Padre, papá, papi" © Daniel Samper Pizano.

179–180   "Dos vidas" Bruno Aceves H.

Comic Credits

31   "Viaje espacial" © Joaquín Salvador Lavado (QUINO) Esto No Es Todo – Ediciones de La Flor, 2001

61   "Yo le diría" © Ricardo Reyes, Illustrator/Comics Artist.

93   "Dos viñetas" By permission of the author.

123   "Inseguridad" www.dosidiarias.com

153   "Alerta roja" By permission of the author.

184   "Teléfono: Una enfermedad…" By permission of the author.

Film Credits

6–7   "Viaje a Marte" By permission of Pablo Zaramella and Mario Rulloni.

38–39   "Diez minutos" By permission of Agencia Audiovisual Freak, S.L.U.

68–69   "Nada que perder" By permission of Prosopopeya Producciones.

100–101   "El ojo en la nuca" By permission of Centro de Capacitación Cinematográfica.

130–131   "La aventura de Rosa" By permission of Producciones El Columpio, S.L.

160–161   "Ella o yo" By permission of Bernada Pagés.

Photo and Art Credits

All images © Vista Higher Learning unless otherwise noted.

Master Art: 6, 7, 38, 39, 68, 69, 100, 101, 130, 131, 160, 161 © Randall Fung/Corbis.

Cover: (full pg) © Christopher Navin.

Front Matter: iii © digitalskillet/iStockphoto.

Lesson One: 2 (full pg) © Florence Barreau/Getty Images; **14** © Con O'Donoghue/Alamy; **15** © Christie's Images/CORBIS; **18** Photo courtesy of Selenny Polanco Lovera; **19** © VEER Steven Weinberg/Getty Images; **21** © Diverse Images/UIG/Getty Images; **22** © James Gritz/Getty Images; **25** © Graziano Arici/Age Fotostock; **27** José Blanco; **30** © Colita/CORBIS.

Lesson Two: 34 (full pg) José Blanco; **47** © anikasalsera/123RF; **51** Matilde Suárez; **52** © Josh Pulman/Getty Images; **53** © Josh Pulman/Getty Images; **55** La Nación/Argentina/GDA; **56** (full pg) © Paul Radenfeld/Getty Images; **60** Photo courtesy of Ricardo Reyes.

Lesson Three: 64 (full pg) José Blanco; **77** © Featureflash/Shutterstock.com; **80** (l) © aldomurillo/iStockphoto; (m) © Rui Vale de Sousa/Fotolia.com; (r) © MariaPavlova/iStockphoto; **81** Photo courtesy of Iñigo Javaloyes; **82** (full pg) © Rolffimages/Dreamstime.com; **84** (l) © Hemant Mehta/India Picture/Corbis; (r) © Monkey Business Images/Getty Images; **86** © Reuters/CORBIS; **88** © Stewart Tilger/CORBIS; **92** Reprinted by permission of Antonio Fraguas de Pablo-Forges; **95** © Dimitrios Kambouris/E/NBCU Photo Bank via Getty Images for E!.

Lesson Four: 96 (full pg) José Blanco; **108** © ADELA MACSWINEY/NOTIMEX/Newscom; **109** © Roger Ressmeyer/CORBIS; **113** © Rafael Del Rio/picture alliance/dpa/Newscom; **117** © Jean-Régis Roustan/Roger-Viollet/The Image Works; **118** (full pg) © Ikon Images/Corbis; **122** Photo courtesy of Alberto Montt; **125** © Tom Grill/Corbis.

Lesson Five: 126 (full pg) © enric/Getty Images; **138** © Manuel Zambrana/CORBIS; **139** © Patrick Ward/CORBIS; **142** La Nación/Argentina/GDA; **143** © Pixland/Jupiterimages; **144** © Pixland/Jupiterimages; **146** (l) Velazquez, Diego Rodriguez (1599–1660) *Las Meninas* (with Velazquez' self-portrait) or the *Family of Philip IV*, 1656. Oil on canvas, 276 x 318 cm. Museo del Prado, Madrid, Spain. Photo credit: Ali Burafi; (m) José Blanco; (r) Ali Burafi; **147** © Angel Bocalandro/Cover/Getty Images; **148** (full pg) © Color Day Production/Getty Images; **152** Photo courtesy of Daniel Ferraro; **154** Goya y Lucientes, Francisco de (1746–1828). *El tres de mayo de 1808*. 1814. Oil on canvas, 266 x 345cm. Location: Museo del Prado, Madrid, Spain. Photo credit: José Blanco.; **155** © Chuck Savage/CORBIS.

Lesson Six: 156 (full pg) José Blanco; **168** © Quim Llenas/Cover/Getty Images; **169** © Quim Llenas/Getty Images; **173** © Esteban Cobo/EFE; **174** (full pg) © Juan Silva/Getty Images; **178** Photo courtesy of Esteban Aceves Barraza; **179** (t) © michael koehl/iStockphoto; (b) Ali Burafi; **180** © michael koehl/iStockphoto; **183** © Gustavo Cuevas/EFE; **186** © J. Emilio Flores/Corbis.

Sobre el autor

JOSÉ A. BLANCO fundó Vista Higher Learning en 1998. Nativo de Barranquilla, Colombia, Blanco se graduó en Literatura en la Universidad de California, Santa Cruz, y tiene una maestría en Estudios Hispánicos de la Universidad de Brown. Ha trabajado como escritor, editor y traductor para Houghton Mifflin y D.C. Heath and Company, y ha enseñado español a nivel secundario y universitario. Blanco también es coautor de otros programas de Vista Higher Learning: **VISTAS, VIVA, AVENTURAS** y **PANORAMA** de nivel introductorio; y **VENTANAS, FACETAS, ENFOQUES, IMAGINA** y **SUEÑA** de nivel intermedio.